歷代「朱陸異同」典籍萃編

第六册

上海古籍出版社

三子定論

〔清〕王復禮 撰
羅争鳴 校點

目録

校點説明

三子定論五卷，清王復禮撰。王復禮，字需人，又字四勿，號草堂，錢塘人，未曾仕進，學者習稱「草堂先生」。清初，王復禮卜居武夷山，後歸杭州，主要活動於康熙年間，具體生卒年不詳。與李塨（一六五九—一七三三）、徐喈鳳（順治十五年進士）、毛先舒（一六二○—一六八八）等人曾有交遊論學，是清初重要的理學家之一。

王復禮幼承庭訓，才優學富，著有季漢五志、家禮辨定、四書集註補、書解正誤、武夷九曲志、孤山志等。三子定論一書，四庫館臣以爲王復禮「嘘守仁已燼之焰，仍爲調停之説」，且云復禮「困絀之餘，仍巧爲翻案之計，蓋所謂不勝不止者也」，這種語含譏諷的評斷，概出自主張漢學的館臣之口，並不十分允當。三子定論實是王復禮針對明末清初部分學者未深研經史，卻隨波追流、非毁妄議「三子同異」之浮薄學風的一種反撥，提出朱子、陸子、王子三人「不諱學禪」、「虚懷可證」、「出處相合」、「原無可議」、「不妨同異」等論點。這在清初理學發展史上，是有一定積極意義的，與王陽明編朱子晚年定論「大意在委屈調停」的初衷亦有差别。

康熙間，三子定論成書，隨即付梓刊行，此後未見其他傳本。此康熙刻本現藏福建省圖書館，四庫全書存目叢書子部儒家類據之影印。此次校點，即以此康熙刻本爲底本。三子定論卷一朱子定論即王陽明全集卷三所附朱子晚年定論，唯篇目次序有所調整。此卷以吴光先生等以明隆慶六年（一五七二）刊王文成公全書爲底本編校的王陽明全集（上海古籍出版社，二〇一一年版）爲校本，每遇文字的删補乙正等，亦參考朱子全書（修訂本，上海古籍出版社、安徽教育出版社，二〇一〇年版）中的晦庵先生朱文公文集、朱子語類等。卷二陸子定論多採自的陸九淵集，校本取鍾哲先生以嘉靖本爲底本校點整理的陸九淵集（中華書局一九八〇年版）。卷三王子定論多採自王陽明傳習録等，校本同卷一。卷四引證、及卷五附後，部分亦採諸家之言，所用校本在校勘記中另作説明。

羅争鳴　二〇一七年二月

自序

三子者，朱子、陸子、陽明子也；定論者，三子之論不一，要歸於道，則一定而不易也。三子之學，炳耀如日星，流行如江河，固無待于定論而始明，乃世之學者，往往議其異同，疑其出入，是蓋耳食臆斷，而未嘗躬行心得之故也。朱子晚年定論，陽明子輯於正德戊寅，并序其書，以爲「自幸其説不謬於朱子，又喜朱子先得我心之同。然且慨夫世之學者，徒守朱子未定之説，而不知求其既悟之論，競相呶呶以亂正學」，是朱子之優入於聖賢之域者，不徒以誦讀訓詁爲也。其序陸子集則曰：「禪之説棄人倫，遺物理，而要其歸，極不可以爲天下國家。陸氏之學而果若是也？乃爲禪也？今禪之説與陸氏之説，其書具存，學者苟取而觀之，其是非同異，當有不待於辨説者。」是陸子之立身垂訓，又豈嘗遺人倫事物哉？至陽明子獨揭「致良知」之説，以開示學者，人多訾之。夫「致知」出於文宣，「良知」本於孟子，直抉聖賢心學之宗，謂人皆可以爲堯、舜。初無奇僻之論，略人倫而外日用，廢誦讀而忘事功，道乎？禪也？而世人不察，復以疑陸子者疑陽明子，何其謬歟！復禮不敏，髫年時，家君延叔先生即以敦聖學爲訓，曰：「毋徒事帖括也。」深愧弗克負荷，然從事有年，不敢遺本而逐末，亦不敢忘察而徒存。因廣定論一書而叅之三子，正以見三子之論同其學，同其心，無弗同是，豈待夫日久論定而後知其爲同哉！蓋三子集中皆有定論，而學者未之深考耳。今故不揣而裒輯之，世之有志於斯道者，其亦可以無疑也歟！時康熙二十六年歲次丁卯重九日，虎林後學王復禮謹撰於拙修齋。

序

古人崇實行而著書次之，選書又次之，惟孔子「行在孝經」而删定修贊，俱足千古。自後著書日多，選書亦日繁，而孝弟忠信之行反多不可問。君子以爲文章盛而德行衰，世風所以不古也。然士生於世，遭時遇主，身立廟堂之上，修德勵行，倡明道學，俾天下翕然從風，皆知先德行而後文章，則大道行而人心返古。書且不必著，而况選古人之書，争長於字句間乎？惟懷才積學而不得志於時，不得已出其胸中所藴，著爲一家言，存斯道於文章之内。又恐獨譔之言未必遽信於當世，於是取古人之書而選擇之，又註釋辨論之，曰庶幾古學明而大道不墜云爾。余友王子艸堂，延叔先生令嗣也。先生少失恃，篤於事父，以純孝稱。范忠貞旌之曰「累世賢良」，閭里咸敬慕之。艸堂奉先生庭訓，敦倫法古，一以實行自勉，乃才優學富，溢爲詩賦文詞。余讀之，固成一家言矣。又彙其平日所讀性理史集諸書，上自周秦，下迄昭代，註釋辨論，各以類從，分爲數十種，以次授梓而公諸天下。賢哉王子！雖未得志於時，上有功于古人，下有造於學者，所謂「古學明而大道不墜」，微王子其誰與歸哉！吾嘗觀世之著書選書者，競以文章相推奬，而孝悌忠信之行略焉弗講，無怪乎其書之暫行旋廢，不足以傳不朽也。若艸堂諸選悉從躬行心得之餘，另出手眼，剔謬闡微，借文章以存斯道，吾以爲直可百世不刊，傳爲定本。賢哉王子！誠善學孔子者哉。吾是以樂爲之序。康熙庚申十一月，荆溪年家同學弟徐喈鳳竹逸氏拜題於吴山客舍。

書牘

承示三子定論，盥手莊誦。于三子之言，採擇精要，而附論八則，條分縷悉，尤足破釋羣疑。不意如此與俗波靡之世，乃有真見定力、砥柱迴瀾如先生者，爲之一讀一快。夫大道不容有二，而入手各隨所宗。宗者尊之，不願宗者置之。其不得已而有言，亦務呈其所自得，俟之天下後世，自然知其所宗在。是何必嘵嘵叫號，一崇一讐，如欲得而甘心者。即此争長競短之心，便非切實爲已之學，况近日之有事乎好醜者，微獨有争長競短心也，不過借爲趨承之徑。故時文非傳道之書，評文非講學之事，而輒肆詆詈，此吠聲逐影，良不足較。獨惜有一二潛修力學之士而亦蹈此陋，甚者不僅闢其學術，并貶其事功。嗚呼，爲孔、孟之徒，有不爲朱子之徒者乎？非朱子即非孔、孟也。僕不敢是王而非朱，亦不能是朱而非王。蓋王子實似積千聖千賢之種子，實有明一代特出之偉人，繼往開來，不可無朱子，亦不可無王子。初竊憒憒，思一申其説，指其妄，既而念聖賢真脈自不絶于天壤，王子之學之異端否也，非王子者之有當否也，天下後世有學而自得者，自能辨之。僕初不知學，何敢以嗤人争競者，轉入其習，故静俟夬當世往道之人。讀尊刻，先生殆學而自得者乎？不以先生之學而自得者證之，而即以三子之學而自得者證之，雖先生有言而仍不入于争長競短之習。僕所服膺而心快者，尤在斯乎！僕因是而有觸焉。朱學之流弊，不免于訓詁，故姚江起而正之；王學之流弊，不免于光景，故梁溪起而正之。梁溪之言第謂朱子未嘗分心、理爲二，何煩陽明一之？未嘗分知、行爲二，何煩陽明合之？雖極崇朱子，未曾極貶陽明。僕近輯顧、高兩先生之言朱子、王子者爲朱、王定論，以首攻姚江者爲定論，則知今之攻之者爲深文。彼判心、理爲二，而以朱子語之稍涉心體者即删之；判知、行爲二，而謂世固有知而不能行者，如病夫之不能步；世固有行而不能知者，如赤子之匍匐入井。欲别朱之異于王，不惜掩朱子之面目，率天下之學者爲病夫、爲蠢孩，亦可哀已。僕之爲此，非以尊王也，正以尊朱也。先生幸獲同心，故偶一及之。倘蒙不鄙，容録呈覽。然荷道之重，賴有先生，僕亦何足云！臨書馳懷，不勝遐企。

平江弟蔡方炳頓首

三子書聞已告成矣，甚喜。近日尊體如何？念念。弟滯下尚未止，將來未可知，伏祈道兄爲道自愛，命無斫斷象山之文。偶閲省志，有天台黄久菴辨陽明先生一疏，甚快。今送觀拙著一帙呈上，求大加司南爲禱。望之望之。

同里弟毛先舒頓首

凡例

一、聖學本同原無稍異，然自來疑者，全集既已罕覯，懸斷又屬無憑。先生合纂，誠破千古之疑。

一、朱子晚年定論係王文成公所輯。先生藏書最富，屢經兵燹，遂失此書。後得劉黄中先生刻本借録，糸以朱子語録、年譜，可云盡善。

一、陸子定論，先生徧購全集不獲，因假董無休先生抄本選録，次假趙行方兄刻本增收，復從毛稚黄先生轉假朱載升兄全集，細輯無遺。

一、王子定論，先生自傳習録以及正集、外集、年譜、全書等採録精華，允稱美備。

一、是書告成，首尾五年，三易其稿。先生曰：「是可以無憾矣！」因付梓以公海内。

一、是書成，先生復得古今諸公論辨，因備載之，爲斯道慶。

受業方寧謹識

男王謀良校字

履歷

朱子，諱熹，字元晦，號遁翁，江南婺源人。宋建炎四年九月十五日生。登進士，歷官秘閣修撰，轉朝奉大夫。年七十一卒，贈徽國公，謚曰「文」。淳祐元年從祀孔廟。

陸子，諱九淵，字子静，號象山，江西金谿人。宋紹興九年二月乙亥日生。登進士，歷官將作監丞，轉奉議郎，知荆門軍。年五十四卒，謚「文安」。明嘉靖九年從祀孔廟。

王子，諱守仁，字伯安，號陽明，浙江餘姚人。明成化八年九月三十日生。登進士，歷官兵部尚書，擒逆藩，封新建伯。年五十七卒，贈新建侯，謚「文成」。萬曆十二年從祀孔廟。

卷一　朱子

王復禮曰：讀書守章句耶？爲聖賢耶？文成所輯定論，非徒證朱子之章句，實示人以作聖之方耳。故劉念臺先生論定論一書云：「朱子可謂善變矣，由支離而易簡，庶幾孔門聞道之地，而文成殆其功臣歟！」復禮重訂而增廣者，正以見朱子未嘗不尊德性，與陸子同也，原無異也，道如是也。爲定論第一。

朱子定論

答陸象山

某衰病日侵〔一〕，去年災患亦不少。比來病軀方似略可支吾，然精神耗減，日甚一日，恐終非能久于世者。所幸邇來日用工夫頗覺有力，無復向來支離之病。甚恨未得從容面論，未知異時相見，尚復有異同否耶？

與周叔謹

應之甚恨未得相見，其爲學規模次第如何？近來呂、陸門人互相排斥，此由各狗所見之偏，而不能公天下之心以觀天下之理，甚覺不滿人意。應之蓋嘗學于兩家，未知其於此看得果如何？因話扣之，因書諭及爲幸也。某近日亦覺向來説話有大支離處，反身以求，正坐自己用功亦未切耳。因此減去文字功夫，覺得閒中氣象甚適。每勸學者亦且看孟子「道性善」、「求放心」兩章，着實體察，收拾爲要。其餘文字，且大概諷誦涵養，未須大段着力考索也。

與林擇之

此中見有朋友數人講學，其間亦難得朴實頭負荷得者。因思日前講論，只是口説，不曾實體于身，故在己在人，都不得力。今方欲與朋友説日用之間，常切撿點氣習偏處、意欲萌處，與平日所講，相似與不相似，就此痛着工夫，庶幾有益。

又

某哀苦之餘，無他外誘，日用之間，痛自斂飭，乃知敬字之功，親切要妙乃如此。而前日不知于此用力，徒以口耳浪費光陰，人欲横流，天理幾滅。今而思之，怛然震悚，蓋不知所以措其躬也。

又

某近覺向來垂謬處不可縷數，方惕然思所以自新者，而日用之間，悔吝潛積，又已甚多。朝夕惴懼，不知所以爲計。若擇之能一來補此不逮，幸甚！然講學之功，比舊却覺稍有寸進。以此知初學得些靜中功夫，亦爲助不小。

答林充之

充之近讀何書？恐更當於日用之間爲仁之本者，深加省察，而去其有害於此者爲佳。不然誦説雖精，而不踐其實，君子蓋深耻之。此固充之平日所講聞也。

與吕子約

日用工夫，比復何如？文字雖不可廢，然涵養本原而察于天理人欲之判，此是日用動静之間，不可頃刻間斷底事。若于此處見得分明，自然不到得流入世俗功利權謀裏去矣。某亦近日方實見得向日支離之病，雖與彼中證候不同，然忘己逐物、貪外虚内之失，則一而已。程子説「不得以天下萬物撓己，己立後自能了得天下萬物」，今自家一個身心不知安頓去處，而談王説伯，將經世事業别作一個伎倆商量講究，不亦誤乎！相去遠，不得面論，書問終説不盡，臨風嘆惜而已。

又

孟子言「學問之道，惟在求其放心」，而程子亦言「心要在腔子裏」。今一向耽着文字，令此心全體都奔在册子上，更不知有己，便是個無知覺不識痛癢之人。雖讀得書，亦何益于吾事耶？

又

日用工夫，不敢以老病而自懈。覺得此心操存舍亡，只在反掌之間，向來誠是太涉支離。蓋無本以自立，則事事皆病耳。又聞講授亦頗勤勞，此恐或有未便。今日正要清源正本，以察事變之幾微。豈可一向汩没于故紙堆中，使精神昏敝，失後忘前，而可以謂之學乎？

又

聞欲與二友俱來而復不果，深以爲恨。年來覺得日前爲學不得要領，自做身主不起，反爲文字奪却精神，不是小病。每一念之，惕然自懼，且爲朋友憂之。而每得子約書，輒復恍然，尤不知所以爲賢者謀也。且如臨事遲回，瞻前顧後，只此亦可見得心術影子。當時若得相聚一番，彼此極論，庶幾或有剖决之助。今又失此機會，極令人悵恨也。訓導後生，若説得是，當極有可自警省處，不會減人氣力。若只如此支離，漫無統紀〔二〕，則雖不教後生，亦只見得展轉迷惑，無出頭處也。

答呂伯恭

道間與季通講論，因悟向來涵養工夫全少，而講説又多强探，必取尋流逐末之弊。推類以求，衆病非一，而其源皆在此。怳然自失，似有頓進之功。若保此不懈，庶有望于將來。然非如近日諸賢所謂頓悟之機也。向來所聞誨諭諸説之未契者，今日細思，脗合無疑。大抵前日之病，皆是氣質躁妄之偏，不曾涵養克治，任意直前之弊耳。

答黄直卿

爲學直是先要立本。文義却可且與説出正意，令其寬心玩味，未可便令考校同異。研究纖密，恐其意思促迫，難得長進。將來見得大意，略舉一二節目，漸次理會，蓋未晚也。此是向來定本之誤，今幸見得，却煩勇革，不可苟避譏笑，却誤人也。

答何叔京

前此僭易拜禀博觀之敝，誠不自揆。乃蒙見是，何幸如此！然觀來諭，似有未能遽舍之意，何邪？此理甚明，何疑之有？若使道可以多聞博觀而得，則世之知道者爲不少矣。

某近日方有少省發處，如「鳶飛魚躍」，明道以爲與「必有事焉勿正」之意同者，乃今曉然無疑。日用之間，觀此流行之體，初無間斷處，有下工夫處。乃知日前自誑誑人之罪，蓋不可勝贖也。此與守書册，泥言語，全無交涉。幸于日用間察之，知此則知仁矣。

答何叔景

李先生教人，大抵令於静中體認大本未發時氣象分明，即處事應物，自然中節。此乃龜山門下相傳指訣。然當時親炙之時，貪聽講論，又方竊好章句訓詁之習，不得盡心於此。至今若有若亡，無一的實見處，辜負教育之意。每一念此，未嘗不愧汗沾衣也。

又

某近來尤覺昏憒無進步處。蓋緣日前偷惰苟簡，無深探力行之志。凡所論説，皆出入口耳之餘，以故全不得力。今方覺悟，欲勇革舊習，而血氣已衰，心志亦不復强，不知終能有所濟否？

又

向來妄論「持敬」之説，亦不自記其云何。但因其良心發見之微，猛省提撕，使心不昧，則是做工夫底本領。本領既立，自然下學而上達矣。若不察良心發見處，既渺渺茫茫，恐無下手處也。中間一書論「必有事焉」之説，却儘有病，殊不蒙辯詰，何耶？所喻多識前言往行，固君子之所急。某向來所見亦是如此。近因反求未得個安穩處，却始知此未免支離，如所謂因諸公以求程氏，因程氏以求聖人，是隔幾重公案，曷若默會諸心，以立其本，而其言之得失，自不能逃吾之鑒邪？欽夫之學，所以超脱自在，見得分明，不爲言句所桎梏，只爲合下入處親切。今日説話，雖未能絶無滲漏，終是本領。是當非吾輩所及，但詳觀所論，自可見矣。

答潘叔昌

示喻「天上無不識字底神仙」，此論甚中一偏之弊。然亦恐只學得識字，却不曾學得上天，即不如且學上天耳。上得天了，却旋學上大人〔三〕，亦不妨也。中年以後，氣血精神能有幾何？不是記故事時節。某以目昏，不敢着力讀書。閒中静坐，收斂身心，頗覺得力。間起看書，聊復遮眼，遇有會心處，時一喟然耳。

答潘叔度

某衰病，今歲幸不至劇，但精力益衰，目力全短，看文字不得。冥目静坐，却得收拾放心，覺得日前外面走作不少，頗恨盲廢之不早也。看書鮮識之喻，誠然。然嚴霜大凍之中，豈無些小風和日暖意思？要是多者勝耳。

答潘叔恭

學問根本在日用間，持敬集義工夫，直是要得念念省察。讀書求義，乃其間之一事耳。舊來雖知此意，然於緩急之間，終是不覺有倒置處，誤人不少。今方自悔耳。

與吴茂實

近來自覺向時工夫，止是講論文義，以爲積集義理，久當自有得力處，却于日用工夫全少檢點。諸朋友亦只往往如此做工夫，所以多不得力。今方深省而痛懲之，亦欲與諸同志勉焉。幸老兄徧以告之也。

答張敬夫

某窮居如昨，無足言者。自遠去師友之益，兀兀度日。讀書反已，固不無警省處，終是旁無强輔，因循汩没，尋復失之〔四〕。近日一種向外走作，心悦之而不能自已者，皆準止酒例戒而絶之，似覺省事。此前輩所爲「下士晚聞道，聊以拙自修」者，若擴充不已，補復前非，庶其有日。舊讀中庸「愼獨」、大學「誠意」、「毋自欺」處，常苦求之太過，措詞煩猥。近日乃覺其非，此正是最切近處，最分明處。乃舍之而談空于冥漠之間，其亦誤矣。方竊以此意痛自檢勒，懍然度日，惟恐有怠而失之也。至于文字之間，亦覺向來病痛不少。蓋平日解經，最爲守章句者，然亦多是推衍文義，自做一篇文字，非惟屋下架屋，説得意味淡薄，且是使人看者，將註與經作兩樣工夫做了〔五〕，下梢看得支離〔六〕，至于本旨，全不相照。以此方知漢儒可謂善説經者，不過只説訓詁，使人以此訓詁翫索經文。訓詁經文，不相離異，只做一道看了，直是意味深長也。

答周純仁

閒中無事，固宜謹出，然想亦不能一併讀得許多。似此專人來往勞費，亦是未能省事隨寓而安之病。又如多服燥熱藥，亦使人血氣偏勝，不得和平，不但非所以衛生，亦非所以養心。竊恐更須深自思省，收拾身心，漸令向裏，令寧靜閒退之意勝，而飛揚躁擾之氣消，則治心養氣，處世接物，自然安穩。一時長進，無復前日向外之患矣。

答竇文卿

爲學之要，只在着實操存，密切體認，自己身心上理會。切忌輕自表襮，引惹外人辯論，枉費酬應，分却向裏工夫。

答梁文叔

近看孟子見人即道性善，稱堯、舜，此是第一義。若於此看得透，信得及，直下便是聖賢，便無一毫人欲之私做得病痛。若信不及，孟子又説個第二節工夫，又只引成覸、顔淵、公明儀三段説話，教人如此，發憤勇猛向前，日用之間，不得存留一毫人欲之私在這裏，此外更無别法。若於此有個奮迅興起處，方有田地可下功夫。不然，即是畫脂鏤冰，無真實得力處也。近日見得如此，自覺頗得力，與前日不同，故此奉報。

答楊子直

學者墮在語言，心實無得，固爲大病。然于語言中，罕見有究竟得徹頭徹尾者。蓋資質已是不及古人，而功夫又草草，所以終身于此，若存若亡，未有卓然可恃之實。近因病後，不敢極力讀書，閒中却覺有進步處。大抵孟子所論求其放心，是要訣爾！

與田子真

吾輩今日事事做不得，只有向裹存心窮理，外人無交涉。然亦不免違條礙貫，看來無着力處，只有更攢近裹面，安身立命爾。不審比日何所用心，因書及之，深所欲聞也。

與劉子澄

居官無修業之益，若以俗學言之，誠是如此。若論聖門所謂德業者，却初不在日用之外，只押文字，便是進德修業地頭，不必編綴異聞，乃爲修業也。近覺向來爲學，實有向外浮泛之弊，不惟自誤，而誤人亦不少。方別尋得一頭緒，似差簡約端的，始知文字語言之外，真別有用心處，恨未得面論也。浙中後來事體，大段支離乖僻，恐不止似正似邪而已，極令人難説，只得惶恐〔七〕，痛自警省。恐未可專執舊説以爲取舍也。

又

日前爲學，緩于反己追思，凡百多可悔者。所論註文字，亦坐此病，多無着實處。回首茫然，計非歲月功夫所能救治，以此愈不自快。前時猶得敬夫、伯恭時惠規益，得以自警省。二友云亡，耳中絶不聞此等語。今乃深有望于吾子澄。自此惠書，痛加鐫誨，乃君子愛人之意也。

答符復仲

所諭義利之間，誠有難擇者，但意所疑，以爲近利，即便舍去可也。向後見得親切，却看舊事，又有見未盡、捨未盡者，不解有過當也。見陸丈回書，其言明當，且就此持守，自見功效，不須多疑多問，却轉迷惑也。

答陳才卿

詳來示，知日用工夫精進如此，尤以爲喜。若知此心此理端的在我，則參前倚衡，自有不容捨者，亦不待求而得，不待操而存矣。格物致知，亦是因其所已知者推之，以及其所未知，只是一本，原無兩樣工夫也。

答吴德夫

承論「仁」字之説，是見用力之深。某意不欲如此坐談，但直以孔子、程子所示求仁之方，擇其一二切于吾身者，篤志而力行之，于動静語默間，勿令間斷，則久久自當知味矣。去人欲，存天理，且據所見，去之存之。功夫既深，則所謂似天理而實人欲者，次第可見。今大體未正，而便察及細微，恐有「放飯流啜，而問無齒決」之譏也。如何如何？

答陸象山　以下俱新增。

歸來臂痛，病中絶學損書，却覺得身心收管，似有少進處。向來泛濫，真是不濟事，恨未得欵曲承教，盡布此懷也。

答諸葛誠之

示諭競辨之論，三復悵然。愚深欲勸同志者，兼取兩家之長，不輕相詆毁，就有未合，亦且置勿論，而力勉于吾之所急。吾人所學，喫緊着力處，正天理、人欲相去之間。如今之論，則彼之因而起者，于二者之間，果何處乎？子靜平日自在，正欲身率學者于天理，不以一毫人欲雜于其間。恐決不至如賢者之所疑也。

答吕祖儉

大抵此學，以尊德性、求放心爲本，而講以聖賢親切之訓以開明之。若通古今，考事變，則亦隨力所至，推廣增益以爲補助耳。不當以彼爲重，而反輕凝定收斂之實，少聖賢親切之訓也。若如此説，則是學問之道不在于己而在于書，不在于經而在於史。爲子思、孟子則孤陋狹劣而不足觀，必爲司馬遷、班固、范曄、陳壽之徒，然後可以造於高明正大之域也。

答陳師德

循序而有常，致一而不懈，從容乎句讀文義之間，而體驗乎操存踐履之實，然後心靜理明，漸見意味。不然，雖廣求博取，日誦五車，亦奚益於學哉？

示洪慶

如今要下工夫，且須端正存養，獨觀昭曠之原，不須枉費工夫，鑽紙上語。待存養得此中昭明洞達，自覺無許多窒礙，恁時方取文字來看，則自然有意味，道理自然透徹，遇事時自然迎刃而解，皆無許多病痛。

語録

操則存，舍則亡，只在操、舍兩字之間。要之，只消一箇「操」字，到緊要處，全不消許多文字言語。

又

讀書固不可廢，然亦須以主敬立志爲先，方可就此推尋義理，見諸行事。若平居無存養之功，實踐之志，而但欲曉解文義，説得分明，則雖盡通諸經，不錯一字，亦何所益？況未必能通而不誤乎？

又

讀書不可專就紙上求義理，須反來就自家身上推究。秦漢以下，無人説到此，亦只是一向去書册上求，不就自家身上理會。如説仁義禮智，曾認得自家如何是「仁」？如何是「義」、「禮」、「智」？如讀「學而時習之」，自家曾如何「學」、「習」？「不亦説乎」，曾見得如何是「説」？須恁地認，始得。若只逐段解過去，解得了便休，也不濟事。

又

學者須於主一做工夫。若無主一工夫，則所講的義理無安着處；若有主一工夫，則外面許多義理，方始爲我有。工夫到時，纔主一，便覺意思好，卓然精明；不然，便緩散消索了。工夫只自脚下便做將去，固不免有緩散時，但纔覺便收斂，得收斂時多，緩散時少，便是長進處。孟子説「學問之道無他，求其放心」，非是别去求個心來存着，只纔覺放，心便在此。雞犬放，猶有求不得時。自家心，無求不得之理。

【校勘記】

〔一〕某衰病日侵　「某」指朱熹，王陽明全集（以下簡稱王集）卷三附録朱子晚年定論多作「熹」，下同。

〔二〕漫無統紀　「統」，王集卷三作「絶」。

〔三〕却旋學上大人　「上大人」原作「上天人」，王集卷三答潘叔昌同「上天人」，據上下文意及晦庵先生朱文公文集卷四六答潘叔昌改。

〔四〕尋復失之　「尋」，原作「書」，據王集卷三改。

〔五〕將註與經作兩樣工夫做了　「樣」，王集卷三作「項」。

〔六〕下梢看得支離　「梢」，原作「稍」，據王集卷三改。

〔七〕只得惶恐　「惶」，原作「聲」，據王集卷三改。

卷二　陸子

王復禮曰：世人謂文公與陸子不合，殊不知其推尊佩服，不一而足，語詳附論中。宋史列傳載陸子講喻義章于白鹿洞，聽者至有泣下。淳熙朝嘗陳五論：一論讎耻未復，願博求天下俊傑，相與論道經邦；二論願致尊德樂道之誠；三論知人之難；四論事當馴致而不可驟；五論人主不當親細事。帝稱善。知荆門軍，政行令修，民俗爲變，諸司交薦。丞相周必大稱其爲躬行之效。是陸子誠幼學壯行者矣，安所爲禪也？兹特纂此，正以見陸子未嘗不「道問學」，與朱子同也，原無異也，道如是也。爲定論第二。

陸子定論

與朱元晦

垂象而覆物者，天之職也；成形而載物者，地之職也；裁成天地之道，輔相天地之宜，以左右民者，人君之職也。孟子曰：「幼而學之，壯而欲行之。」所謂行之者，行其所學，以格君心之非，引其君於當道，與其君論道經邦，燮理陰陽，使斯道達乎天下也。所謂學之者，從師親友，讀書考古，學問思辨，以明此道也。故少而學道，壯而行道者，士君子之職也。

與李省幹

古先聖賢，無不繇學。伏羲尚矣，猶以天地萬物爲師，俯仰遠近，觀取備矣，於是始作八卦。夫子生於晚周，麟遊鳳翥，出類拔萃，謂「天縱之將聖」，非溢辭也。然而自謂「我非生而知之者，好古敏以求之者也」。中庸稱之，亦曰「祖述堯舜，憲章文武」。堯舜相繼以臨天下，而皋陶矢謨其間，曰：「朕言惠可底行。」武王纘太王、王季、文王之緒，以有天下，未及下車，訪於箕子，俾陳洪範。高宗曰：「台小子舊學於甘盤，既乃遁於荒野，入宅於河，自河徂亳，暨厥終罔顯。爾唯訓於朕志：若作酒醴，爾爲麴蘖；若作和羹，爾爲鹽梅。」人生而不知學，學而不求師，其可乎哉？

與陳正己

前言往行所當博識，古今興亡治亂、是非得失，亦所當廣覽而詳究之。顧其心苟病，則于此等事業，奚啻聾者之想鐘鼓，盲者之測日月，耗氣勞神，喪其本心，非徒無益，所傷實多。他日敗人事，如房琯之車戰，荆公之均輸者，可勝既乎？

與曹挺之

大抵學者雖讀聖賢書，其實何曾篤志於聖賢事業，往往從俗浮沉，與時俯仰，徇情縱欲，汩没而不能自振。日月逾邁，有泯然與草木俱腐之恥，到此能有愧懼大决之志，乃求涵養磨礪之方。若有事役，亦可隨處檢點，見善則遷，有過則改，所謂心誠求之，不中不遠。若事役有暇，便可親書册。商量程度，無不有益者。

與傅聖謨

不假推尋擬度之説，殆病於向者推尋擬度之妄，已而知其非，遂安之，以爲道在於是。必謂不假推尋爲道，則仰而思之，夜以繼日，探賾索隱、鉤深致遠者，爲非道邪？必謂不假擬度爲道，則是擬之而後言，議之而後動，擬議以成其變化者，爲非道邪？謂即身是道，則是有身者皆爲有道邪？是殆未得夫道之正也。貧窶不能不爲累，此非道也。學如不及，學如不厭，憂之如何？如舜而已者，道當如是故也。簞食瓢飲不改其樂，肘見纓絶不以爲病者，道當如是故也。耕歷山，漁雷澤，陶河濱，與夫耕莘、築巖、釣渭者，此所以糊其口也。夫子絶糧，曾子七日不火食，而匡坐絃歌，歌聲若出金石，夫何累之有哉？子路結纓，曾子易簀，乃在垂死而從容如此，貧孰與死而云爲累，無乃未得爲聞道者乎？以聖謨之英敏而不知此，無乃未之思乎？無乃向之所謂道者，反所以爲道之蔽而然乎？

又

孔子讀易，韋編三絶；周公思兼三王以施四事；顏淵問爲邦，夫子告以四代之事；孟子闢楊墨，自比于禹之抑洪水，此皆聖謨所宜以爲標的者。文字間又何足以汩没聖謨乎？

又

近來學者多有虛見虛説，冥迷渺茫，不肯就實。原其所以，皆是學無師授，聞見雜駁，而條貫統紀之不明，凡所傳習，秖成惑亂。

與傅子淵

易之學聚問辨，寬居仁行；中庸之博學、審問、慎思、明辨、篤行，皆聖人之明訓，苟能遵之，當隨其分量有所增益。凡此皆某之所願從事，而願與朋友共之者。

與彭世昌

堯舜之盛，詢于芻蕘。夫子之聖，以子夏爲起予〔一〕，顔淵爲非助我。孔文子之所以爲文者，在於不恥下問。人之取善，豈有定方？善之所在，雖路人之言，臧獲之智，皆當取之。

與趙詠道

爲學有講明，有踐履。大學致知、格物，中庸博學、審問、慎思、明辨，孟子始條理者智之事，此講明也。大學修身、正心，中庸篤行之，孟子終條理者聖之事，此踐履也。「物有本末，事有終始，知所先後，則近道矣。」「欲修其身者，先正其心；欲正其心者，先誠其意；欲誠其意者，先致其知；致知在格物。」自大學言之，固先乎講明矣。自中庸言之：「學之弗能，問之弗知，思之弗得，辨之弗明，則亦何所行哉？」未嘗學問思辨，而曰吾唯篤行之而已，是冥行者也。自孟子言之，則事蓋未有無始而有終者。講明之未至，而徒恃其能力行，是猶射者不習于教法之巧，而徒恃其有力，謂吾能至於百步之外，而不計其未嘗中也。故曰：「其至爾力也，其中非爾力也。」講明有所未至，則雖材質之卓異，踐行之純篤，如伊尹之任，伯夷之清，柳下惠之和，不思不勉，從容而然，可以謂之聖矣，而孟子顧有所不願學。拘儒瞽生又安可以其硜硜之必爲，而傲知學之士哉？

與黄循中

人不可以不學，猶魚之不可以無水，而世人視若贅疣，豈不甚可歎哉！窮壤間，竊取富貴者何限，惟庸人鄙夫羨之耳。識者視之，方深憐憫，傷其賦人之形，而不求盡人之道，至與蟻蝨同其飽適好惡，虚生浪死。其在高位者，適足以播惡遺臭，貽君子監戒而已。

與楊敬仲

改過遷善，固應無難，爲仁由己，聖人不我欺也。直使存養至於無間，亦分内事耳。然懈怠縱弛，人之通患，舊習乘之，捷於影響。慢游是好，傲虐是作，游逸淫樂之戒，大禹伯益猶進於舜；盤盂几杖之銘，成湯猶賴之；夫子七十而從心；吾曹學者省察之功，其可已乎？

與張季悦

古人所貴於博學、審問、慎思、明辨者，政欲究知人情物理，使之通達而無所蒙蔽窒礙。

與趙子直

世儒恥及簿書，獨不思伯禹作貢成賦，周公制國用，孔子會計當，洪範八政首食貨，孟子言王政亦先制民産、正經界，果皆可恥乎？官吏日以貪猥，弊事日以衆多，豈可不責之儒者？張官置吏，所以爲民，而今官吏日增術以朘削之，如恐不及。蹶邦本，病國脉，無復爲君愛民之意，良可歎也！

與趙然道

古人所以汲汲於師友，博學、審問、慎思、明辨之者，深懼此道不明耳。夫子十五而志學，則既得其端緒矣，然必三十而立，四十而不惑，五十而後曰知天命，及其老也，猶曰我學不厭。今學者誠知端緒，則亹亹翼翼，自致日新之效者，其能自已乎？

又

富貴利達之不足慕，此非難知者。仙佛之徒、拘曲之士，亦往往優於斷棄而弗顧。彼既自有所溺，一切斷棄，亦有何難？但一切斷棄，則非道矣。知道之士自不溺於此耳，初未嘗斷棄之也。故曰：「素富貴行乎富貴，素貧賤行乎貧賤，君子無入而不自得焉。」所謂自得者，得其道也。夫子曰：「富與貴，是人之所欲也，不以其道得之，不處也。」然則以其道而得焉，君子處之矣，曷嘗斷棄之哉？

與李宰

人皆有是心，心皆具是理，心即理也，故曰「理義之悦我心，猶芻豢之悦我口」。所貴乎學者，爲其欲窮此理，盡此心也。有所蒙蔽，有所移奪，有所陷溺，則此心爲之不靈，此理爲之不明，是謂不得其正，不由講學，無自而復。

與蘇宰

爲守宰者，固不可以託「催科政拙」之言而置賦稅之事一切不理。易曰：「理財正辭，禁民爲非曰義。」必指簿書期會爲非吾所當務，此乃腐儒鄙生不聞大道，妄爲繆悠之説，以自蓋其無能者之言也。

贈劉季蒙

明德在我何必他求？方士禪徒，真爲大祟。無世俗之陷溺，無二祟之迷惑，所謂無偏無黨，王道蕩蕩，浩然宇宙之間，其樂孰可量也。

贈二趙

書契既造，文字日多，六經既作，傳註日繁，其勢然也。苟得其實，本末終始，較然甚明。知所先後，則是非邪正知所擇矣。雖多且繁，非以爲病，秪以爲益。不得其實而弊於其末，則非以爲益，秪以爲病。二昆其謹所以致其實哉。

答或問九則

傅子淵自此歸家，陳正己問曰：「陸先生教人何先？」對曰：「辨志。」正己復問曰：「何辨？」對曰：「義利之辨。」若子淵之對，可謂切要。

又

或問「異端」，先生曰：「子先理會得同底一端，則凡異此者皆異端。」

又

復齋家兄一日見問云：「吾弟今在何處做工夫？」某答云：「在人情、事勢、物理上做工夫。」

又

吾于人情研究得到。或曰：「察見淵中魚不祥。」然吾非苛察之謂，研究得到，有扶持之方耳。

又

問先生之學自何處入，曰：「不過切己自反，改過遷善。」

又

問去懈怠，曰：「要須知道『不可須臾離』乃可。」

又

先生在敕局日，或問曰：「先生如見用，以何方治國？」先生曰：「任賢、使能、賞功、罰罪。」

又

問作文法，先生云：「讀漢、史、韓、柳、歐、蘇、尹師魯、李淇水文不誤。後生讀書，須當明物理，揣事情，論事勢。且如讀史，須看他所以成，所以敗，所以是，所以非處。優遊涵泳，久自得力。」

又

人謂某不教人讀書，如敏求前日來問某下手處，某教他讀旅獒、太甲、告子「牛山之木」以下，何嘗不讀書來？只是比他人讀得別些子。

語録二十七則

「誠者自誠也，而道自道也。」「君子以自昭明德。」「人之有是四端，而自謂不能者，自賊者也。」暴謂「自暴」。棄謂「自棄」。侮謂「自侮」。反謂「自反」。得謂「自得」。「禍福無不自己求之者。」聖賢道一個「自」字煞好。

又

吾家合族而食，每輪差子弟掌庫三年。某適當其職，所學大進，這方是「執事敬」。

又

千虛不博一實，吾平生學問無他，只是一實。

又

後生看經書，須着看註疏及先儒解釋，不然，執己見議論，恐入自是之域，便輕視古人。至漢唐間名臣議論，反之吾心，有甚悖道處，亦須自家有「徵諸庶民而不謬」底道理，然後別白言之。

又

讀左傳則杜預註不可不精看。大槩先須理會文義分明，則讀之其理自明白。

又

漢書食貨志後生可先讀，又着讀周官考工記。又云：「後生宜看繫辭，皆讚嘆聖人作易。」

又

文纔上兩字一句，便要有出處。使六經句，不謂偷使。

又

某今亦教人做時文，亦教人去試，亦愛好人發解之類〔二〕，要曉此意是爲公，不是私。

又

窮究磨練，一朝自省。

又

有志於道者，當造次必於是，顛沛必於是。凡動容周旋，應事接物，讀書考古，或動或静，莫不在是〔三〕。此理塞宇宙，所謂道外無事，事外無道。捨此而别有商量，别有趨向，别有規模，别有形迹，别有行業，别有事功，則與道不相干。

又

莫厭辛苦，此學脉也。

又

釋氏與吾儒不同。吾儒無不該備，無不管攝，釋氏了此一身，皆無餘事。公私義利，於此而分矣。

又

古人皆是明實理，做實事。

又

有一後生欲處郡庠，先生訓之曰：「一擇交，二隨身規矩，三讀古書論語之屬。」

又

有學者因事上一官員書云：「遏惡揚善，沮姦佑良，此天地之正理也。此理明則治，不明則亂，存之則爲仁，不存則爲不仁。」先生擊節稱賞。

又

「夫人幼而學之，壯而欲行之。」今之論學者，所用非所學，所學非所用。

又

古者十五而入大學，「大學之道，在明明德，在親民，在止於至善」，此言大學指歸。欲明明德於天下，是入大學標的。格物致知，是下手處。中庸言博學、審問、慎思、明辨，是格物之方。讀書親師友是學，思則在己問與辨，皆須即人。自古聖人亦因往哲之言，師友之言，乃能有進，況非聖人，豈有任私智而能進學者？

又

束書不觀，遊談無根。

又

梭山一日對學者言曰：「文所以明道，辭達足矣。」意有所屬也。先生正色而言曰：

「道有變動，故曰爻；爻有等，故曰物；物相雜，故曰文；文不當，故吉凶生焉。昔者聖人之作易也，幽贊於神明而生蓍，叅天兩地而倚數，觀變于陰陽而立卦，發揮于剛柔而生爻，和順于道德而理于義，窮理盡性以至于命，這方是文。文不到這裏，説甚文？」

又

成孝敬，厚人倫，美教化，移風俗。

又

學者不自着實理會，只管看人口頭言語，所以不能進。且如做一文字，須是反覆窮究去，不得又換思量，皆要窮到極處，項項分明。他日或問人，或聽人言，或觀一物，自有觸長底道理。

又

讀書接事間，見有理會不得處，却加窮究理會，亦是本分事，亦豈可教他莫要窮究理會。

又

儆戒無虞，罔失法度，罔遊于逸，罔淫于樂，至哉！真聖人學也。

又

積思勉之功，舊習自除。

又

後生有甚事，但遇讀書不曉便問，遇事物理會不得時便問，并與人商量，其他有甚事。

又

學能變化氣質。

又

某皆是逐事逐物，考究磨練，積日累月，以至如今，不是自會，亦不是別有一竅子，亦不是等閑理會，一理會便會，但是理會與他人别。某從來勤理會，長兄每四更一點起時，只見某看書，或撿書，或默坐。常與子姪説以爲勤，他人莫及。今人却言某懶，不曾去理會，好笑。

君子喻義章講義

誠能深思是身，不可使之爲小人之歸，其於利欲之習，怛焉爲之痛心疾首，專志乎義而日勉焉，博學審問，慎思明辨而篤行之。繇是而進於場屋，其文必皆道其平日之學、胸中之藴，而不詭於聖人。繇是而仕，必皆共其職，勤其事，心乎國，心乎民，而不爲身計。其得不謂之君子乎。

【校勘記】

〔一〕以子夏爲起予　「起」，陸九淵集（以下簡稱陸集）卷四與彭世昌作「啓」。

〔二〕亦愛好人發解之類　「類」，原作「尔」，據陸集卷三五語録改。

〔三〕莫不在是　「是」，陸集卷三五作「時」。

卷三　王子

王復禮曰：文成一代巨儒，豈不知讀書窮理，其所真切示人者，欲人以「致良知」爲重，而以讀書窮理輔之也。明武宗稱爲「學道人」，世宗稱爲「有用道學」，穆宗稱爲「當代真儒」，神宗稱爲「王某學術原與宋儒朱某互相發明，何常因此廢彼？」可謂知臣者莫若君矣。今故謹述其語，正以見文成未嘗不「尊德性」而「道問學」，與朱、陸二子同也，原無異也，道如是也。爲定論第三。

王子定論

答徐成之

輿菴是象山，而謂其「專以尊德性爲主」，今觀象山文集所載，未嘗不教其徒讀書窮理。

而自謂「理會文字頗與人異」者，則其意實欲體之于身。其亟所稱述以誨人者，曰「居處恭，執事敬，與人忠」，曰「克己復禮」，曰「萬物皆備於我，反身而誠，樂莫大焉」，曰「學問之道無他，求其放心而已」，曰「先立乎其大者，而小者不能奪」。是數言者，孔子、孟氏之言也，烏在其爲空虛者乎？獨其「易簡覺悟」之説頗爲當時所疑。然「易簡」之説出於繫辭，「覺悟」之説雖有同於釋氏，然釋氏之説亦自有同於吾儒，而不害其爲異者，惟在於幾微毫忽之間而已。亦何必諱於其同而遂不敢言，狃於其異而遂不之察乎？是輿庵之是象山，固猶未盡其所以是也。

吾兄是晦菴，而謂其「專以道問學爲事」。然晦菴之言，曰「居敬窮理」，曰「非存心無以致知」，曰「君子之心常存敬畏，雖不見聞，亦不敢忽，所以存天理之本然，而不使離于須臾之間也〔一〕」。是其爲言，亦何嘗不以尊德性爲事？而又烏在其爲支離者乎？獨其平日汲汲於訓解，雖韓文、楚辭、陰符、參同之屬，亦必與之註釋考辨，而論者遂疑其玩物。又其心慮恐學者之躐等而或失之于妄作，使必先之以格致而無不明，然後自有以實之於誠正而無所謬。世之學者，掛一漏萬，求之愈繁而失之愈遠，至有弊力終身，苦其難而卒無所入，而遂議其支離。不知此乃後世學者之弊，而當時晦菴之自爲，則亦豈至是乎？是吾兄之是晦菴，固猶未盡其所以是也。

僕嘗以爲晦菴之與象山，雖其所以爲學者若有不同，而要皆不失爲聖人之徒。今晦庵之學，天下之人童而習之，既已入人之深，有不容于論辨者。而獨惟象山之學，則以其嘗與晦庵之有言，而遂藩籬之。使若由、賜之殊科焉，則可矣，而遂擯放廢斥，若碔砆之與美玉，則豈不過甚矣乎？夫晦庵折衷群儒之説，以發明六經語、孟之旨於天下，其嘉惠後學之心，真有不可得而議者。而象山辨義利之分，立大本，求放心，以示後學篤實爲己之道，其功亦寧可得而盡誣之！而世之儒者，附和雷同，不究其實，而概目之以禪學，則誠可冤也已！故僕嘗欲冒天下之譏，以爲象山一暴其説，雖以此得罪，無恨。僕於晦庵亦有罔極之恩，豈欲操戈而入室者？顧晦庵之學，既已若日星之章明于天下；而象山獨蒙無實之誣，于今且四百年，莫有爲之一洗者。使晦庵有知，將亦不能一日而安享于廟廡之間矣。此僕之至情，終亦必爲吾兄一吐者，亦何肯漫爲兩解之説以陰助于輿庵也？

夫學術者，古今聖賢之學術，天下之所公共，非吾三人者所私有也。天下之學術，當爲天下公言之，而豈獨爲輿庵地哉！

又

日用間何莫非天理流行，但此心常存而不放，則義理自熟。孟子所謂「勿忘勿助，深造自得」者矣。學問之功何可緩，但恐著意把持振作，縱復有得，居之恐不能安耳。

答歐陽崇一

良知不由見聞而有，而見聞莫非良知之用，故良知不滯于見聞，而亦不離于見聞。孔子云：「吾有知乎哉？無知也。」良知之外，別無知矣。故「致良知」是學問大頭腦，是聖人教人第一義。大抵學問功夫，只要主意頭腦是當，若主意頭腦專以致良知爲事，則凡多聞多見，莫非致良知之功。蓋日用之間，見聞酬酢，雖千頭萬緒，莫非良知之發用流行，除見聞酬酢〔二〕，亦無良知可致矣。

答陸元静

理無動者也。「常知、常存、常主于理」，即「不覩不聞，無思無爲」之謂也。「不覩不聞，無思無爲」，非槁木死灰之謂也。覩、聞、思、爲一于理，而未嘗有所覩、聞、思、爲，即是動而未嘗動也。所謂「動亦定，静亦定」、「體用一源」者也。

又

使在我果無功利之心，雖錢穀兵甲〔三〕，何往而非實學？何事而非天理？况子、史、詩、文之類乎？使在我尚存功利之心，則雖日談道德仁義，亦只是功利之事，况子、史、詩、文之類乎？「一切屏絶」之説，是猶泥于舊習，平日用功未有得力處，故云耳。

答顧東橋

某格、致、誠、正之説，是就學者本心日用事爲間，體究踐履，實地用功，是多少次第、多少積累在，正與空虚頓悟之説相反。聞者本無求爲聖人之志，又未嘗講究其詳，遂以見疑，亦無足怪。若吾子之高明，自當一語之下便瞭然矣，乃亦謂「立説太高，用功太捷」，何耶？

又

予論致知格物，正所以窮理，未嘗戒人窮理，使之深居端坐而一無所事也。若謂即物窮理，如前所云「務外而遺内」者，則有所不可耳。昏闇之士，果能隨事隨物精察此心之天理，以致其本然之良知，則雖愚必明，雖柔必强，大本立而達道行，九經之屬可一以貫之而無遺矣。尚何患其無致用之實乎？彼頑空虛静之徒，正惟不能隨事隨物精察此心之天理，以致其本然之良知，而遺棄倫理，寂滅虚無以爲常，是以要之不可以治家國天下。孰謂聖人窮理盡性之學，而亦有是弊哉？

與王純甫

學以明善誠身，只兀兀守此昏昧雜擾之心，却是坐禪入定，非所謂「必有事焉」者矣。聖門寧有是哉？但其毫釐之差，千里之謬，非實地用功，則亦未易辨别。

又

純甫平日徒知存心之説，而未嘗加克治之功，故未能動静合一，而遇事輒有紛擾之患。今乃能推究若此，必已漸悟往日之墮空虚矣。

寄聞人邦正

謂舉業與聖人之學相戾者，非也。程子云：「心苟不忘，則雖應接俗事，莫非實學，無非道也。」而况于舉業乎？謂舉業與聖人之學不相戾者，亦非也。程子云：「心苟忘之，則雖終身由之，只是俗事。」而況于舉業乎？忘與不忘之間，不能以髮，要在深思默識所指謂不忘者，果何事邪？

答羅整菴

執事所以致疑于某格物之説者，必謂其是内而非外也；必謂其專事于反觀内省之爲，而遺棄其講習討論之功也；必謂其一意于綱領本原之約，而脱略于支條節目之詳也；必謂其沉溺于枯槁虚寂之偏，而不盡于物理人事之變也。審如是，豈但獲罪于聖門，獲罪于朱子，是邪説誣民，叛道亂正，人得而誅之也，而況于執事之正直哉？

答陸元静

問象山在人情事變上做工夫之説，先生曰：「除了人情事變則無事矣。喜怒哀樂，非人情乎？自視聽言動，以至富貴貧賤、患難死生，皆事變也。事變亦只在人情裏，其要只在致中和，致中和只在慎獨。」

答張元冲

問二氏與聖人之學，皆有得于性命。但二氏着些私利，便謬千里矣。今觀二氏作用，亦有功于吾身者，不知亦須兼取否？先生曰：「説兼取，便不是。聖人盡性至命，何物不具，何待兼取？二氏之用，皆我之用：即吾盡性至命中完養此身謂之仙；即吾盡性至命中不染世累謂之佛。但後世儒者不見聖學之全，故與二氏成二見耳。聖人與天地民物同體〔四〕，是之謂大道。二氏自私其身，是之謂小道。」

答舒栢

舒栢有敬畏累灑落之問。先生曰：「君子之敬畏，非有所恐懼憂患之謂也，乃戒慎不睹，恐懼不聞之謂耳。君子之灑落，非曠蕩放逸、縱情肆意之謂也〔五〕，乃其心體不累于欲，無入而不自得之謂耳。夫心之本體，即天理也。天理之昭明靈覺，所謂良知也。君子之戒慎恐懼，惟恐昭明靈覺者，或有所昏昧放逸，流于非僻邪妄，失本體之正耳。戒慎恐懼之功〔六〕，無時或間，則天理常存，而其昭明靈覺之本體，無所虧蔽〔七〕，無所牽擾，無所意必固我，無所歉餒愧怍，和融瑩徹，充塞流行，動容周旋而中禮〔八〕，從心所欲而不踰：斯乃所謂真灑落也。是灑落生于天理之常存，天理常存生于戒慎恐懼之無間。孰謂敬畏之增〔九〕，乃爲灑落累耶？」

與同志

聖賢論學，無不可用之工，只是「致良知」三字，尤簡易。有實下手處，更無走失。同志已知其説，而實用工者絶少，皆緣見「良知」未真，又將「致」字看太易了，是以多未得力。雖比支離稍有頭緒，然五十步百步之間耳。

示王畿錢德洪

人心自有知識，已爲習俗所染，今不教他在良知上實用爲善去惡功夫，只去懸空想個本體，一切事爲，俱不着實。不過養成一個虚寂，此個病痛不是小小。

示王嘉秀

君子之學，爲己之學也。爲己故必克己，克己則無己。無己者，無我也。世之學者執其自私自利之心，而自任以爲爲己，漭焉入于隳墮斷滅之中，而自任以爲無我者，吾見亦多矣。嗚呼！自以爲有志聖人之學，乃墮于末世佛、老邪僻之見而弗覺，亦可哀也夫！

答徐曰仁

專事無爲，不能如三王之因時致治，而必欲行以太古之俗，即是佛、老的學術。因時致治，不能如三王之一本于道，而以功利之心行之，即是伯者以下事業。

答陸元静

凡可用功、可告語者，皆「下學」，「上達」只在「下學」裏。學者只從「下學」裏用功，自然「上達」去，不必别尋箇「上達」的工夫。

答黄以方

講習討論，下許多功夫，無非只是存此心，不失其德性而已。豈有「尊德性」只空空去尊，更不去問學？問學只空空去問學，更與德性無關涉？如此，則不知今之所以講習討論者，更學何事！

答陳九川

致知之説，聖人已指以示人。此是人人自有的，覺來甚不打緊一般。然與不用實功人説，亦甚輕忽可惜，彼此無益。與實用功而不得其要者提撕之，甚沛然得力。

示南元貞

文散于事而萬殊者也，故曰博；禮根于心而一本者也，故曰約。博文而非約之以禮，則其文爲虚文，而後世功利辭章之學矣；約禮而非博學于文，則其禮爲虚禮，而佛、老空寂之學矣。

示劉伯頌

教童子，惟當以孝、弟、忠、信、禮、義、廉、耻爲專務。其栽培涵養之方，則宜誘之歌詩，以發其志意，導之習禮，以肅其威儀；諷之讀書，以開其知覺。今人往往以歌詩習禮爲不切時務，此末俗庸鄙之見，烏足以知古人立教之意哉！

示劉君亮

劉君亮要在山中静坐，先生曰：「汝若以厭外物之心去求之静，是反養成一個驕惰之氣了。汝若不厭外物，復于静處涵養却好。」

示螺川諸生

堯舜生知安行的聖人，猶兢兢業業，用困勉的工夫。吾儕以困勉的資質，而悠悠蕩蕩，坐享生知安行的成功，豈不誤己誤人？

答或問八則

問：「静時亦覺意思好，才遇事便不同，如何？」先生曰：「是徒知静養而不用克己工夫也。如此，臨事便要傾倒。人須在事上磨，方立得住，方能『静亦定，動亦定』。」

又

問：「寧静存心時，可爲『未發之中』否？」先生曰：「今人存心，只定得氣。當其寧静時，亦只是氣寧静，不可以爲『未發之中』。」曰：「『未』便是『中』，莫亦是求『中』工夫？」曰：「只要去人欲、存天理，方是工夫。静時念念去人欲、存天理，動時念念去人欲、存天理，不管寧静不寧静。若靠那寧静，不惟漸有喜静厭動之弊，中間許多病痛，只是潛伏在，終不能絶去，遇事依舊滋長。以循理爲主，何嘗不寧静；以寧静爲主，未必能循理。」

又

問：「名物度數，亦須先講求否？」先生曰：「人只要成就自家心體，則用在其中。如養得心體，果有未發之中，自然有發而中節之和，自然無施不可。苟無是心，雖預先講得世上許多名物度數，與己原不相干，只是裝綴，臨時自行不去。亦不是將名物度數全然不理，只要『知所先後，則近道』。」

又

問：「聲、色、貨、利，恐良知亦不能無。」先生曰：「固然。但初學用工，却須掃除蕩滌，勿使留積，則適然來遇，始不爲累，自然順而應之。良知只在聲、色、貨、利上用工，能致得良知精精明明，毫髮無蔽，則聲、色、貨、利之交，無非天則流行矣。」

又

或問「異端」。先生曰：「與愚夫愚婦同的，是謂同德；與愚夫愚婦異的，是謂『異端』。」

又

問：「釋氏亦務養心，然要之不可以治天下，何也？」先生曰：「吾儒養心，未嘗離却事物，只順其天則自然，就是功夫。釋氏却要盡絶事物，把心看做幻相，漸入虛寂去了。與世間若無些子交涉，所以不可治天下。」

又

一友静坐有見，馳問先生。答曰〔一〇〕：「吾昔居滁時，見諸生多務知解，口耳異同，無益于得，姑教之静坐。久之〔一一〕，漸有喜静厭動，流入枯槁之病，或務爲玄解妙覺，動人聽聞。故邇來只説致良知。良知明白，隨你去静處體悟也好，隨你去事上磨鍊也好，良知本體原是無動無静的，此便是學問頭腦。」

又

一屬官聽講學，曰：「此學甚好。只是簿書訟獄繁雜，不得爲學。」先生曰：「我何嘗教爾離了簿書訟獄，懸空去講學？爾既有官司之事，便從官司的事上爲學，纔是真格物。如問一詞訟，不可因其應對無狀，起箇怒心；不可因他言語圓轉，生箇喜心；不可惡其囑托，加意治之；不可因其請求，屈意從之；不可因自己事務煩冗，隨意苟且斷之；不可因旁人譖毁羅織，隨人意思處之。這許多意思皆私，只爾自知，須精細省察克治，惟恐此心有一毫偏倚，枉人是非，這便是格物致知。簿書訟獄之間，無非實學。若離了事物爲學，却是着空。」

語録九則

聖人之學，無人己，無内外，一天地萬物以爲心。而禪之學，起于自私自利，而未免于内外之分，斯其以爲異也。今之爲心性之學者，而果外人倫，遺事物，則誠所謂禪矣。使其未嘗外人倫，遺事物，而專以存心養性爲事，則固聖門精一之學也，而可謂之禪乎哉？

又

只説「明明德」，而不説「親民」，便似佛、老。

又

良知在「夜氣」發時〔一二〕，方是本體，以其無物欲之雜也。學者要使事物紛擾之時，常如「夜氣」一般，就是「通乎晝夜之道而知」。

又

省察是有事時存養，存養是無事時省察。

又

良知、良能，愚夫、愚婦與聖人同，但惟聖人能致其良知，而愚夫愚婦不能致。此聖、愚之所由分也。

又

所惡于上是良知，毋以使下即是致知。

又

人倫明于上，小民親于下，家齊國治而天下平矣。是故明倫之外無學矣。外此而學者，謂之異端；非此而論者，謂之邪説；假此而行者，謂之伯術；飾此而言者，謂之文辭；背此而馳者，謂之功利之徒，亂世之政。

又

琴瑟簡編，學者不可無。蓋有業以居之，心就不放。

又

隨處體認天理。

止至善講義

昔之人固有欲明其明德者矣，然惟不知止于至善，而騖其私心于過高，是以失之虚罔空寂，而無有乎家國天下之施，則二氏之流是矣。固有欲親其民者矣，然惟不知止于至善，而溺其私心于卑瑣，是以失之權謀智術，而無有乎仁愛惻怛之誠，則五伯功利之徒是矣。是皆不知止于至善之過也。

【校勘記】

〔一〕而不使離于須臾之間也　「間」，王集卷二十一答徐成之作「頃」。

〔二〕除見聞酬酢　「除」下，王集卷二答歐陽崇一有「却」字。

〔三〕雖錢穀兵甲　「甲」下，王集卷四與陸原静有「搬柴運水」四字。

〔四〕聖人與天地民物同體　「體」下，王集卷三十五年譜有「儒佛老莊皆吾之用」八字。

〔五〕縱情肆意之謂也　「縱情肆意」四字，王集卷三十五年譜無。

〔六〕「君子之戒慎恐懼」至「戒慎恐懼之功」　以上三十九字，王集卷三十五年譜作「君子戒懼之功」。

〔七〕無所虧蔽　「虧」，王集卷三十五年譜作「昏」。

〔八〕「無所牽擾」至「動容周旋而中禮」　以上三十一字，王集卷三十五年譜作「自無所牽擾，自無所歉餒愧怍，動容周旋而中禮」。

〔九〕孰謂敬畏之增　「增」，王集卷三十五年譜作「心」。

〔一〇〕答曰　「答」字原無，據王集卷三語録補。

〔一一〕久之　「久」上，王集卷三語録有「一時窺見光景頗收近效」十字。

〔一二〕良知在夜氣發時　「時」，王集卷三語録作「的」。

卷四　引證

學辨二則

徐文貞階曰〔一〕：朋友相詰難者，或引存養格致，以爲尊德性、道問學不可合爲一事；或引學問思辨篤行，以爲必先道問學，而後可及於尊德性；又或謂晦菴、象山兩夫子，均爲聖人之徒，但入門有不同。其説雖殊，要皆不究夫學之所以爲學，故必認以爲二，而不能信其一也。夫學，尊德性而已矣。問者，問此也；學者，學此也。遺此之謂禪，離此之謂訓詁。故尊德性者，君子之所主以爲問學者也；問學者，君子之所由以尊德性者也。舍問學而求尊德性，則德性不可得而尊；舍尊德性而求道問學，則亦不復有所謂問學之事。此尊德性、道問學所以爲一，而非可以存養格致分屬竝言者也。且存養非他也，存其所格之理耳；格致非他也，格其所存之理耳。存也，格也，其功無二用也。是乃所謂問學，而君子所由以尊德性者也。如必析尊德性以屬存養，析道問學以屬格致，而謂尊德性之功别有出乎問學之外，則中庸首章之獨言戒懼於義，既不免有所遺，而大學之格物致知，乃徒爲博物洽聞之具，而非所以致誠、正、脩、齊之實矣。此豈獨不知尊德性、道問學，亦豈識所謂存養格致哉？乃若學問思辨篤行，其所爲博學者，非闊略於踐履，而徒務博其見聞，及其既博，然後漸次收拾以付之於行也。蓋君子修身踐行，既無所不用其學矣。其或學而有疑，則問之宜審；問而未有得，則思之宜愼；思而猶未能了然於心，則辨之宜明；辨之既明，則益敦行之而弗怠。是所謂篤行者，乃取「博」與「篤」兩義相對而言，非所以爲先後之次也。然則道問學、尊德性不可以分先後明矣。

至謂兩夫子入門異而均爲聖人之徒，則又有可言者。夫君子由學以入聖，猶人由門以入室，今指尊德性、道問學爲兩門矣。然聖之所以爲聖，踐形盡性之外，無他事也，則尊德性、道問學，室一而已，門亦一而已，安得有異入乎？凡某所以斷兩夫子之同者，固慨夫世之人，舉其訓詁之陋，妄自託於朱子，而詆陸爲禪；舉其空寂之謬，妄自託於陸子，而詆朱爲俗也。今曰均爲聖人之徒，則某所争者，固已得矣。又何異之足言哉？

大抵子思此章，辭旨本自曉白。蓋不徒曰尊德性而必繼之以道問學，則可見功夫之有在而爲尊德性者所不能遺；不徒曰道問學而必先之以尊德性，則可見主本之有定而爲道問學者所不能外；不徒曰尊德性、道問學而必合之以而之一字，則可見其爲一事，而非耦立竝行者之可倫。是故，尊德性、道問學一也。朱子世以爲專道問學，而其言必主於尊德性；陸子世以爲專尊德性，而其言不遺夫問學。此兩夫子所以同也。學者苟反身以究夫學之不容二，而又虛心以觀兩夫子之言，則可無疑於紛紛之説矣。

蔡忠襄懋德曰：學問一事，求其是焉已矣。若中無所是而隨聲吠影，與自以爲是而操戈翻案，其人心術皆已得罪聖賢，又何從知學問之真原哉？所謂求其是者，非如後儒疑似牽合，依傍湊泊，以前人言句爲模而我型之也。蓋叩之内心而洞然晶瑩，驗之人倫世故而砉然中窾；印之千百世前後、四海内外而廓然符合，不差毫黍，如此而已矣。惟我陽明先生負不世出之資，歷生平未經之患難，一旦憬然提出「良知」兩字，直抉洙、泗、濂、洛之嫡血，盡滌詞章訓詁功利之積氛。至其勛業節義雙立古今，尤令人獲覩真儒大用，而一洗道學迂腐之疑。而或曰良知之學，近於禪而卒流爲圓虛。篤行君子多不滿焉。夫「良知」兩字，非刱自先生，固子輿氏之言也。夫子輿氏禪乎？否耶？良知之第一逗現，爲孩提愛親，稍長敬兄。夫「愛親」、「敬兄」圓虛乎？否耶？且以吾人證之：纔一墮地，便能乞乳，未幾見他人而嗄，見父母而笑，此嬰兒之「嗄」、「笑」，與歷山之號慕，有二良知乎？可謂圓虛乎？江次翁奉母避亂，遇賊輒泣告有父母在，賊不忍犯。荀巨伯看友人病，賊至，願以身代，賊相顧嘆曰：「我輩無義之人，而入有義之國。」遂回軍去。此盜賊之知孝、知義，與陶唐四岳之明揚交讓，有二良知乎？此可謂圓虚乎？設使酣古博聞之儒，僅習問安視膳之儀，卒然遇利則攘臂，遇害則掉頭，絶非嬰兒嗄笑面目，此可謂切實乎？又使角巾衿帶之儒，口講仁義道德之訓，一值生死之交、鋒刃之際，迷匿本心，曾盜賊之不若，此可謂切實乎？乃以嬰兒不假學識，盜賊不能澌滅。人人各具，刻刻逗現之良知，而疑爲禪。冤陽明乎？抑冤自己也。或又曰：晦翁傳註，尊爲功令，而陽明間有異同，不無可議。夫陽明之間有異同，此所以爲晦翁知己也。蓋晦翁以繼往開來爲己任，故汲汲表章六經四書，詞句之間豈無千慮一失？且其入手稍未易簡。當時鵝湖辨證已自異同，而白鹿一會則晦翁引象山爲知己。又其晚年自悔，有云：「近日方實見得向來支離之病，自家一箇身心，不知安頓去處。將經世事業，别作商量講究，不亦悞乎？」可見晦翁勇於聞道，何嘗自護其過，而今人必代爲護之。人之相知，貴相知心。以雷同附和爲知己者，此在末俗人情則然，豈可以例聖賢心事哉？且晦翁悟後謂：因良心發現之微，猛省提撕，使人不昧，則是做工夫的本領。若不察良心發見處，即渺渺茫茫，恐無下手處也。此與陽明有何異同？後人自看不到耳。然則良知之學，迄今寖失其傳者，又何也？其故有二：一則聰明浮慧，掠前人光影，而悞以任性爲良知；一則義路膠滯，喜翻前人公案，而謬以執見救良知。嗟乎！天下之適燕南轅，漸迷漸遠者多矣，豈獨先生之學爲然，而乃以歸禍先生哉？今願學先生之學者，先掃成見，平心和氣，讀其書，知其人，力究其宗旨之所存，以及下手格致之竅要，而又廻勘於夜氣、清明，就正於真師良友，確見其果圓虛與否、是禪非禪，而後去取從違，可以自判自決矣。

論斷十八則

孔太常煒曰：陸子天稟純明，學無凝滯，服膺先哲，發揮憲言，非敏而好古乎？抗志弘毅，師道尊嚴，記久傳遠，言皆可復，非貌肅辭定乎？謚曰文安，於義爲備。

申文定時行曰：世以僞學霸術詆訾文成，原未知文成不足深辨。其謂自立門户者，必離經叛聖，如佛、老、莊、列而後可。若文成祖述經訓，羽翼聖道，豈其自創一門户耶？其謂禪家宗旨者，必外倫理、遺世務而後可。今氣節、文章、功業，文成兼之，而謂之禪，可乎？大抵近世儒者，褒衣博帶以爲容，而究其日用，往往病於拘曲，而無所建樹；博物洽聞以爲學，而究其實得，往往狃於見聞而無所體驗。若文成者，可謂真儒之有用而非拘曲，實學之自得，而不專於見聞矣。

顧端文憲成曰：大學言致知，文成恐人認識爲知，走入支離，故就中間點出一「良」字。孟子言「良知」，文成恐人將此知作光景玩弄，走入空虚，故就上面點出一「致」字。其意最爲精密。

王弇州世貞曰：朱子表章之功，與天壤俱。敝不在訓詁章句之末，其所訓詁章句，爲不失聖人之統而已，而未必盡得聖人之心。文成非求悟也，爲不盡得聖人之心而悟也。今其所揭「致良知」一語，簡切痛快，實可接孟子之性善。而他訓詁章句，小不盡合朱子耳，非不盡合聖人也。又曰：文成勳最大，而又能直指心訣，以上接周、程氏之統緒，言立德、立功者，無兩焉。

劉忠正宗周曰：文成云「良知即天理」，可謂直下頂門。程伯子云「吾學雖有所受，然天理二字，却是自家體認出來」，至朱子解「至善」亦云：「盡乎天理之極，而無一毫人欲之私。」文成於此亟首肯，是文成之言，即孔、孟之言，程、朱之言也。

鄭端簡曉曰：文成功不在靖遠、威寧下，其學術，非潛心内省，密自體察者，慎勿輕訾也。

趙玉峰士麟曰：朱、陸入手不同，其於大原則一。學術止論差不差，不論同不同。又曰：陸子之學，在人情物理事變上用功。荆門之政，幾於三代。晦翁門人吹毛求疵，其指爲禪，亦覺欠公。

蔡九霞方炳曰：尊朱排陸，蹈影吠聲，比比而是。殆將以盡性非及物之功，求志爲自私之務耶？文成揭出「良知」如重裘振領，然習傳註之學者羣詆之，自朱子定論之書出，而議始息矣。

林西仲雲銘曰：文成「致良知」之説，實千聖相傳道脉，乃當時多有詆爲僞學。陳建作從信録，亦惜其講學之偏，爲文章功業之累。甚矣！理學之難明如此。

毛稚黄先舒曰：朱子晚年定論一書，乃考亭見道以後語，斷無疑也。後儒苦泥朱子前説，必欲墨守而輸攻之，則凡聖人性命精微之説，豈皆可詆訶而駁議之乎？又曰：文成功名學術，皆卓犖光大，表表千古，而議者謂成功用詐，學術近禪，豈不謬哉？江彬、桂萼之徒，讒忌百出，究於文成何損？適成其爲小人而已。

黄石齋道周曰：陸子淵源家庭之中，有禮有法，施于州郡，築險賑饑，隨方立濟，極不是禪家作用，而晦翁詆之爲禪，宜子静之不服也。凡讀書看古人争難處，只是借來發端，開吾寤寐，不得隨他訶墻罵壁。如晦翁之格致，子静之良知，皆有瑕舋，亦皆不遠于聖門之學。非如今人一向走空，遂落西竺雲霧也。必須高明柔克，沉潛剛克，兩克之功，隨人變化：用子静以救晦翁，用晦翁以濟子静，使子静不失于高明，晦翁不滯于沉潛。雖思、孟復生，何間之有？朱士美云：「此莫近于調停否？」石齋曰：「天下事惟邪正兩家調停不得。既是一家，何必苦自異同？」

陳文溪九叙曰：舍吾性中自有之真覺，尋世間不必有之文辭，自擲寶珠，珍其敝帚。無論律諸聖教，當坐操戈，即使證諸考亭，亦譏逐影。而舉世貿貿，罔識所歸。是當考衷于文成傳習録，以識其宗，參伍于朱子悟後定論，以正其謬。因考亭以得文成，因文成以得吾夫子，一貫之旨，亦在學者自得之而已。定論一書，年之晚與不晚，未足深辨也。

汪玖野爌曰：文公窮理，文安辨義利，文成致良知，隨處體認，天理有何異同？世之妄毁者，甘心拾桂萼之唾餘，蔑儒判道，可哀也已！

黄梨洲宗羲曰：昔之學者，學道者也；今之學者，學罵者也。接庸僧數輩，則罵考亭爲不足學矣；讀艾千子定待之尾，則罵象山、陽明爲禪矣。此東坡所謂「墻外悍婦，聲飛灰火，如猪嘶狗嘷」者也。

董覲山瑒曰：朱、陸異同，聖學一大關鍵，然分之爲朱、陸，合之爲孔子，初無同異也。子思子曰「夫焉有所倚」，孟子曰「何必同」，可以思聖學之淵源矣。

潘賡虞兆元曰：陸子全集千頁，王子全集三千頁，世之謗二子者，有理路不明而錯解其文義。如陸子嘆世人不能身體力行，以致經書陸沉；文成言聖人之述六經，見諸行事而後筆之于書，亦猶世之祖父遺子孫以名狀數目，記其家之産業；又言聖人本體虚無，猶大學之明德、中庸之率性，不似仙佛之虚無，徒從生死起見，其中事物流行，不爲心體障礙，亦猶日月風雷，不爲太虚障礙。未嘗言心體不要善，太虚不要日月。今世人乃謂陸子欲陸沉經書，文成藐視六經爲名狀數目。又謂文成以不障太虚爲妙，則去了日月，便是鬼魅世界，心體中容不得善，則是太虚中容不得日月乎？此一可笑也。有以他人之言而攙入誣罔。如相士異文成之貌曰：「天下有斯人乎？鬚拂領，其時入聖境；鬚至上丹臺，結聖胎；鬚至下丹田，聖果圓。」此相者之言耳。今謂其講學之語，雜出釋教，聖胎聖果，亹亹而見，二可笑也。有刻于推原，而以流弊歸禍。夫陸、王二子何嘗不教人讀書窮理？何嘗不教人躬行實踐？第謂作聖之功，不徒在紙上講解，必須辨義利、致良知。今乃云天下之士，心不習于訓詁、記誦、辭章，則用之于詩曲、逸遊、賭博，欲其無學、無知、無善、無惡。又云：一講良知，便都無事。又云：外物不知，亦不求于心。然二子何嘗不求于心？何嘗便都無事？何嘗縱人逸遊、賭博？三可笑也。有以其偶用釋典字眼，遂斥爲禪學。如語録中「上根」、「接引」、詩中「飛錫」等字，不知宋儒詩文語録中，此等字不可枚舉。今不以意逆志而以辭害意，可乎？四可笑也。總之，二子全集，世人不能盡見，可以妄肆詆毁，愚惑初學，真所謂「心逆而險，言僞而辨」者矣。

李長人官曰：自歷聖先賢以及諸儒，其授受之際，果在敦本乎？抑在狥末乎？如道僅狥末，將端木、顓孫宜奪顔、曾之席；如道必敦本，則孟子所云「學問之道求其放心」者，非略學問也。蓋已統千古學問，無復有遺焉者矣。吾故曰：「本體不廢功夫，功夫不離本體。分則均非，合則皆是。」陸之尊，自誠明者也，本體即功夫也；朱之道，自明誠者也，功夫即本體也。中庸「誠」、「明」並列。迨申以天道、人道，惟曰「誠」者、「誠之」者，遂不更存「明」名。其後亦衹有「至誠」之人，未聞稱「至明」之人。則明也者，誠之功夫，而學問惟一尊德性矣。無疑於德性、問學之同，豈猶有疑於朱、陸之异哉？

黄主一百家曰：今天下講學者，假餖飣帖括名爲翌註，因以慢罵象山、陽明，直指爲告子邪説。蓋其腹中空虚，非此不足爲藏身之術。故語詩文則曰「此詞章也而已，可以不學矣」；語經濟則曰「此事功也而已，之不材可掩矣」。于是肆口無忌，妄行批駁耳。

【校勘記】

〔一〕徐文貞階曰　徐階世經堂集（北京大學圖書館藏明萬曆徐氏刻本）卷二〇學則辯作「階既編學則成」。

卷五　附後

四勿學者王復禮著

二子不諱學禪

朱子嘗言：始見延平李先生，告之學禪。李先生但曰「不是」，再三質問，則曰「且看聖賢言語」。某遂將所謂禪權倚閣，起取聖賢書讀之。讀來讀去，日復一日，覺得聖賢言語漸漸有味，却回看釋氏之説，漸漸破綻，罅漏百出。陽明子亦曰：某早歲業舉，溺志詞章之習，既乃稍知從事正學。苦于衆説紛撓，茫無可入，因求諸老、釋，欣然有會於心。然于孔子之教，間相出入，而措之日用，往往缺漏無歸，依違往返，且信且疑。其後謫官龍場，動心忍性之餘，恍若有悟，體念探求，再更寒暑，證諸五經四子，沛然若決江河而放諸海也。然後嘆聖人之道，坦如大路。觀此則二子始皆留心于禪，而後從事聖道，勇于歸正，不掩其非是。蓋以身爲教，欲使學者慎所趨耳。

二子虛懷可證

淳熙二年，陸子會朱子於鵝湖，朱子和陸子詩，有「德業風流夙所欽，别離三載更關心」、「舊學商量加邃密，新知培養轉深沉」之句。八年，朱子爲南康守，陸子往訪，朱子與泛舟而樂曰：「自有宇宙以來，有此溪山，還有此佳客否？」乃率僚友諸生至白鹿洞書院，請升講席。陸子講「君子喻于義」一章，朱子誦書講義受藏，跋其後云：「陸兄子静來自金溪，某請一言以警學者，子静既不鄙而惠許之。至其所以發明敷暢，則又懇到明白，而皆有以切中學者隱微深錮之病。蓋聽者莫不悚然動心焉。某猶懼其久而或忘也，復請子静筆之于簡而受藏之。凡我同志于此反身而深察之，則庶乎其可不迷于入德之方矣。」又嘗與陸子書云：「邇來日用工夫，頗覺有力，無復向日支離之病。甚恨未得從容面論，未知異時相見，尚復有異同否耶？」又與陸子書云：「病中絶學損書，卻覺得身心收管，似有少進處。向來泛濫，真是不濟事。恨未得欵曲承教，盡布此懷。」又與周叔謹書云：「吕、陸門人互相排斥，此由各徇所見之偏，而不能公天下之心以觀天下之理，甚覺不滿人意。」又與諸葛誠之書云：「愚勸同志者兼取兩家之長，不輕相詆毁。就有未合，亦且置勿論。」「子静平日自任，正欲身率學者于天理，不以一毫人欲雜于其間，恐決不至如賢者之所疑也。」又與符復仲書云：「所諭義利之間，誠有難擇者。但意所疑，以爲近利即便舍去可也。」「見陸丈回書，其言明當，且就此持守，自見功效，不須多疑多問，却轉迷惑。」又與吕東萊書云：「子静好處，自不可掩，覆可敬服也。」又有學者因「無極」之辨，貽書朱子詆陸子，朱子曰：「南渡已來，八字著脚，理會着實工夫者，惟某與陸子静二人而已。某實敬其爲人，老兄未可以輕議也。」是朱子推許陸子，可謂至矣。

至文成服膺朱子數條，亦附録可證：朋友觀書，多有摘議朱子者，陽明子曰：「是有心求異即不是。吾説與朱子先時不同者，爲入門下手處，不得不辨。然吾之心與朱子之心未嘗異也。若其餘文義解得明當處，如何動得一字？」又答徐成之書云：「朱子折衷羣儒之説，以發明六經語、孟之旨于天下，其嘉惠後學之心，真有不可得而議者。僕于朱子亦有罔極之思，豈欲操戈而入室。顧朱子之學，既已若日星之章明于天下，而陸子獨蒙無實之誣，欲爲一洗。」「此僕之至情也。」又答羅整庵書云：「僕輯朱子晚年定論，大意在委曲調停，以明此學爲重。生平于朱子之説如神明蓍龜，一旦與之背馳，心誠有所未忍，故不得已而爲此也。」又答南元善書云：「竊嘗喜晦翁涵育薰陶之説，以爲今之朋友相與，必有此意，而後彼此交益。」又序紫陽書院集云：「白鹿之規：首之以五教之目，次之以爲學之方，又次之以處事接物之要，斯殆朱子平日之意，所謂隨事精察而力行之。庶幾一旦貫通之妙也歟。」

又謁嶽麓書院三詩云：「緬想兩夫子，此地得徘徊」，與「我來實仰止，匪伊事盤遊」，并「殿堂釋菜禮從宜，下拜朱張息遊地」句。又題白鹿洞獨對亭詩有「一笑仍舊顔，媿我鬢先變」、「悠悠萬古心，默契可無辨」之句。

世以三子爲不相能者，豈通人之論哉？

二子預防流弊

朱子與林擇之書云：「陸子壽兄弟近日議論，却肯向講學上理會。其門人有相訪者，氣象皆好。但其間亦有舊病。此間學者却是與渠相反，初謂只如此講學，漸涵自能入德。不謂末流之弊只成説話，至于人倫日用最切近處，亦都不得毫毛氣力。此不可不深懲而痛警也。」是朱子未嘗不愁講論之弊流于馳騖。而陽明子示孟源云：「聖賢之學，坦如大路，但知所從入，苟循循而進，各隨分量，皆有所至。後學厭常喜異，往往時入斷蹊曲徑，用力愈勞，去道愈遠。向在滁陽論學，未免專就高明一路開導。蓋矯枉救偏，不得不然。近來又復漸流空虚，爲脱落新奇之論，使人聞之，甚爲足憂。故因其歸而告之以此。遂使歸告同志，務相勉于平實簡易之道，庶無負相期云耳。」是陽明子亦未嘗不愁定静之弊流于空虚也。愚謂兩無相悖，而適相成，必如朱子與項平父書云：「子静專『尊德性』，而某平日所論道問學爲多。是以彼之學者，多持守可觀，而看義理不詳。某自覺於義理，不敢亂説，而緊要爲己，多不得力。又當反身用力，去短集長，庶幾不墮一邊耳。」并如陽明子示遊學之士云：「吾欲懲末俗卑污，多就高明引接。今見學者流入空虚，吾已悔之矣。故南畿論學，只教存天理、去人欲，爲省察克治實功。」庶爲得之。

二子出處相合

朱子以宋建炎四年九月生，王子以明成化八年九月生，是生時同也。朱子葬于慶元六年十一月，王子葬于嘉靖八年十一月，是葬期同也。朱子年十一讀孟子，至「聖人與我同類者」，喜不可言，以爲聖人亦易做；王子年十一問其師曰：「何爲第一等事？」師曰：「讀書登第。」王子曰：「恐未是，讀書當作聖人耳。」是齠年立志同也。朱子年五十重建白鹿書院，講學其中，王子亦年五十居白鹿洞，修南昌誌，與湛甘泉、霍兀崖等講學，是先後一轍同。朱子年五十四作武夷精舍，王子亦年五十四，門人爲立陽明書院，是尊崇營建同。至于朱子之生，瑞井流虹，王子之生，瑞雲入夢，是感兆同。朱子十九登第，王子廿一題名，是早發同。朱子以新安山名，號紫陽，王子以會稽洞名，號陽明，是稱謂同。朱子改建嶽麓書院，與諸生遊息討論，王子亦嘗至嶽麓，偕友人賦詩懷古，是勝地歷覽同。朱子立濂溪祠以風學者，王子亦修濂溪書院，遊學之士日衆，是繼往開來同。朱子論降洞獠，王子諸蠻效順，是德化異類同。宋孝宗稱朱子「安貧守道」，明世宗稱王子「有用道學」，是見知人主同。獨惜朱子歷事四君，立朝僅四十日，王子歷事三君，再起兩廣，提督四省，究不能一日安于廟堂之上，開陳啓沃，是有志未竟同。羣小劾朱子爲張浮駕誕，簧鼓後進，謀爲不軌，而王子亦遭事不師古，言不稱師，好服古衣冠，談新學之謗，是誣陷黨禁同。朱子褫職于生前，王子停爵于身後，甚至波及門人，流季通，貶薛侃，是坎壈貽累亦同。然天心好還，道不終晦。朱子贈徽國公謚曰「文」，王子贈「新建侯」謚「文成」，俱從祀孔廟，是崇德報功無一不同也。嗚呼！若二子者，何其異哉？善乎！神宗之言曰：「王某學術原與宋儒朱某互相發明，何嘗因此廢彼。」宜其死生出處，若合符節，不偶然耳。

二子原無可議

一人聞見有限，何可輕議前人？文成集朱子晚年定論，或有議之曰：往還書牘，未必皆出晚年，何得懸斷以爲悟後之語？不知文成答羅整庵少宰書云：「其爲朱子晚年定論，蓋亦不得已而然。中間年歲早晚，誠有所未攷，雖未必盡出晚年，固多出於晚年者，然大意在委曲調停，以明此學爲重。」是文成早已自言之矣，何待他人指摘？或又曰：朱子之學，上接孔孟，何用委曲調停？有何不得已？此不獨不知文成，且并不知朱子。蓋文成之輯是書也，非以廢「問學」也，乃以證朱子之生平得力真能接孔孟之傳者，在此不在彼，故不得已而委曲調停，以明聖學之精微，以破世人之迷惑。此正所以表章朱子也，何反訾之哉？或又曰：此朱子偶然謙抑之詞，微涉頓悟，不事「問學」，殆與象山合者，故採以成書，以朱子攻朱子，其意謬且險。噫！是何言歟？夫學術者，天下古今之學術，非文成所得私也。若以朱子自知自勉之言爲謙抑，則堯、舜、文、周之兢兢業業、翼翼乾乾，與其一時君臣相警戒之語，皆謙抑之虚文乎？以朱子見道之言爲微涉頓悟，則中庸之「率性」、夫子之「知天」、顔子之「嘆」、曾子之「唯」，皆頓悟之小節乎？是不以精一之傳歸朱子，而徒以口耳之學視朱子也，其爲謬孰甚焉！然予攷朱子生平所註論、孟，不止一次。隆興癸未有論孟要義、訓蒙口義，時年三十四；乾道壬辰有論孟精義，時年四十三；淳熙丁酉有論孟集註，時年四十八。是文成所謂朱子中年之説，未爲無據也。况朱子嘗云：「使道可以多問博觀而得，則世之知道者爲不少」；又云「始知文字語言之外真别有用心處」；又云「今日正要清源正本，豈可汨溺于故紙堆中」；又云「出入口耳之餘，全不得力」；又云「到緊要處，全不消許多語言文字」；又云「讀書不可專就紙上求義理，須反來就自家身上推究」。是朱子亦屢屢自言如此，何世人不察而漫議文成耶？抑更考年譜，朱子年七十一易簀前三日尚改誠意章註，是虚中無我，惟恐繼往開來之或誤。此正朱子之所以爲朱子也，後人又何必曲爲之諱乎？至于陸子語録，其門人李伯敏所編。陸子曰：「編得也是，但言語微有病，不可以示人，自存之可也。兼一時説話，有不必録者，蓋急于曉人，或未能一一無病。」又曰：「録人言語極難，非心通意解，往往多不得其實。前輩多戒門人無妄録其言，爲其不能盡解，乃以己意雜之，而或失其實也。」是語録之未必皆醇，陸子亦顧自言之矣。後之學者何求之過刻耶？文成嘗曰：「彼議論之興非必有所私怨于我，彼其爲説，亦將以爲衛夫道也。」不知聖人之學，本來如是，而流傳失真耳。文安曰：「以是主張吾道，恐非吾道之幸。」二子之言誠然，予故備述之，以曉世之私議而偏聽者。

二子不妨同異

道也者，人所共由之路也；學也者，由之而至其處也。故生安困勉，學雖不同，而道無或異，亦猶路之遠近、紆直、遲速不齊，而其所至則一也。何獨于朱、陸之異同而疑之？而况乎不止此也。晦翁之祭南軒曰：「蓋有我之所是，而兄以爲非；亦有兄之所然，而我之所議。又有始所共向而終悟其偏，亦有早所同嚌而晚得其味。蓋紛紛往反者幾十有餘年，末乃同歸而一致。」是朱、張亦嘗異同矣。不寧惟是，程子曰：「定夫温厚，龜山聰悟。」又曰：「和靖魯，思叔俊。」是同門有異也。朱子曰：「明道德性寬大，規模廣濶；伊川氣質剛方，文理密察。其道雖同，而造德各異。」又曰：「明道之言，大處與伊川合，小處却不同。」是同氣亦異也。至于諸儒之中，或主静，或主敬，或主誠，或定性，或窮理，或求放心，或致良知，道固無異，而得力不同也。此僅以先儒言之也，進而攷之，賢者亦然。愚、魯、辟、喭，質不同也；果、達、與、藝，才不同也；裘馬願共，無伐無施，志不同也；尊賢容衆，與可拒非，教不同也；德行、言語、政事、文學，四科不同也；進取不爲，狂狷不同也；動静樂壽，仁知不同也。非惟賢者爲然也，聖亦有之。故伊尹任而伯夷清也，柳下和而孔子時也，堯舜性之而湯武身之也。然究言其極，道之不容或異，而亦不能强同，非獨聖也。陰陽寒暑，風雨晦明，天不同也；剛柔燥濕，高下肥磽，地不同也。天地且不能不異，而况于人乎？由是觀之，二子雖或有異，亦無害乎？其爲學也，而矧其道之未始不同者哉？若徒欲求其無異，則鄉愿之同乎？流俗小人之同而不和，是皆背道而馳者也，又何取乎其爲同也歟？

二子古今無幾

理學諸儒，表表于世者：濂溪續往聖不傳之緒，考亭傳註功在千秋，二程昆弟齊名，西山文定父子濟美，固不乏其人矣。然要如陸子四人同志，十世義居，文成繼先儒統，建不世功，屈指古今，能復有幾？

金溪陸道鄉先生，諱賀，究心典籍，嘗酌先儒冠婚喪祭之禮行于家。生六子，第三子九臯，字子昭，爲諸生，力學能文，授徒以養親，率諸弟講論聖學，晚得官，終修職郎。監潭州南嶽廟，名齋曰「庸世」，稱「庸齋先生」。次九韶，字子美，與朱晦翁友善。講學梭山，因稱「梭山先生」。諸司引薦，詔舉遺逸，所著有梭山日記。次九齡，字子壽，登進士，官教授，爲時儒宗，道德繫天下重望。凡陰陽星曆，五行卜筮，靡不通曉。卒贈朝奉郎，謚「文達」。吕成公銘其墓，朱文公書其碑。名齋曰「復」，學者稱「復齋先生」，有文集行世。次九淵，字子静。生四歲，問父曰：「天地何所窮際？」父笑而不答，遂深思，至忘寢食。九歲能屬文，十三篤志聖學，十五侍長上郊行，分韻得「偕」字，賦詩云：「講習豈無樂，鑽磨未有涯。書非貴口誦，學必到心齋。酒可陶吾性，詩堪述所懷。誰言曾點志，吾得與之偕。」二十四舉于鄉，三十四成進士。居象山五年，來學者踰數千人，因稱「象山先生」。三十七，吕成公約文安及復齋會講于鵝湖。朱子以爲警切之誨，佩服不忘。四十三訪朱子於南康，朱子率僚友至白鹿洞書院，請升講席，因講「君子喻於義」一章。朱子跋其後云：「切中學者隱微深錮之病，聽者莫不悚然動心。某猶懼其久而或忘也，復請子静筆之於簡而受藏之。凡我同志於此反身深察，庶不迷于入德之方。」五十四歷官監丞，知荆門軍。卒，奔哭會葬者以千數。

所著文集三十六卷行世。孝宗稱其「滿門孝弟」，寧宗賜謚「文安」，理宗賜「象山書院」額。淳熙二年，勅旌「陸氏義門」，制曰：「青田陸氏，代有名儒。十世同居，千指合爨。」明嘉靖九年詔祀孔廟。文成王子之父，龍山先生，諱華，字德輝，成化辛丑廷試第一。文成娠十四月而生，諱守仁，字伯安。五歲始能言，十一聞塾師以「登第爲第一等事」，獨不謂然，曰：「惟有爲聖賢可耳。」是年赴京師，因登金山，賦詩曰：「金山一點大如拳，打破維楊水底天。醉倚妙高臺上月，玉簫吹徹洞龍眠。」又賦蔽月山房詩云：「山近月遠覺月小，便道此山大于月。若人有眼大如天，還見山小月更闊。」十五遊居庸三關，概然有經略四方之志。時畿内王勇、秦中劉千斤作亂，屢欲獻書于朝，龍山公斥之乃止。二十一中鄉試。二十八舉南宫第二人。三十五，抗疏論瑾，詔獄廷杖，絶而復蘇，謫貴州龍場驛丞。四十六，巡撫三省，平漳寇四十餘巢。改授提督，平横水、桶岡諸寇八十餘巢。四十七，陞都御史，平大帽、浰頭諸寇三十八巢。四十八倡義勤王拔南昌，大戰於鄱陽，擒逆藩宸濠。五十陞兵部尚書，封「新建伯」。五十七總制四省，納思、田降寇七萬一千人，放之歸農。又平兩廣八寨、斷藤諸峽。霍韜疏論以爲賊聚一百六十年，巢連二千餘里，一旦平之，功有八善。是年卒，門人會葬者數千人，贈「新建侯」，謚「文成」。萬曆十二年，詔祀孔廟。所著有傳習録、正録、别録、外集諸書行世。嘗築室陽明洞，學者因稱「陽明先生」。海内建書院崇祀者四十五所，各有碑記。其恩德及民，立祠肖像，歲時尸祝者不勝數。

嗟乎！子牛賢也，有向進之兄；柳下聖也，有盜跖之弟。此固聖賢不幸，莫可如何者，而陸子一門志道，自相師友，可不謂賢哉？然是時晦翁負海内重名，齒復九年以長，陸子一旦起而辨論，不少屈，朱子亦傾心推許，獨請文安升白鹿講席，躬率僚友以聽。當日諸儒與晦翁善者，曾有是乎？其禮厚陸子何如也！矧家庭雍肅，十世不分，即江州之廣席，公藝之同居，未足多耳。至文成襲貴介之盛，篤志聖學，固人所難，而抗疏逆閹，蹈危遠謫，不顧赤族之禍，倡義擒濠，豈不爲偉乎？投荒自得，化及諸獠，勦撫並行，四省遺愛，真不負所學矣！昔夫子以四代禮樂期顔子，而曰「惟我與爾有是」，其如復聖蚤喪，僅垂空言，然萬世信之無異詞。今文成道德如是，功業如是，殆所謂翼聖勖王者，不其然耶？抑予竊有慨焉。士生斯世，淪落不偶，故無由致君澤民，而懷禄苟安，亦何能撥亂反正？若陸子學貫知行，文成才兼文武，明達諸儒，固多誠服，獨其拘牽執一者，既不能設身處地，亦未嘗細玫遺言，求疵吹毛，徒憑己見，或疑其學術，或詆其事功，是誠可異也夫！誠可嘆也夫！

二子語意有在

聖人之語，萬世無弊，下此未免出入，故諸儒集中，語晦者或有之矣。是在纂述者，去取得宜而已。奈何世之人有特存其晦，而駁之不遺餘力者；有不知其意旨所在，而漫焉訾之者；有一篇之中截去上下文而故入人罪者。誠如朱子所云：「正使説得十分是〔一〕，此意却先不好，況其言之粗率，又不能無病乎？」陸子云：「惟至明而後可以言理，學未至于明，而臆决天下之是非，多見其不知量耳。」文成亦云：「先儒之學，得有淺深，則其言亦不能無同異。學者惟當反之于心，不必苟求其同，亦不必故求其異，要在于是而已。今學者于先儒之説苟有未合，不妨致思。思之而終有不同，未爲甚害，不當因此而遂加非毁，其爲罪大矣。」程子云：「賢且學他是處，未須論他不是。」此言最可警醒，則世之指瑕求疵者，誠不知其何心！

予故輯是書而兢兢慎載者，正以見文安、文成之讀書窮理與朱子等，益信天下有讀書窮理而不聖賢，斷無有欲爲聖賢而不讀書窮理者也。是不必疑而疑，無可毁而毁者，予安能不爲歷數之乎？其疑文安者，一云：「六經何以註我也？」夫陸子曰：「人苟知本〔二〕，則六經皆我註脚。」是從知本者而言，欲人躬行而不徒講解，即得魚忘筌之意，豈以六經爲可忽哉？一云：「程子言『性即理』，陸子何以言『心即理』？」不知陸子曰：「人心至靈，此理至明，人皆具是心，心皆具是理。」其言「心即理」者，即程子之言「理與心一」，朱子之言「理無心則無着處」，未嘗稍異也。一云：「陸子不讀書窮理而或流放曠也。」陸子嘗曰：「天之一字，是皋陶説起。」「『容心』二字不經見，獨列子有『吾何容心哉』。『平心』二字亦不經見，惟昌黎與李翊書云『平心而察之』。」又教人曰：「後生看經書，須看註疏及先儒解釋。讀左傳，則杜預註不可不看，漢書食貨志、周官考工記皆不可不讀。」宋儒又謂：陸子讀書不苟簡，外視雖若閒暇，而實勤于攷索。伯兄常夜起必見其秉燭檢書，徹夜不倦，是何嘗不讀書？陸子又曰：「吾一日所明之理七十餘條。」又曰：「某逐事逐物考究磨練，積日累月，以至于今。」又曰：「天下之理無窮，自吾經歷言之，即伐南山之竹，不足以受我辭。」是何嘗不窮理？陸子又曰：「規矩嚴整，爲助不小。」又曰：「中心斯須不和不樂，則鄙詐之心入之；外貌斯須不莊不敬，則慢易之心入之。」又一生略説閒話，少頃曰：「知非否？」對曰：「略知。」曰：「須要深知，略知不得。」一生飯次微交足，飯畢，從容問曰：「汝知過乎？」對曰：「適交足。」曰：「爾雖改正，即放逸也。」是一言一動，無少假，何嘗不嚴肅也？一云：陸子卒，朱子帥門人往寺中爲位哭之，曰：「可惜死了一箇告子。」予以爲文安之非告子，固不待辨，第以友誼論，朱子平昔推許如何，乃至死生之際、傷悼之時，豈有哭之而復毁之者？若果爾，則哭亦僞矣，曾謂朱子而若是哉？此殆他人挾私見以妄託之詞耳。

其疑文成者，一云：「『良知』不能貫穿萬物，而又誤解『致』字也。」不知文成嘗曰：「良知即是易『其爲道也屢遷，變動不居，周流六虚，上下無常，剛柔相易，不可爲典要，惟變所適。』此知如何捉摸得？見得透時便是聖人。」是何嘗不貫穿？又曰：「某于『致良知』之說，從百死千難中得來，不是容易見得到此。今一日說盡，只恐學者得之容易，把作一種光景玩弄，不得實落用功，負此知耳。」又曰：「同志已知其說而實用功者絕少，皆緣見『良知』未真，又將『致』字看太易了，所以多不得力。」是何嘗誤解「致」字也？一云：「知行何以合一也？」文成曰：「知是行的主意，行實知的功夫〔三〕；知是行之始，行實知之成。」言知、行不可偏廢，必須合一，猶大易「知至至之」、「知終終之」之說也。一云：「文成獨學無師，未嘗閉帷攻苦也。」不知夫子焉不學而無常師？孟子亦云「歸而求之有餘師」，況文成嘗至廣信謁婁一齋，語宋儒格物，且謂「聖人必可學而至」，遂深契之。其交友如湛甘泉、文宗巖、霍兀崖、張東所、汪石潭、羅整菴、唐虞佐，皆往還辨難無虛日，是未嘗不尋師訪友也。年十八與從叔冕、宮輩講析文義，研求諸經子史，多至夜分。二十一至京師，又徧購考亭遺書讀之。二十七讀晦翁上宋光宗疏，深悟讀書循序致精之妙。三十五獄中讀易，有「因居亦何事，省愆懼安飽。瞑坐玩義易，洗心見微奥」之句。三十七謫龍場，默記五經，因著臆說，是旅次流離，皆不廢學，何必下帷一室而始稱善誦也？一云：「教人何以舉二氏也？」不知陸澄原引佛氏「本來面目」爲問，故文成答云：「『本來面目』，即吾聖門所謂『良知』。今既認得『良知』明白，即不消如此說矣，況佛氏有自私自利之心，所以不同。」又陸澄因病從事養生，文成曉之曰：「區區往年蓋嘗斃力于此。後乃知其不必如是，復一意于聖賢之學。子果能戒慎不睹，恐懼不聞，而專心于是，則神住、氣住精住而養生之道亦在其中。況神仙之學與聖人異，白玉蟾、丘長春，彼學中所稱祖師者，壽不過五六十，則所謂長生之説，不宜輕信，徒自惑亂，弊精竭神，廢糜歲月，將爲病狂喪心之人矣。」是皆痛斥陸澄所學之非，何嘗以二氏立説？此正所謂截去上下文而故入人罪者也。一云：「吾儒用兵，王道正直，擒濠不應用詐，勦賊不宜輒殺也。」不知當日非張疑反間，逆藩安得成擒？不滅寇搗巢，地方烏能底定？夫子之好謀而成，豈無兵機？四凶、兩觀之誅，聖朝不廢，而況于盜賊乎？一云：「請告不允，何以棄師離職，擅歸以死也？」不知思、田八寨蕩平許久，乃始班師，其間經畫多方，遷都臺，興學校，置守兵，嚴户籍，立土官以順其情，分土目以散其黨，襲巡撿以世其家，設流官以制其勢，築府治于荒田，移衛城于八寨，建守鎮于五屯，改鳳化于三里，增隆安之縣治，舉林富以自代。處置盡善，事竣始行，非棄師也。請告未下，非不允也，況疏中亦云：「病勢增劇，百療無施。將遂自梧道廣，待命于韶雄之間，尚求苟全，以圖後報。」非擅歸也。不幸至南安而卒。文成總制四省，江西固其管轄，死未踰境，非離職也。胡弗深考而妄罪之乎？一云：「學術非僞，何以身後榜示禁斥也？」不知宋時黨禁，遭此者程、朱諸子，主此者侂胄、章惇。明之黨禁，主此者桂萼群小，而遭此者文成也。不善之惡，其可憑哉？至于陸子之卒，預知死期，詆爲禪學，則夢與九齡坐奠兩楹者，果何學耶？文成之貌，相士稱奇，譏其妖説，則堯眉、舜目、禹背、湯肩者，又何説耶？甚且目爲懿、莽，比之桀、紂，以非毁先儒爲孔氏家法。不知方人尚且不暇，誰毁更屬何心？此固不足辨。獨是二子體道之説，本爲中人以上者言也，而世之疑之毁之者，皆自甘于中人以下，惜哉！

予素禀甚薄，自幼多疾，以至于今。雖性喜研窮，而深慚寡陋。頃成是書，後附拙論，敬質高明，不意同人謬蒙批點，兼以災梨。務在淺近易曉，便于初學，不計詞之俚鄙，閱者諒焉！復禮又識。

【校勘記】

〔一〕正使説得十分是　「是」，晦庵先生朱文公文集卷三十六作「無病」。

〔二〕人苟知本　「人」，陸集卷三十四語録作「學」。

〔三〕行實知的功夫　「實」，王集卷一語録作「是」。

跋

艸堂先生輯三子定論成，予讀之嘆曰：「美哉淵乎！是書也。」朱子之語皆痛自悔責，正大賢虚中無我，惟曰不足深心，固未嘗不「尊德性」也。陸子、王子語皆躬行實踐，隨事體察，又未嘗或遺「道問學」也。而世之依聲附和者流，非議先儒，以至背馳聖學。誠有如先生所謂耳食臆斷而未嘗體驗探求之故也。何足怪乎？至卷末諸論，闡揚三子，即其成語，引證發明，考核精詳，足醒聾瞶。合刻之功，誠鉅矣哉！竊思先君子博聞强記，尤潛心于性命之旨。所著諧聲字學一書，已授鐫問世，而于性命理道亦嘗就字闡譯，第發明全備，尚未逞也。予無似，金根之誚，猶且不免，安敢談理學而思繼厥志耶？然服膺先生者久，親獲觀摹之益，又數載于兹。今讀是刻，知先生性學過人，克承祖德，而不愧庭訓深矣。因嘆服健羡，不揣膚陋，用綴一言以附微名云爾。錢塘同學教弟虞嗣集謹跋。

附録

四庫全書總目提要

三子定論五卷　浙江巡撫採進本

國朝王復禮撰。復禮有家禮辨定，已著録。王守仁作朱子晚年定論，顛倒年月，以就已説，久爲諸儒所駁。復禮欲伸陸、王，而又揣公論既明，斷斷不能攻朱子，故嘘守仁已燼之焰，仍爲調停之説。凡朱子定論一卷、陸子定論一卷、王子定論一卷，後附學辨、論斷共一卷，皆採諸家之言，附論一卷，則復禮自爲説也。困絀之餘，仍巧爲翻案之計，蓋所謂不勝不止者也。（録自清乾隆武英殿刻本四庫全書總目卷九七子部）

王復禮傳

［清］潘衍桐

王復禮，字四勿，號草堂，錢塘人。著草堂集，選杭郡詩輯。草堂别著有家禮辨定十卷、四書集注補十四卷。（録自兩浙輶軒續録卷一）

王先生復禮

［民國］徐世昌等

王復禮號草堂，錢塘人。爲學初欲調和朱、陸，作三子定論。恕谷游浙訪學，與投縞紵。致書論朱、陸、王三子，當以孔、孟爲斷，合於孔、孟，三子即各詣無害也；不合孔、孟，三子即同歸無取也。先生是之。恕谷再至浙，先生以所著四書集註補、書解正誤示恕谷，且曰：「聖經昭如日星，後儒每滋異説，如言孔子誓子路則誣聖，樊遲粗鄙近利則誣賢，『活潑潑地』等語則參佛、老，『無爲無不爲』等語則雜老、莊，非小失也，故不得已，分矯誣聖賢，詮注佛老二例以證之。」又曰：「吾輩爲聖道而辨先儒，不得已也，不可過激而失中，不可剽古人舊論以爲己出，不可刻訾小文小義，此余正誤意也。」恕谷曰：「善。」又與恕谷論學，因言：「陽明善射，少年即以豆爲陳習兵。」恕谷曰：「程子亦考行禮。朱子輯禮行禮。蔡氏律呂，雖有誤義，而亦留心於樂矣。陽明之兵，寧不可幾聖門子路？但所憾於諸公者，不專以是爲學宗，且雜聖道以他途耳。」先生曰：「此論甚平，可質九原矣。」以所著就正習齋，習齋稱爲淑行好學。恕谷亦服其貫串諸經。參顔李叢書。（録自清儒學案卷一三恕谷學案）

〔清〕李紱 撰　李慧玲 校點

朱子晚年全論

目録

朱子晚年全論卷三 書四十二首……………………二四二

朱子晚年全論卷四　書五十六首……二七二

朱子晚年全論卷六　書四十七首……三四九

朱子晚年全論卷七　書五十二首講義一首

朱子晚年全論卷八　序一首記八首跋六首祭文一首墓表二首別集書五首

校點説明

朱子晚年全論八卷，清李紱編。李紱（一六七三——一七五〇），字巨來，號穆堂，江西臨川人，歷康熙、雍正、乾隆三朝，以康熙四十八年進士改庶吉士，授編修，累遷左副都御使兼内閣學士。雍正年間，先後歷任吏部侍郎、兵部侍郎、廣西巡撫、直隸總督，因彈劾雍正寵臣田文鏡貪虐而遭貶官，授工部侍郎。後又遭彈劾奪官，朝廷貸死，命修八旗通志。清高宗即位後，以侍郎銜領户部三庫，尋授户部侍郎，後左遷詹事。丁母憂歸，服闋，起授光禄寺卿，遷内閣學士。以病致仕，乾隆十五年卒，年七十八。清史稿有傳。

李紱治學領域廣泛，在理學、史學、文學、方志學等方面均成績卓著，尤以理學最爲世人矚目。其學主陸王，對二人心學極爲推崇，嘗謂「朱子道問學之功居多，陸子尊德性之見爲卓」。一生著述頗豐，計有穆堂初稿續稿别稿、春秋一是、陸子學譜年譜、朱子晚年全論、朱子不惑録、陽明學録等。其中朱子晚年全論歷時二十餘年撰成，可謂精雕細刻，用力最深。

據李紱所訂凡例，朱子晚年全論收録了朱子自五十一歲起至七十一歲終所寫部分書信、序跋、題記、講義、祭文、墓表等，共計三百四十九篇，另在部分篇目後附録陸子札、書等若干篇，但未編目。李紱對朱子書信内容的選擇原則，主要側重於朱、陸觀點相符部分，而與此無關者均不收録。

此書成書於雍正九年，於雍正十三年由無怒軒版刻。無怒軒爲李紱書齋名，其無怒軒記云：「吾年逾四十，無涵養性情之學，無變化氣質之功，因怒得過，旋悔旋犯，懼終於憤戾而已，因以『無怒』名軒。軒無定在，吾所恒止之地，即以是榜。」可見此齋名並非指其固定某處的書齋，而是泛指李紱讀書之處。無怒軒本朱子晚年全論版刻於雍正十三年，相去李紱定稿時間不遠，應是此書最早刻本與最佳版本。清史稿藝文志及販書偶記有著録，四庫全書總目有提要。此本半葉十一行，行二十三字，白口，上下雙邊，版心下有「無怒軒」三字。據中國古籍總目著録，國家圖書館、北京大學圖書館、中國科學院圖書館等藏有清雍正十三年無怒軒刻本，四庫全書存目叢書據中國科學院圖書館藏本影印。

按杜澤遜先生四庫存目標註著録朱子晚年全論，有「陝西省圖書館藏三省堂重刻本，東北師大藏清末傳經堂排印本八卷四册」，核陝西省圖書館古籍普查登記目録，並無有關此本的著録，經詢陝西省圖書館古籍部，證實該館没有收藏此本。就此問題叩教杜澤遜先生，先生回信云：「朱子晚年全論三省堂排印本版心有『傳經堂印行』字樣，當時未見原書，故誤爲二本。清華、人民大學、鄭州大學有藏。」經目驗鄭州大學藏三省堂重刊本，此本半葉十二行，行二十三字，白口，四周雙邊，版心下有「傳經堂印行」字樣，牌記有「臨川李紱編朱子晚年全論三省堂重刊」字樣。經核無怒軒刻本與三省堂重刊本，知二本爲同一版本系統，行格、字數、内容均相同。故此次整理，即以四庫全書存目叢書本影印雍正十三年無怒軒本爲底本，鑒於此書内容主要爲朱、陸著述，故以朱子全書本晦庵先生朱文公文集（朱傑人、嚴佐之、劉永翔主編，上海古籍出版社、安徽教育出版社二〇〇二年版，簡稱文集）及陸九淵集（鍾哲點校，中華書局一九八〇年版）爲參校本進行校勘。

另外，底本對書信中有關朱子生活年代早晚的内容及朱、陸觀點相合處分别加了密點與密圈，以示强調，此次整理仍保留圈點原貌。

需要説明的是，此本分别有段景蓮點校本（中華書局二〇〇〇年）和徐公喜點校本（朱陸學術考辨五種本，江西高校出版社二〇〇〇年），本人點校過程中多有學習參考，謹致謝忱。限於學識，點校錯誤在所難免，還望方家不吝指教。

校點者　李慧玲

二〇一六年五月

朱子晚年全論序

[清]李紱

朱子與陸子之學，早年異同參半，中年異者少同者多，至晚年則符節之相合也。朱子論陸子之學，陸子論朱子之學，早年疑信參半，中年疑者少信者多，至晚年則冰炭之不相入也。陸子之學，自始至終確守孔子義利之辨與孟子求放心之旨；而朱子早徘徊於佛、老，中鑽研於章句，晚始求之一心。故早年、中年猶有異同，而晚乃符節相合。夫早年、中年所學有異同，因而所論有疑信，宜矣。至於晚年，所學者符節相合，而所論者冰炭不相入，何耶？蓋早年兩先生未相見，故學有異同而論有疑信。中年屢相見，故所學漸同而論亦漸合。朱子與項平甫書，欲兼取兩長；陸子與朱子書，謂「康廬之集，加款於鵝湖」，此其證也。考康廬之集，朱子年五十二歲，陸子年四十三歲。自是以往，又十一年而陸子下世。此十一年中，兩先生不及再相見。始啓争於「無極」不急之辨，繼附益以門人各守師説，趨一偏而甚之。其兼學於兩家者，往來傳述，不得先生之意而矯枉過正，如包顯道有「讀書講學，充塞仁義」之語，而朱子教劉敬夫考索周禮，陸子頗不然之。於是朱子指陸子爲頓悟之禪宗，陸子指朱子爲支離之俗學，實則兩先生之學皆不爾也。朱子晚年定論，陸子既不及聞其說，至陽明先生抄爲一編，凡三十四條，中間因詞語相類而誤入中年之論者，特何叔京一人耳。羅整菴摘以相辨，而無知之陳建遂肆狂詆，其實晚年所論皆然，雖百條不能盡也。夫謂朱子晚年譏陸子爲禪，雖道聽途説，世俗科舉之士皆能信之。謂朱子晚年之論盡與陸子合，則雖有意爲學而粗涉其涯涘者，亦不能無疑焉。今詳考朱子大全集，凡晚年論學之書，確有年月可據者，得三百五十七條，共爲一編。其時事出處，講解經義與牽率應酬之作，概不採入，而晚年論學之書，則片紙不遺，即詆陸子者亦皆備載，名曰朱子晚年全論。曰「晚」，則論之定可知；曰「全」，則無所取舍以遷就他人之意。庶陳建之徒無所置喙，而天下之有志於學者，恍然知兩先生之學之同而識所從事，不終墮於章句口耳之末，或亦有小補乎！夫天下惑於朱、陸異同之説也久矣。欲天下人學陸子，必且難之。欲天下人學晚年之朱子，宜無不可。學朱子即學陸子，陸子固不必居其名也。雍正壬子歲臨川李紱書。

朱子晚年全論跋後

［清］李光墺　李光型

朱子晚年全論者，非爲朱、陸兩賢調停也。直以發明晚年性與天道融釋之旨，會萃併集，羅列目前，以待萬世人之論定爾。夫彙其説至數百條之多，可以爲案矣；歷時二十年，至於蓋棺，可以爲斷矣。論取其全，不遺一字，可以告無罪於朱子，待來世而無譏矣。獨有一語似當推原其所以然者，朱與陸並有聖人之質，顧何以始異而終同耶？凡人皆累於氣質，惟古今之聖人不爲氣質所累，衹有誠、明二事，自本自根。夫自明而誠者，曾子也，而亦朱子。自誠而明者，顔子也，而亦陸子。及其知之，一也。今觀陸子，幼已敏悟，至于知天命之年，則心即易，易即心，而可以無大過矣。何也？自誠明謂之性，誠則明矣。朱子隨事精察，雖至五十而猶一間未達，必再假之二十年而後冰融而凍釋，何也？自明誠謂之教，明則誠矣。昔者曾子未聞一貫之時，其真積力久求之事事物物之間，豈非類朱子格致之勤歟？及其聞聖人之一呼，然後知吾心之「忠恕」即是道也。顔子之「不遠復」、「不遷怒，不貳過」，豈非類陸子之自警策與遷善改過歟？而其「非助」、「如愚」、「所立卓爾」豈可以謂之禪乎？顧顏、曾、朱、陸，學本聖人，質亦聖人，特「誠」、「明」之所自不同耳。顏、曾並在大聖之門，七十子無有異同之論，而卒也俱傳孔子之道。設朱、陸亦及東魯之門，吾知「一貫」之呼，朱必與聞，而「庶乎」之歎，陸亦庶幾也。且聖賢之質，有各似，又有兼似，而皆爲絶學所寄之人。如吕新吾之論明道，謂其在朱、陸之間，然則吾謂朱肖曾、陸肖顏者，亦不爲創也。抑又聞之，紫陽末年與蔡季通所談性與天道之旨，有曰翁季録者。惜乎世未之見，不知其説之同否何如也？時雍正十有三年壯月上浣，受業李光塽、光型謹識。

凡例

［清］李紱

一、朱子年歲，陳建輩妄指早晚，參差無定。如與何叔京書在三十九歲，尚以爲早年，答項平甫書在五十四歲，尚以爲中年之類。今按朱子得年七十一歲，定以三十歲以前爲早年，以三十一歲至五十歲爲中年，以五十一歲至七十一歲爲晚年。此書所録，皆在朱子五十一歲以後。

一、朱子自著之書，自解經傳註而外，詩文正、續、别三集，共一百一十二卷。其語類一百四十卷，則皆門人所記。此書所録止於文集，不及語類。昔尹和靖謂「伊川之學在易傳，不必它求」。易傳所自作也，語録它人作也。人之意，它人能道者幾何哉？故余此書亦昉和靖之意，專録文集，不取語類。或謂和靖語朱子嘗駁之，謂孔門未嘗專治春秋，遂廢論語，不知朱子亦偶爲此言耳。其自序程氏遺書，則固引伊川之言，謂不得某心，徒爲彼意。又發明伊川之意，以爲學者未知心傳之要而滯於言語之間，失之毫釐，則其謬有不可勝言者。然則不兼采語類，固謹遵朱子之教，且亦取其出於朱子親筆，確然無復可疑，異於門人記録，有得而有失也。

一、朱子答問之書，泛及它事，動輒數百言或千言。此書專爲論學，餘語俱從删節。其有關繫年歲早晚者，仍全存。

一、纂録前賢之書，不敢僭加圈點評論。此書專爲證朱、陸所學之同。凡論學同處，俱加密圈。其關係年歲早晚者，則加密點。取便覽觀，仍附數語於後，發明所論之同與考訂年歲早晚之實。

一、朱、陸尊德性、道問學之分，始於朱子答項平甫書。嗣後若包文肅、袁正肅、吴文正諸公，及趙東山、鄭師山諸先生並有論述。其著爲成書，則自程篁墩道一編始，次則王陽明先生所録朱子晚年定論。然考訂年月，俱未詳細，致滋異議。此外若席文襄公鳴冤録，盧正夫荷亭辨論，止於辨明陸學。而陳清瀾學蔀通辨，孫北海考定朱子晚年定論，則攻陸以尊朱。其實陳、孫二氏，名爲尊朱，而不知所以尊之者。其爲書，止取相詆之辭及抄撮一二訓詁之語，凡朱子晚年所以爲學自得於心，與所以教人必求諸心者，盈千萬言，皆棄不取。以全體大用無不兼該之朱子，文致周内，必歸於口耳章句之末而後止，是皆朱子之罪人也。余嘗爲學蔀通辨辨以駁陳氏矣。孫氏從同，無庸再辨。又有程曈者，作閑闢録，尤爲鄙陋，至謂鵝湖會講，語無可考，蓋陸子語録亦未嘗見者。自鄶無譏，付之一哂而已。

紱再識。

朱子晚年全論卷一

答吕伯恭　八十

人至，辱手書，得聞春來尊體益康健，放杖徐行，又有問花隨柳之樂〔一〕，甚慰。記文定本，辭約義正，三復歎仰，已送山間，屬黄子厚隸書，到即入石矣。欽夫竟不起疾，極可痛傷。蓋緣初得疾時，誤服轉下之藥，遂致虚損，一向不可扶持。從初得疾，又緣奏請數事，例遭譴却，而同僚無助之者，種種不快而然。雖云天數，亦人事有以致之，此尤可痛耳。雷頻失威之喻，敬聞命矣。諸喻皆一一切當，謹當佩服。但小序之説，更有商量。此人亟欲遺請祠者，不欲稽留之，别得奉扣耳。塾蒙收拾教誨，感幸不可言。望更賜程督，文字之外，因語及檢束身心大要。幸甚！幸甚！子壽學生又有興國萬人傑字正淳者，亦佳。見來此相聚，云子静却教人讀書講學，近得江西朋友書亦云然。此亦皆濟事也。忽忽作此，未及詳，唯爲道珍重。

南軒之卒，在淳熙七年，時朱子五十一歲，故所編晚年全論，以此書爲始。書末云「聞子靜卻教人讀書講學」，則知彼此相譏，皆因傳言之誤，而未可爲據也。

答吕伯恭　八十二

欽夫之逝，忽忽半載。每一念之，未嘗不酸噎。同志書來，亦無不相弔者。自向來人還，至今不得定叟書。今日方再遣人往致葬奠，臨風哽愴，殆不自勝，計海内獨尊兄爲同此懷也。援筆至此，爲之落淚。痛哉！痛哉！祭文真實，中有他人所形容不到處，歎服！今此人去，亦有一篇，謹録呈。蓋欽夫向來嘗有書來，云見熹諸經説，乃知閑中得就此業，殆天意也。因此略述向來講學與所以相期之意，而嘆吾道之孤且窮，於欽夫則不能有所發明也。盛文所叙，從善受言，使言者得自盡。施於褊狹，所警尤多，平日亦知敬服渠此一節而不能學。今老矣，而舊病依然，未知所以藥之也。不唯如此，近日覺得凡百應接，每事須有些過當處，不知如何整頓得此身心四亭八當，無許多凹凸也。耐煩忍垢之誨，敬聞命矣。今大綱固未嘗敢放倒，但不免時有偷心，以爲何爲自苦如此？故事有經心而旋即遺忘者，亦有不敢甚勞心力而委之於人者，亦有上説不從，下教不入，而意思闌珊、因循廢弛者。此兩月來，既得不允指揮，不敢作此念，又爲狂妄之舉，準備竄謫，尤不敢爲久計。身寄郡舍，而意只似燕之巢於幕上也。言事本只欲依元降指揮，條具民間利病，亦坐意思過當，遂殺不住，不免索性説了，從頭徹尾，只是此一箇病根也。獄訟極不敢草草，然人説亦多過處，乃與塾子所論諸葛政刑相似。然欲一切姑息，保養姦凶，以擾良善，而沽流俗一時之譽，則平生素心，深竊恥之，亦未知其果如何而得其中也。所論荆州從遊之士，多不得力，此固當深警。然彼猶是他人不得力，今自循省，乃是自己不曾得力，此尤爲可懼也。不知老兄看得此病合作如何醫治？幸以一言就緊切處見教，千萬之望！子壽兄弟得書，子静約秋凉來遊廬阜，但恐此時已换却主人耳。渠兄弟今日豈易得！但子静似猶有些舊來意思。聞其門人説子壽，言其雖已轉步，而未曾移身，然其勢久之，亦必自轉。回思鵝湖講論時，是甚氣勢！今何止什去七八耶？元範立碑之説，向曾見告，嘗語之云：「熹固不足道，但恐人笑老兄耳。」意其已罷此議，不謂乃復爲之，聞之令人汗下。幸已蒙喻止，必且罷休矣。平生性直，不解微詞廣譬。道人於善，故見人有小失，每忍而不欲言。至於不得已而有言，則衝口而出，必至於傷事而後已，此亦太陽之餘證也。

此書亦朱子五十一歲所作。然稱陸子兄弟「今日豈易得」，又云「鵝湖氣勢十去七八」，所謂漸趨於同。

與吕伯恭　八十八

再祭敬夫之文，語意輕脱，尋亦覺之，則已不及改矣。誨諭之意，微婉深切，銘佩何敢忘也？「弘大平粹」四字，謹書坐隅，以爲終身之念。稟賦之偏，前日實是不曾用力消磨，豈敢便論分數？然自今不敢不勉，更望時有以提撕警策之也。

再祭敬夫，亦在淳熙七年。自謂「賦質偏，前日實是不曾用力消磨」，即此知晚年之論，必有不同於中年者矣。

與吕伯恭　八十九

子壽云亡，深可痛惜。近遣人酹之，吾道不振，此天也。奈何！奈何！欽夫遺文，見令抄寫，其間極有卓越不可及處。然亦有舊説不必傳者，今便不令抄矣。每一開卷，令人慘然。只俟解印，徑往哭之，小泄此哀也。遣人逕子重，草草附此，此亦是小三昧矣。未即承晤，惟千萬爲道自重，不宣。

復齋亦卒於淳熙七年，朱子痛之。以爲吾道不振，知其交之親；歸其數於天，知其待之重。而近日有改定考亭淵源録者，去象山，併去復齋，果合於朱子之心乎？

答吕伯恭　九十二

便中伏奉近書，筆蹟輕利，視前有異，深以爲喜。比日春和，伏想日益佳健。熹疾病幸不至劇，饑民亦幸未至流徙，軍食想可支吾。比連得雨雪，麥秀土膏，人情似有樂生之望矣。子重不來，可恨。吴守度閏月初可到，到即合符而南矣。去年之旱非常，幸賴朝廷留意得早，諸處奏請悉皆應副，故得不致大段狼狽。此於國計所損幾何？而其利甚博。此間即是周参政調護之力爲多也。欽夫遺文，俟抄出寄去。子静到此數日，所作子壽埋銘已見之。叙述發明，此極有功，卒章微婉，尤見用意深處，歎服！歎服！子静近日講論比舊亦不同，但終有未盡合處。幸其却好商量，亦彼此有益也。詩説、大事記便中切幸垂示。子約不及别書，意不殊前，正遠切冀，爲道自重。

陸子以淳熙八年訪朱子於南康，時朱子五十二歲。既曰「講論比舊不同」，又曰「彼此有益」，蓋疑者少，信者多，而漸趨於同也。

答吕伯恭　九十三

熹一出兩年，無補公私，而精神困弊，學業荒廢，既往之悔，有不可言者。自去年秋冬災傷之後，不能求去，以及今春，遂有江西之命。又俟代者，至閏月二十七日方得合符而歸，以四月十九日至家。雖幸息肩，又苦人事紛冗，老幼病患，未能有好況。然大概已是入清涼境界中矣。道中看中庸，覺得舊説有費力處，略加修訂，稍覺勝前，計他書亦須如此。義理無窮，知識有限，求之言語之間，尚乃不能無差，況體之身見諸事業哉！稍定從頭整頓一過，會須更略長進也。子静舊日規模，終在其論爲學之病，多説「如此即只是意見，如此即只是議論，如此即只是定本」。熹因與説：「既是思索，即不容無意見；既是講學，即不容無議論；統論爲學規模，亦豈容無定本？但隨人材質病痛而藥救之，即不可有定本耳。」渠却云：「正爲多是邪意見、閑議論，故爲學者之病。」熹云：「如此，即是自家呵叱亦過分了。須著『閑』字、『邪』字，方始分明，不教人作禪會耳」。又教人恐須先立定本，却就上面整頓，方始説得無定本底道理。今如此一概揮斥，其不爲禪學者幾希矣。渠雖唯唯，然終亦未竟窮也。來喻「十分是當」之説，豈所敢當？功夫未到，則乃是全不曾下功夫，不但未到而已也。子静之病，恐未必是看人不看理，自是渠合下有些禪底意思，又是主張太過，須説我不是禪，而諸生錯會了，故其流至此。如所喻陳正己亦其所訶以爲溺於禪者，熹未識之，不知其果然否也？大抵兩頭三緒，東出西没，無提撮處，從上聖賢無此様轍。方擬湖南歸途過之，再與子細商訂。偶復蹉跌，未知久遠竟如何也。然其好處自不可掩覆，可敬服也。他時或約與俱詣見，相與劇論尤佳，俟寄書扣之，或是來春始可動也。敬夫遺文不曾謄得，俟日夕略爲整次寫出，却并寄元本求是正也。詹體仁寄得新刻欽夫論語來，比舊本甚不干事。若天假之年，又應不止於此，令人益傷悼也。

此書所述，雖覺議論未合，然必稱其「好處不可掩」、「可敬服」。後之謬附於朱子，如陳建、吕留良輩，於陸子輒敢狂妄無禮，真所謂無忌憚之小人也。且朱子所謂「意見」、「議論」、「定本」，俱不可無者，晚年逐一自己駁去。如答劉子澄第十六書，極言閒講論之非。答李晦叔則云：「罷卻許多閒安排，除卻許多閒言語，只看『操則存』一句。」其答徐崇父則云「不可別立標的」，皆與陸子言相合，則信乎陸子之言不可易也。

答劉子澄　七

七月二十一日，熹頓首再拜。子澄通守奉常老兄：詹總幹、章參議兩致手帖，良以爲慰。比日秋以復涼，伏惟尊候萬福。熹五月間因曹挺之行附書，想已達矣。悲惱之餘，心氣間作，加以瘡瘇諸疾交攻，更無一日寧帖，恐不復能支久矣。日前爲學緩於反己，追思凡百，多可悔者，所論著文字亦坐此病，多無著實處。回首茫然，計非歲月功夫所能救治，以此愈不自快。前時猶得敬夫、伯恭時惠規益，得以警省。二友云亡，耳中絶不聞此等語，因循媮墮，安得不至於此？今乃深有望於吾子澄，自此惠書，痛加鐫誨，乃君子愛人之意也。許生初意其飄然無累，方欲要之來此教小兒。今聞其既授室〔二〕，此事又差池矣。塊坐窮山，無嚴師畏友之益，其不爲小人之歸也鮮矣。奈何，奈何！

此書在張、吕既亡之後，自是晚年定論。書稱子澄通守，蓋其判鄂州時也。中間悔悟至爲深切，陸子答門人問爲學，只是「切己」、「自反」、「改過」、「遷善」，今此書亦以緩於反己爲悔，足證其同。

答劉子澄　九

世俗啾喧，自其常態，正使能致焚坑之禍，亦何足道？却是自家這裏無人接續，極爲可憂耳。讀所寄文字，切切然有與世俗爭較曲直之意，竊謂不必如此。若講學功夫，實有所到，自然見得聖人所謂「不知不愠」不是虛語。今却爲只學人弄故紙，要得似他不俗，過了光陰，所以於此都無實得力處。又且心知其爲玩物喪志，而不能決然舍棄，此爲深可惜者。且既謂之「玩物喪志」，便與河南數珠不同，彼其爲此，正是恐喪志耳。班范外事不知編得於己分有何所益，於世教有何所補？而埋没身心於此，不得超脱，亦無惑乎？子静之徒高視大言，而竊笑吾徒之枉用心也。且羅守之賢如此，與之同官相好，乃不能補其所不足，而反益其所有餘，又從而自蹈焉〔三〕，亦獨何哉？數年來，此道不幸，朋舊凋喪，區區所望以共扶此道者，尚賴吾子澄耳。今乃如此令人悼心失圖，悵然累日，不知所以爲懷，不審子澄能俯聽愚言而改之乎？不然則已矣，無復有望於此世矣。奈何！奈何！小學書却非此比，幸早成之。精舍詩拈筆可就，亦不妨早見寄也。羅守之文，可謂有意於古矣。社壇記已寫送似矣，此是狀體文章，不古不今，不知是何亂道，而人來求不已，殊不可曉，但可笑耳。公度聞近到建昌娶婦，甚念。一見之而不可得，奈何！奈何！因書更勸其向裏做工夫，莫又錯了路頭也。老兄宿逋已盡償，又有菜飯可吃，又已穿壙買棺，可謂了事快活人。如僕則債未盡償，食米不足，將來不免永作祠官，方免溝壑。儉德亦方用力，但惜乎其已晚耳。有意入閩相見，甚善。熹固衰憊，意老兄未至此。然觀來書，説得亦可畏，誠不可不謀一再會合。但恐諸公迫於公議，有不得已而相挽者，或能敗此約耳。然若能遂吐至言，力扶公議，則其功不細，又不敢以私計不遂爲恨也。

此亦張、吕亡後之書，故云「朋舊凋喪」。精舍詩指武夷精舍，蓋以淳熙十年落成，自作棹歌，又欲子澄題詩也。此書兢兢以「弄故紙」、「玩物喪志」爲戒，深合於陸子之説。書末及羅守，蓋子澄判鄂時，在淳熙十年前後，朱子五十四五歲時也。

答劉子澄　十

所喻戲謔，本欲詞之巧而然，此固有之。然亦是自家有此玩侮之意，以爲之根，而日用之間，流轉運用，機械活熟，致得臨事不覺出來。又自以爲情信詞巧，主於愛人，可以無害於義理，故不復更加防遏，以至於此。蓋不惟害事，而所以害於心術者尤深。昔横渠先生嘗言之矣。見之近思四。此當痛改，不可緩也。近覺所聞所知，真實行得，令人大段歡喜，與尋常會得説得不同。此不可不知，不可不勉也。博雜之病，亦是把做小事忽略了，以爲不足以喪人之志，又不自知是自家病痛，却以應副人情爲解，此亦是大病，非小病，須痛斬截也。吾人未老先衰，餘日幾何？而費日力於此，却是自家身心上都不著力〔四〕，豈不是顛倒迷惑之甚耶？小學書却與此殊科，只用數日工夫便可辦，幸早成之，便中遺寄也。季章甚不易，比來作何工夫，須更切已用力，乃有實頭進步處耳。此間學者未有大段可分付者，然亦有一二，將來零星湊合，或可大家扶持也。

第九書已是張、呂二先生亡後，此第十書也。篇中又有「未老先衰，餘日幾何」之語，自是晚年。朱子嘗譏陸子專務踐履，此乃云謂「真實行得」與「尋常會得」不同，又欲去博雜而着力自己身心，已合於陸子「專務踐履」之教矣。

與劉子澄　十一

喻及治財、聽訟、望祀之意，甚善。所刻之書皆有益，但小學惜乎太遽，又不蒙潤色耳。近略修改，每章之首加以本書或本人名字，又别爲題詞韻語，庶便童習。今謾録去一觀，它日有暇，終望爲補故事之缺也。羅集等異時刻就，各求一二本。端良止此極可傷惜，信道不及，亦是合下看得記誦詞章太重了，後來又於此得味，所以一向不肯放下，未必專爲禁忌指目也。若使見得此道理，重便斬作萬段，亦須向前，豈容復有顧慮耶？近年道學，外面被俗人攻擊，裏面被吾黨作壞。婺州自伯恭死後，百怪都出，至如子約别説一般差異底話，全然不是孔、孟規模，却做管、商見識，令人駭歎。然亦是伯恭自有些拖泥帶水，致得如此，又令人追恨也。子静一味是禪，却無許多功利術數，目下收斂得學者身心，不爲無力，然其下稍無所據依，恐亦未免害事也。去年被人强作張吕畫贊及敬夫集序，今并録呈。婺州學者，甚不樂也。

羅願守鄂，子澄爲判，願以淳熙十一年卒於官，見願家傳。此書云「端良止此可傷」，是願卒也。是年朱子五十六歲。書中稱陸子「收斂學者身心，不爲無力」，則信然矣。其詆以爲禪則未然，陸子無一毫是禪，言須有據，妄坐他人不得也。據依在心，豈靠書册爲有無？且陸子並非不讀書者，恐難以章句儌之。然惜羅願看得章句太重，又謂東萊拖泥帶水，而獨以陸子收斂學者身心爲有力，所見亦漸合矣。

與劉子澄　十二　附陸子任勅局刪定官輪對劄子

伯恭無恙時，愛説史學，身後爲後生輩糊塗説出一般惡口小家議論，賤王尊霸，謀利計功，更不可聽。子約立脚不住，亦曰「吾兄蓋嘗言之」云爾，中間不免極力排之。今幸少定，然其彊不可令者，猶未肯竪降幡也。但昨日得婺人書云：「子約五月間得眩瞀之疾，繼以藏府不安，或作或止。」地遠未得安信，甚令人念之也。子静寄得對語來，語意圓轉渾浩，無疑滯處。亦是渠所得效驗，但不免些禪底意思。昨答書戲之云：「這些子恐是葱嶺帶來。」渠定不伏，然實是如此，諱不得也。近日建昌説得動地，撑眉弩眼，百怪俱出，甚可憂懼。渠亦本是好意，但不合只以私意爲主，更不講學涵養，直做得如此狂妄。世俗滔滔，無話可説。有志於學者，又爲此説引去，真吾道之不幸也！

陸子輪對在淳熙十一年冬，寄奏篇與朱子在十二年春。考陸子對語，現在本集，並無禪意。今附録於左，學者平心觀之，無庸置辨。

陸子任勑局删定官輪對劄子 一

臣讀典、謨大訓，見其君臣之間，都俞吁咈，相與論辯，各極其意，了無忌諱嫌疑。於是知事君之義，當無所不用其情。唐太宗即位，魏徵爲尚書右丞〔五〕，或毁徵以阿黨親戚者。太宗使温彦博按訊，非是。彦博言：「徵爲人臣，不能著形迹，遠嫌疑，心雖無私，亦有可責。」太宗使彦博責徵，且曰：「自今宜存形迹。」徵入見，曰：「臣聞君臣同德，是謂一體，宜相與盡誠。若上下但存形迹，則邦之興衰，未可知也。」太宗矍然曰：「吾已悔之。」數年之後，蠻夷君長，帶刀宿衛，外户不閉，商旅野宿，非偶然也。唐太宗固未足爲陛下道，然其君臣之間，一能如此，即著成效。陛下天錫智勇，隆寬盡下，遠追堯、舜，誠不爲難。而臨御二十餘年，未有太宗數年之效。版圖未歸，讎耻未復，生聚教訓之實，可爲寒心。執事者方雍雍于于，以文書期會之隙，與造請乞憐之人俯仰醻酢而不倦，道雨暘時，若有詠頌太平之意，臣竊惑之。臣誠恐因循玩習之久，薰蒸浸漬之深，雖陛下之剛健，亦不能不消蝕也。

鸞鳳之所以能高飛者，在六翮。臣願陛下毋以今日所進爲如是足矣，而博求天下之俊傑，相與舉論道經邦之職，將見無愧於唐虞之朝，而唐之太宗誠不足爲陛下道矣。取進止。

二

臣讀漢武策賢良詔，至所謂「任大而守重」，常竊歎曰：漢武亦安知所謂「任大而守重」者！自秦而降，言治者稱漢、唐，漢、唐之治，雖其賢君，亦不過因陋就簡，無卓然志於道者。因陋就簡，何大何重之有？今陛下獨卓然有志於道，真所謂「任大而守重」。道在天下，固不可磨滅。然人能弘道〔六〕，非道弘人。今陛下羽翼未成，則臣恐陛下此志亦不能以自遂。陛下此志不遂，則宜其治功之不立，日月逾邁，而駸駸然反出漢、唐賢君之下也。神龍棄滄海，釋風雲，而與鯢鰍校技於尺澤，理必不如。臣願陛下益致尊德樂道之誠，以遂初志，則豈惟今天下之幸，千古有光矣。取進止。

三

臣嘗謂事之至難，莫如知人；事之至大，亦莫如知人。人主誠能知人，則天下無餘事矣。管仲常三戰三北，三見逐於君，鮑叔何所見，而遽使小白置彎弓之怨，釋囚拘而相之？韓信家貧無行，不得推擇爲吏，不能自業，見厭於人，寄食於漂母，受辱於跨下，蕭相國何所見，而必使漢王拔於亡卒之中，齋戒設壇而拜之？陸遜，吴中年少書生耳，呂蒙何所見，而必使孫仲謀度越諸老將而用之？諸葛孔明，南陽耕夫，偃蹇爲大者耳，徐庶何所見，而必欲屈蜀先主枉駕顧之？此四人者，自其已成之效觀之，童子知其非常士也。當其困窮未遇之時，臣謂常人之識，必無能知之理。人之知識若登梯然，進一級，則所見愈廣。上者能兼下之所見，下者必不能如上之所見。陛下誠能坐進此道，使古今人品瞭然於心目，則四子之事，又豈足爲陛下道哉？若猶屈鳳翼於鷄鶩之群，日與瑣瑣者共事，信其俗耳庸目，以是非古今，臧否人物，則非臣之所敢知也。取進止。

四

臣嘗謂天下之事，有可立至者，有當馴致者，旨趣之差，議論之失，是惟不悟，悟則可以立改。故定趨向，立規模，不待悠久，此則所謂可立至者。至如救宿弊之風俗，正久隳之法度，雖大舜、周公復生，亦不能一旦盡如其意。惟其趨向既定，規模既立，徐圖漸治，磨以歲月，乃可望其丕變，此則所謂當馴致之者。日至之時，陽氣即應，此立至之驗也。大冬不能一日而爲大夏，此馴致之驗也。凡事不當天理、不合人心者〔七〕，必害天下，效驗之著，無愚智皆知其非。然或智不燭理，量不容物，一旦不勝其忿，驟爲變更，其禍敗往往甚於前日。後人懲之，乃謂無可變更之理，真所謂懲羹吹虀，因噎廢食者也。自秦、漢以來，治道龐雜，而甘心懷愧於前古者，病正坐此。歲在壬辰，臣省試對策首篇，大抵言古事是非，初不難論，但論於今日，多類空言，事體遼絶，形勢隔塞，無可施行。末章有云：「然則三代之政，其終不復矣乎。合抱之木，萌蘖之生長也。大夏之暑，大冬之推移也。三代之政，豈終不可復哉？顧當爲之以漸而不可驟耳。有包荒之量，有馮河之勇，有不遐遺之明，有朋亡之公，於復三代乎何有？」臣乃今日請復爲陛下誦之。取進止。

五

臣聞人主不親細事，故臯陶賡歌，致叢脞之戒。周公作立政，稱文王罔攸，兼于庶言、庶獄、庶事。唐德宗親擇吏宰畿邑，柳渾曰：「陛下當擇臣輩以輔聖德，臣當選京兆尹以承大化，尹當求令長以親細事。代尹擇令，非陛下所宜。」此言誠得臯陶、周公之旨。今天下米鹽靡密之務，往往皆上累宸聽。臣謂陛下雖得臯陶、周公，亦何暇與之論道經邦哉？荀卿子曰：「主好要，則百事詳；主好詳，則百事荒。」臣觀今日之事，有宜責之令者，令則曰我不得自行其事；有宜責之守者，守亦曰我不得自行其事；推而上之，莫不皆然。文移回復，互相牽制，其説曰所以防私，而行私者方藉是以藏姦伏慝，使人不可致詰。惟盡忠竭力之人，欲舉其職，則苦於隔絶而不得以遂志。以陛下之英明，焦勞於上，而事實之在天下者，皆不能如陛下之志，則豈非好詳之過耶？此臣所謂旨趣之差，議論之失，而可立變者也。臣謂必深懲此失，然後能遂求道之志，致知人之明。陛下雖垂拱無爲，而百事詳矣，臣不勝拳拳。取進止。

與劉子澄　十三

衡陽改命，不省所由。今日忽聞蘇訓直又有别與近次之命，此於取舍之際，不可無疑，不審何以處之？計必有定論，不容草草也。

學館答問甚佳，曾君亦不易得，但所學須有的當存主處，此等始爲有助耳。子路不能變化氣質之論，言之不難，政懼行之不易，是以難輕言耳。周子有言："聖人之教，使人自易其惡，自至其中而已爾。"竊意如子路者，可謂能易其惡者。若至其中一節功夫，則雖夫子每每提撕，然未見其有用力處也。人百己千者，終可必至，宜若登天，則終不可及。兩論正自不同，又何疑耶？大學近再看過，方見得下手用功處。路陌徑直，日前看得誠是不切，亂道誤人也。張堋向學不易得，可喜。但讀大學章句，恐無長進，須向裏面尋討實下手處乃佳耳。直卿去冬暫歸，今已復來。仁卿亦來相訪，見在此，意思亦甚好也。便人告行，復作此附之，未能盡所欲言，但念果爲湖南之行，即相望益遠，令人作惡耳。宋憲樂善愛民，可與共事。諸子頗有意向學，但前此未得師友，今在彼又爲戴溪鶻突，若到彼，可力與救拔，亦一事也。

此書首言「衡陽改命」，是子澄由鄂判遷衡守，時淳熙十二三年也。蓋十一年尚在鄂刻羅願文集，故知之也。是時朱子年五十六、七歲矣。然自謂：「大學近再看過，方見得下手用功處。日前看得誠是不切，亂道誤人。」又云：「張甥但讀大學章句，恐無長進，須向裏面尋下手處。」蓋已知章句訓詁之無益，而合於陸子切己自修之學矣。

與劉子澄　十四

使至，辱誨示，得聞到郡諸況，深用慰喜。信後秋深益熱，恭惟尊候萬福。條教所先，必有以大慰遠人之望者，不審爲何〔八〕，今既累月，上下亦必已相安矣。酒引竟作如何處置，宋憲亦當可商量。天下事有極要委曲者，趙子直在此講求臨汀鹽法，利病甚悉，竟以諸司議論不一而罷，甚可惜。然亦是渠合下不與漕司商量之過，不可專罪它人也。居官無修業之益，若以俗學言之，誠是如此。若論聖門所謂德業者，却初不在日用之外，只押文字便是進德修業地頭，不必編綴異聞，乃爲修業也。近覺向來爲學，實有向外浮泛之弊，不惟自誤，而誤人亦不少。方別尋得一頭緒，似差簡約，端的始知文字言語之外，真別有用心處，恨未得面論也。浙中後來事體，大段支離乖僻，恐不止似正似邪而已，極令人難説。只得皇恐痛自警省，恐未可專執舊説以爲取舍也。

書首云子澄到郡，乃淳熙十三年事。朱子時年五十七歲矣。「押文字便是進德修業」，即陸子所謂「在人情、事勢、物理上做工夫」也。「自誤」、「誤人」等語，悔悟深切，而「語言文字之外別有用心處」，則全與陸子之論相合。

與劉子澄　十五

老兄歸來無事，又得祠禄添助俸餘，無復衣食之累，杜門讀書，有足樂者，不審比來日用事復如何？且省雜看，向裏做些功夫爲善。熹病雖日衰，然此意思却似看得轉見分明親切。歲前看通書，極力説個「幾」字，儘有警發人處。近則公私邪正，遠則廢興存亡，只於此處看破便斡轉了。此是日用第一親切功夫，精粗隱顯一時穿透。堯、舜所謂「惟精惟一」、孔子所謂「克己復禮」，便是此事。食芹而美，甚欲獻之吾君也！

「省雜看，向裏做工夫」，即陸子所謂求放心也。此書蓋子澄自衡守乞祠以歸時作，朱子年六十歲矣。以「幾」字爲親切工夫，亦是治心之學。

與劉子澄　十六

承寄示所和鴻慶宮舊詩，三復感歎。但麻鞵之契，今何敢望有如此事耶？槐陰詩文講卷皆佳。季章蓋所謂爲切問近思之學者，真不易得。但以有迫切狹吝之意，見得道理到處十分到，不到處亦十分不到，想見都不讀書理會文義，雖理會，亦是先將己意向前攙斷，扭捏主張，所以有來喻云云之病。景陽又忒寬慢，自己分上想見是不親切也。公度向時得見，資質儘過諸人，但後來覺得亦有局促私吝之意，不知今又如何也？卷子隨看，各以鄙見批在紙背，請更詳之。似此講論，初聞之以爲當有益，故嘗往來問目，欲令諸生條對。以今觀之，則問者本無所疑，而答者初無所見，多是臨時應課塞白，似此講論，恐無所益。又有一種切己病痛，日用功夫，只在當人著實向前自家了取，本不用與人商量，亦非他人言説所能干預。縱欲警覺同志，只合舉起話頭，令其思省。其聞之者，亦只合猛省提掇，向自己分上著力，不當更著言語論量應對。如人有病，只合急急求藥。既得藥，只合急急服餌，不當更著言語形容此病，更著言語贊歎此藥也。今將實踐履事，却作閑言語説了。方其説時，意在於説，而不在於行，此恐不惟無益，而又反有害也。以愚見觀之，似不若將聖賢之書，大家講究一件，有疑即問，有見即答，無疑無見者，不必拘以課程。如此却似實有功夫，不枉了閑言語，不知老兄以爲如何也。

「舉起話頭」，所謂引而不發也。然使此言出於陸子，則詆爲禪矣。向來陸子不喜閑議論，正爲此事，只當自己猛省提掇耳。朱子至是，始知閑言語無益而有害。而實踐履事，不可作閑言語説了，則全是陸子教人之法。

寄陸子静　一

奏篇垂示〔九〕，得聞至論，慰沃良深。其規模宏大，而源流深遠，豈腐儒鄙生所能窺測？不知對揚之際，上於何語有領會？區區私憂，正恐不免「萬牛回首」之難〔一〇〕，然於我亦何病？語圓意活，渾浩流轉，有以見所造之深，所養之厚，益加歎服。但向上一路未曾撥轉處，未免使人疑著，恐是葱嶺帶來耳，如何，如何？一笑。熹衰病益侵，幸叨祠禄，遂爲希夷直下諸孫，良以自慶。但香火之地，聲教未加，不能不使人慨歎耳。

對語切實正大，不知何處是葱嶺帶來，已附見於與劉子澄第十二書後。公聽並觀，無庸置辨。然稱陸子所奏「規模宏大」、「源流深遠」，又曰「所造深」、「所養厚」，則傾倒亦至矣。

答陸子静　二

昨聞嘗有丐外之請，而復未遂，今定何如？莫且宿留否？學者後來更得何人？顯道得書云：「嘗詣見，不知已到未？子淵去冬相見，氣質剛毅，極不易得，但其偏處亦甚害事。雖嘗苦口，恐未必以爲然。今想到部，必已相見，亦嘗痛與砭劑否？」道理雖極精微，然初不在耳目見聞之外，是非黑白，即在面前。此而不察，乃欲别求玄妙於意慮之表，亦已誤矣。熹病衰日侵，去年災患亦不少。此數日來，病軀方似略可支吾，然精神耗減日甚一日，恐終非能久於世者。所幸邇來日用功夫頗覺有力，無復向來支離之病。甚恨未得從容面論，未知異時相見，尚復有異同否耳？

此書在淳熙十三年，朱子年五十七歲。書末所云，漸趨於同。

答陸子静　三

税駕已久，諸況想益佳。學徒四來，所以及人者，在此而不在彼矣。來書所謂「利欲深痼」者，已無可言。區區所憂，却在一種輕爲高論，妄生内外精粗之别，以良心日用分爲兩截，謂聖賢之言不必盡信，而容貌詞氣之間不必深察者。此其爲説，乖戾狼悖，將有大爲吾道之害者，不待他時末流之弊矣。不審明者，亦嘗以是爲憂乎？此事不比尋常小小文義異同。恨相去遠，無由面論，徒增耿耿耳。李子甚不易，知向學但亦漸覺好高。鄙意且欲其著實看得目前道理，事物分明，將來不失將家之舊，庶幾有用。若便如此談玄説妙，却恐兩無所成。可惜壞却天生氣質，却未必如乃翁樸實頭，無有許多勞攘耳。

按「税駕已久」，蓋陸子奉祠還家也，在淳熙十四年。書中語似不相合。然謂「不可將『良心日用分爲兩截』」，即陸子所謂「人情事勢上做工夫」也。謂「聖賢之言當信」，即陸子所謂「在我全無杜撰」也。謂「容貌詞氣當察」，即陸子教人用功於九容也。至謂「不審明者，亦以爲憂」，蓋指陸子門人如傅子淵、包顯道等，持論太高，此正日後互譏之根。李氏子名雲，後爲名將。

答陸子静　四　附陸子書

學者病痛，誠如所論。但亦須自家見得平正深密，方能藥人之病。若自不免於一偏，恐醫來醫去，反能益其病也。所諭與令兄書，辭費而理不明，今亦不記當時作何等語。或恐實有此病，承許條析見教，何幸如之，虚心以俟，幸因便見示。如有未安，却得細論，未可便似居士兄遽斷來章也。

按：兩先生「無極」、「太極」之辨始此。今附陸子與朱子書於後。

黄、易二生歸，奉正月十四日書，備承改歲動息，慰浣之劇，不得嗣問。倏又經時，日深馳鄉，聞已赴闕奏事，何日對揚？伏想大攄素藴，爲明主忠言，動悟淵衷，以幸天下。恨未得即聞緒餘，沃此傾渴。外間傳聞，留中講讀，未知信否？誠得如此，豈勝慶幸！鄉人彭世昌得一山，在信之西境，距敝廬兩舍而近，實龍虎山之宗。巨陵特起，㞬然如象，名曰象山。山間自爲原塢，良田清池，無異平野。山澗合爲瀑流，垂注數里。兩岸有蟠松怪石，却略偃蹇，中爲茂林，瓊瑶冰雪，傾倒激射，飛灑映帶於其間，春夏流壯，勢如奔雷。木石自爲梯階，可沿以觀，佳處與玉淵、卧龍未易優劣。往歲彭子結一廬以相延，某亦自爲精舍於其側。春間携一姪二息讀書其上。又得勝處，爲方丈以居。前挹閩山，奇峯萬疊，後帶二溪，下赴彭蠡。學子亦稍稍結茅其傍，相從講習，此理爲之日明。舞雩詠歸，千載同樂。某昔年兩得侍教，康廬之集，加款於鵝湖，然猶莽鹵淺陋，未能成章，無以相發，甚自愧也。比日少進，甚思一侍函丈，當有啓助，以卒餘教。尚此未能登高臨流，每用悵惘。往日覽尊兄與梭山家兄書，嘗因南豐便人，僭易致區區。蒙復書許以卒請，不勝幸甚。古之聖賢，惟理是視。堯舜之聖，而詢於芻蕘，曾子之易簀，蓋得於執燭之童子。蒙九二曰：「納婦吉。」苟當於理，雖婦人孺子之言所不棄也。孟子曰：「盡信書，不如無書。吾於武成，取二三策而已矣。」或乖理致，雖出古書，不敢盡信也。智者千慮，或有一失；愚者千慮，或有一得。人言豈可忽哉？梭山兄謂：「太極圖説與通書不類，疑非周子所爲；不然，則或是其學未成時所作，不然，則或是傳他人之文，後人不辨也。蓋通書理性命章言：『中焉止矣。二氣五行，化生萬物，五殊二實，二本則一。』曰『一』、曰『中』，即太極也，未嘗於其上加『無極』字。動静章言五行陰陽、陰陽太極，亦無『無極』之文。假令太極圖説是其所傳，或其少時所作，則作通書時，不言無極，蓋已知其説之非矣。」此言殆未可忽也。兄謂：「梭山急迫，看人文字，未能盡彼之情，而欲遽申己意，是以輕於立論，徒爲多説，而未必果當於理。」大學曰：「無諸己而後非諸人。」人無古今、智愚、賢不肖，皆言也，皆文字也。觀兄與梭山之書，已不能酬斯言矣，尚何以責梭山哉？尊兄向與梭山書云：「不言無極，則太極同於一物，而不足爲萬化根本；不言太極，則無極淪於空寂，而不能爲萬化根本。」夫太極者，實有是理，聖人從而發明之耳，非以空言立論，使後人簸弄於頰舌紙筆之間也。其爲萬化根本，固自素定，其足不足、能不能，豈以人言不言之故耶？易大傳曰「易有太極」，聖人言有，今乃言無，何也？作大傳時不言無極，太極何嘗同於一物，而不足爲萬化根本耶？洪範五皇極，列在九疇之中，不言無極，太極亦何嘗同於一物，而不足爲萬化根本耶？太極固自若也。尊兄只管言來言去，轉加糊塗，此真所謂「輕於立論，徒爲多説，而未必果當於理也」。兄號「句句而論」、「字字而議」有年矣，宜益工益密，立言精確，足以悟疑辨惑，乃反疏脱如此，宜有以自反矣。後書又謂：「無極即是無形，太極即是有理。周先生恐學者錯認太極别爲一物，故著『無極』二字以明之。」易大傳曰「形而上者謂之道」，又曰「一陰一陽之謂道」，一陰一陽，已是形而上者，況太極乎？曉文義者舉知之矣。自有大傳至今幾年，未聞有錯認太極别爲一物者。設有愚謬至此，奚啻不能以三隅反，何足尚煩老先生特地於「太極」上加「無極」二字以曉之乎？且「極」字亦不可以「形」字釋之。蓋「極」者，中也。言無極，則是猶言無中也，是奚可哉？若懼學者泥於形器而申釋之，則宜如詩言「上天之載」，而於下贊之曰「無聲無臭」可也，豈宜以「無極」字加於「太極」之上？朱子發謂濂溪得太極圖於穆伯長，伯長之傳出於陳希夷，其必有考。希夷之學，老氏之學也。「無極」二字，出於老子知其雄章，吾聖人之書所無有也。老子首章言「無名天地之始，有名萬物之母」，而卒同之，此老氏之宗旨也，「無極而太極」即是此旨。老氏學之不正，見理不明，所蔽在此。兄於此學，用力之深，爲日之久，曾此之不能辨，何也？通書「中焉止矣」之言，與此昭然不類，而兄曾不之察，何也？太極圖説以「無極」二字冠首，而通書終篇未嘗一及「無極」字。二程言論文字至多，亦未嘗一及「無極」字。假令其初實有是圖，觀其後來未嘗一及「無極」字，可見其道之進，而不自以爲是也。兄今考訂註釋，表顯尊信，如此其至，恐未得爲善祖述者也。潘清逸詩文可見矣，彼豈能知濂溪者？明道、伊川親師承濂溪，當時名賢，居潘右者亦復不少，濂溪之誌，卒屬於潘，可見其子孫之不能世其學也。兄何據之篤乎？梭山兄之言，恐未宜忽也。孟子與墨者夷之辨，則據其「愛無差等」之言；與許行辨，則據其「與民並耕」之言；與告子辨，則據其「義外」與「人性無分於善不善」之言，未嘗泛爲料度之説。兄之論辨則異於是。如某今者所論，則皆據尊兄書中要語，不敢增損，或稍用尊兄泛辭以相繩糾者，亦差有證據，抑所謂「夫民，今而後得反之也」。兄書令「梭山寬心游意，反復二家之言，必使於其所説如出於吾之所爲者，而無纖芥之疑，然後可以發言立論，而斷其可否，則其爲辨也不煩，而理之所在無不得矣」。彼方深疑其説之非，則又安能使之如出於其所爲者，而無纖芥之疑哉？若其如出於吾之所爲者，而無纖芥之疑，則無不可矣，尚何論之可立、否之可斷哉？兄之此言，無乃亦少傷於急迫而未精邪？兄又謂：「一以急迫之意求之，則於察理已不能精，而於彼之情又不詳盡，則徒爲紛紛，雖欲不差，不可得矣。」殆夫子自道也。向在南康，論兄所解告子「不得於言，勿求於心」一章非是，兄令某平心觀之，某嘗答曰：「甲與乙辨，方各是其説，甲則曰願某乙平心也，乙亦曰願某甲平心也。平心之説，恐難明白，不若據事論理可也。今此急迫之説、寬心游意之説，正相類耳。論事理，不必以此等壓之，然後可明也。」梭山氣禀寬緩，觀書未嘗草草，必優游諷詠，耐久紬繹。今以「急迫」指之，雖他人亦未喻也。夫辨是非，別邪正，決疑似，固貴於峻潔明白，若乃料度羅織文致之辭，願兄無易之也。梭山兄所以不復致辨者，蓋以兄執己之意甚固，而視人之言甚忽，求勝不求益也，某則以爲不然。尊兄平日惓惓於朋友，求箴規切磨之益，蓋亦甚至。獨群雌孤雄，人非惟不敢以忠言進於左右，亦未有能爲忠信者，言論之横出，其勢然耳。向來相聚，每以不能副兄所期爲愧，比者自謂少進，方將圖合并而承教。今兄爲時所用，進退殊路，合并未可期也。又蒙許其吐露，輒寓此少見區區，尊意不以爲然，幸不憚下教。政遠，惟爲國保愛，以需柄用，以澤天下。

按：陸子年譜此書在淳熙十五年戊申歲，時朱子年五十九，陸子年五十。

答陸子静　五　附陸子書

十一月八日，熹頓首再拜，上啓子静崇道監丞老兄：今夏在玉山便中得書，時以入都，旋復還舍，疾病多故，又苦無便，不能即報。然懷想德義，與夫象山泉石之勝，未嘗不西望太息也。比日冬温過甚，恭惟尊候萬福，諸賢兄、令子姪眷集以次康寧，來學之士，亦各佳勝。熹兩年冗擾，無補公私，第深愧歉。不謂今者又蒙收召，顧前所被，已極叨踰，不敢冒進，以速龍斷之譏，已遣人申堂懇免矣。萬一未遂，所當力請，以得爲期。杜門竊廪，温繹陋學，足了此生。所恨上恩深厚，無路報塞，死有餘憾也。前書誨諭之悉，敢不承教。所謂古之聖賢，惟理是視。言當於理，雖婦人孺子，有所不棄。或乖理致，雖出古書，不敢盡信。此論甚當，非世儒淺見所及也。但熹竊謂言不難擇，而理未易明。若於理實有所見，則於人言之是非，不翅黑白之易辨，固不待訊其人之賢否而爲去取。不幸而吾之所謂理者，或但出於一己之私見，則恐其所取舍，未足以爲群言之折衷也。況理既未明，則於人之言，恐亦未免有未盡其意者，又安可以遽絀古書爲不足信，而直任胸臆之所裁乎？來書反復，其於「無極」、「太極」之辨詳矣。然以熹觀之，伏羲作易，自一畫以下，文王演易，自乾元以下，皆未嘗言太極也，而孔子言之。孔子贊易，自太極以下，未嘗言無極也，而周子言之。夫先聖後聖，豈不同條而共貫哉？若於此有以灼然實見太極之真體，則知不言者不爲少，而言之者不爲多矣，何至若此之紛紛哉？今既不然，則吾之所謂「理」者，恐其未足以爲群言之折衷，又況於人之言有所不盡者，又非一二而已乎！既蒙不鄙而教之，熹亦不敢不盡其愚也。且夫大傳之「太極」者，何也？即兩儀、四象、八卦之理，具於三者之先，而藴於三者之内者也。聖人之意，正以其究竟至極，無名可名，故特謂之「太極」，猶曰「舉天下之至極，無以加此」云爾，初不以其「中」而命之也。至如「北極」之「極」、「屋極」之「極」、「皇極」之「極」、「民極」之「極」，諸儒雖有解爲「中」者，蓋以此物之極，常在此物之中，非指「極」字而訓之以「中」也。「極」者，至極而已。以有形者言之，則其四方八面合輳將來，到此築底，更無去處。從此推出四方八面，都無向背，一切停匀，故謂之「極」耳。後人以其居中而能應四外，故指其處，而以「中」言之，非以其義爲可訓「中」也。至於「太極」，則又初無形象、方所之可言，但以此理至極而謂之「極」耳。今乃以「中」名之，則是所謂「理有未明，而不能盡乎人言之意」者，一也。通書理性命章，其首二句言理，次三句言性，次八句言命，故其章内無此三字，而特以三字名其章以表之，則章内之言，固已各有所屬矣。蓋其所謂「靈」、所謂「一」者，乃爲「太極」，而所謂「中」者，乃氣稟之得中，與剛善、剛惡、柔善、柔惡者爲五性，而屬乎五行，初未嘗以是爲太極也。且曰「中焉止矣」，而又下屬於「二氣五行，化生萬物」之云，是亦復成何等文字義理乎？今來諭乃指其「中」者爲「太極」而屬之下文，則又理有未明，而不能盡乎人言之意者，二也。若論「無極」二字，乃是周子灼見道體，迥出常情，不顧旁人是非，不計自己得失，勇往直前，説出人不敢説底道理，令後之學者曉然見得太極之妙，不屬有無，不落方體。若於此看得破，方見得此老真得千聖以來不傳之秘，非但「架屋上之屋〔一一〕，疊牀上之牀」而已也。今必以爲未然，是又理有未明而不能盡乎人言之意者，三也。至於大傳既曰「形而上者謂之道矣」，而又曰「一陰一陽之謂道」，此豈真以陰陽爲形而上者哉？正所以見一陰一陽雖屬形器，然其所以一陰而一陽者，是乃道體之所爲也。故語道體之至極，則謂之太極；語太極之流行，則謂之道。雖有二名，初無兩體。周子所以謂之「無極」，正以其無方所，無形狀，以爲在無物之前，而未嘗不立於有物之後；以爲在陰陽之外，而未嘗不行乎陰陽之中；以爲通貫全體，無乎不在，則又初無聲臭、影響之可言也。今乃深詆無極之不然，則是直以太極爲有形狀、有方所矣。直以陰陽爲形而上者，則又昧於道器之分矣。又於「形而上者」之上，復有「況太極乎」之語，則是又以道上別有一物爲太極矣。此又理有未明，而不能盡乎人言之意者，四也。至熹前書所謂「不言無極，則太極同於一物，而不足爲萬化根本；不言太極，則無極淪於空寂，而不能爲萬化根本」，乃是推本周子之意，以爲當時若不如此兩下説破，則讀者錯認語意，必有偏見之病；聞人説有，即謂之實有，見人説無，即謂之真無耳。自謂如此説得周子之意，已是大煞分明，只恐知道者厭其漏洩之過甚，不謂如老兄者，乃猶以爲未穩而難曉也。請以熹書上下文意詳之，豈謂太極可以人言而爲加損者哉？是又理有未明，而不能盡乎人言之意者，五也。來書又謂：「大傳明言『易有太極』，今乃言無，何耶？」此尤非所望於高明者。今夏因與人言易，其人之論正如此。當時對之，不覺失笑，遂至被劾。彼俗儒膠固，隨語生解，不足深怪。老兄平日自視爲如何，而亦爲此言耶？老兄且謂大傳之所謂「有」，果如兩儀、四象、八卦之有定位，天地、五行、萬物之有常形耶？周子之所謂「無」，是果虛空斷滅，都無生物之理耶？

此又理有未明，而不能盡乎人言之意者，六也。老子「復歸於無極」，「無極」乃「無窮」之義，如莊生「入無窮之門，以遊無極之野」云爾，非若周子所言之意也。今乃引之，而謂周子之言實出乎彼，此又理有未明，而不能盡乎人言之意者，七也。高明之學，超出方外，固未易以世間言語論量、意見測度。今且以愚見執方論之，則其未合有如前所陳者，亦欲奉報，又恐徒爲紛紛，重使世俗觀笑。既而思之，若遂不言，則恐學者終無所取正。較是二者，寧可見笑於今人，不可得罪於後世。是以終不獲已而竟陳之，不識老兄以爲何如？

按：是編專輯朱子論學之書，凡辨析經書義理者，俱不載入。以其不勝載，且非專爲學術異同之所關也。無極、太極之辨，亦係論經書義理，不當編入。然兩先生異同之端，實由此數書往復而起。而陸子答書，亦論及學術，則亦不容舍置。又今時科舉之士，止知有爛時文俗講章，凡儒先之書，概未寓目。陸子全集固未甚流布，即朱子大全集，藏者亦稀。其有好名之士，偶購一部，亦庋之高閣而已，求其能全閱一過者，千不得一。道聽途説，矢口云朱、陸辨「太極」、「無極」，試扣以朱子所論如何，陸子所論如何，則皆喑而莫能答也。故特編入數書，俾世俗學者得覽觀焉。其議論之孰得孰失，則覽者自知。蓋是非之心，人皆有之，此心同，此理同，即所見亦同。惟勿以先入之偏私横於胸中，務平心而觀之，細心而察之，則瞭如黑白，無庸置一辭矣。今附陸子答書於後。

陸子答書云：伏自夏中拜書，尋聞得對，方深贊喜。冒疾遽興，重爲駭嘆。賢者進退，綽綽有裕，所甚惜者爲世道耳。承還里第，屢欲致書，每以冗奪，徒積傾馳。江德功人至，奉十一月八日書，備承作止之詳，慰浣良劇。比閱邸報，竊知召命，不容辭免，莫須更一出否？吾人進退自有大義，豈直避嫌畏譏而已哉？前日面對，必不止於職守所及，恨不得與聞至言，後便儻可垂教否？前書條析所見，正以疇昔負兄所期，比日少進，方圖自贖耳。來書誨之諄復，不勝幸甚。愚心有所未安，義當展盡，不容但已，亦尊兄教之之本意也。近浙間有後生，貽書見規，以爲吾二人者，所習各已成熟，終不能以相爲，莫若置之勿論，以俟天下後世之自擇。

鄙哉言乎！此輩凡陋，沉溺俗學，悖戾如此，亦可憐也。人能弘道，非道弘人，此理在宇宙間，固不以人之明不明、行不行而加損。

然人之爲人，則抑有其職矣。垂象而覆物者，天之職也。成形而載物者，地之職也。裁成天地之道，輔相天地之宜，以左右民者，人君之職也。孟子曰：「幼而學之，壯而欲行之。」所謂「行之」者，行其所學，以格君心之非，引其君於當道，與其君論道經邦，燮理陰陽，使斯道達乎天下也。所謂學之者，從師親友，讀書考古，學問思辨，以明此道也。故少而學道，壯而行道者，士君子之職也。吾人皆無常師，周旋於群言淆亂之中，俯仰參求，雖自謂其理已明，安知非私見詖説？若雷同相從，一唱百和，莫知其非，此所甚可懼也。幸而有相疑不合，在同志之間，正宜各盡所懷，力相切磋，期歸于一是之地。大舜之所以爲大者，善與人同，樂取諸人以爲善，聞一善言，見一善行，若決江河，沛然莫之能禦。吾人之志，當何求哉？惟其是而已矣。疇昔明言善議，拳拳服膺而勿失，樂與天下共之者，以爲是也。今一旦以切磋而知其非，則棄前日之所習，勢當如出陷阱，如避荆棘，惟新之念，若決江河，是得所欲而遂其志也。此豈小智之私，鄙陋之習，榮勝恥負者所能知哉？弗明弗措，古有明訓，敢悉布之。尊兄平日論文，甚取曾南豐之嚴健。南康爲別前一夕，讀尊兄之文，見其得意者，必簡健有力，每切敬服。嘗謂尊兄才力如此，故所取亦如此。今閲來書，但見文辭繳繞，氣象褊迫，其致辨處，類皆遷就牽合，甚費分疏，終不明白，無乃爲「無極」所累，反困其才邪？不然，以尊兄之高明，自視其説，亦當如白黑之易辨矣。尊兄嘗曉陳同父云：「欲賢者百尺竿頭進取一步，將來不作三代以下人物，省得氣力爲漢、唐分疏，即更脱灑磊落。」今亦欲得尊兄進取一步，莫作孟子以下學術，省得氣力爲「無極」二字分疏，亦更脱灑磊落。古人質實，不尚智巧，言論未詳，事實先著，知之爲知之，不知爲不知，所謂先知覺後知，先覺覺後覺者，以其事實，覺其事實，故言即其事，事即其言，所謂言顧行，行顧言。周道之衰，文貌日勝，事實湮於意見，典訓蕪於辨説，揣量模寫之工，依倣假借之似，其條畫足以自信，其習熟足以自安。以子貢之達，又得夫子而師承之，尚不免此多學而識之之見，非夫子叩之，彼固晏然而無疑。先行之訓，予欲無言之訓，所以覺之者屢矣，而終不悟。顔子既没，其傳固在曾子，蓋可觀已。尊兄之才，未知其與子貢如何？今日之病，則有深於子貢者。尊兄誠能深知此病，則來書七條之説，當不待條析而自解矣。然相去數百里，脱或未能自克，淹回舊習，則不能無遺恨，請卒條之。來書本是主張「無極」二字，而以明理爲説，其要則曰：「於此有以灼然實見太極之真體。」某竊謂尊兄未曾實見太極，若實見太極，上面必不更加「無極」字，下面必不加着「真體」字。上面加「無極」字，正是疊床上之床，下面着「真體」字，正是架屋下之屋。虚見之與實見，其言固自不同也。又謂：「極者，正以其究竟至極，無名可名，故特謂之太極，猶曰舉天下之至極無以加此云耳。」就令如此，又何必更於上面加「無極」字也？若謂欲言其無方所、無形狀，則前書固言，宜如詩言「上天之載」，而於其下贊之曰「無聲無臭」可也，豈宜以「無極」字加於「太極」之上？繫辭言「神無方矣」，豈可言無神？言「易無體矣」，豈可言無易？老氏以「無」爲天地之始，以「有」爲萬物之母，以常無觀妙，以常有觀徼，直將「無」字搭在上面，正是老氏之學，豈可諱也？惟其所蔽在此，故其流爲任術數，爲無忌憚。此理乃宇宙之所固有，豈可言無？若以爲無，則君不君、臣不臣、父不父、子不子矣。楊朱未遽無君，而孟子以爲無君；墨翟未遽無父，而孟子以爲無父，此其所以爲知言也。極亦此理也，中亦此理也。五居九疇之中而曰「皇極」，豈非以其「中」而命之乎？民受天地之中以生，而詩言「立我烝民，莫匪爾極」，豈非以其「中」命之乎？中庸曰：「中也者，天下之大本也；和也者，天下之達道也。致中和，天地位焉，萬物育焉。」此理至矣，外此豈更復有太極哉？以極爲中，則爲不明理，以極爲形，乃爲明理乎？字義固有一字而數義者，用字則有專一義者，有兼數義者，而字之指歸，又有虛實，虛字則但當論字義，實字則當論所指之實。論其所指之實，則有非字義所能拘者，如「元」字有「始」義，有「長」義，有「大」義。坤五之「元吉」，屯之「元亨」，則是虛字，專爲「大」義，不可復以他義參之。如「乾元」之「元」，則是實字。論其所指之實，則文言所謂善、所謂仁，皆元也，亦豈可以字義拘之哉？「極」字亦如此，太極、皇極，乃是實字，所指之實，豈容有二？充塞宇宙，無非此理，豈容以字義拘之乎？中即至理，何嘗不兼至義？

大學、文言皆言「知至」，所謂「至」者，即此理也。語讀易者曰：能知太極，即是知至；語讀洪範者曰：能知皇極，即是知至，夫豈不可？蓋同指此理，則曰極、曰中、曰至，其實一也。「一極備凶」，「一極無凶」，此兩「極」字，乃是虛字，專爲至義，却使得「極者，至極而已」，於此用「而已」字，方用得當。尊兄最號爲精通詁訓文義者，何爲尚惑於此？無乃理有未明，正以太泥而反失之乎？

至如直以陰陽爲形器而不得爲道，此尤不敢聞命。易之爲道，一陰一陽而已。先後、始終、動静、晦明、上下、進退、往來、闔闢、盈虚、消長、尊卑、貴賤、表裏、隱顯、向背、順逆、存亡、得喪、出入、行藏，何適而非一陰一陽哉？奇偶相尋，變化無窮，故曰：「其爲道也屢遷，變動不居，周流六虚，上下無常，剛柔相易，不可爲典要，惟變所適。」説卦曰：「觀變於陰陽而立卦，發揮於剛柔而生爻，和順於道德而理於義，窮理盡性以至於命。」又曰：「昔者聖人之作易也，將以順性命之理。是以立天之道，曰陰與陽；立地之道，曰柔與剛；立人之道，曰仁與義。」下繫亦曰：「易之爲書也，廣大悉備：有天道焉，有人道焉，有地道焉。兼三才而兩之，故六。六者，非他也，三才之道也。」今顧以陰陽爲非道，而直謂之形器，其孰爲昧於道器之分哉？辨難有要領，言辭有指歸。爲辨而失要領，觀言而迷指歸，皆不明也。前書之辨，其要領在「無極」二字。尊兄確意主張，曲爲飾説，既以無形釋之，又謂：「周子恐學者錯認太極别爲一物，故着『無極』二字以明之。」某於此見得尊兄只是强説來由，恐無是事。故前書舉大傳「一陰一陽之謂道」、「形而上者謂之道」兩句，以見粗識文義者，亦知一陰一陽即是形而上者，必不至錯認太極别爲一物，故曰「況太極乎」？此其指歸，本自明白，而兄曾不知察〔一二〕，乃必見誣以道上别有一物爲太極。通書曰：「中者，和也，中節也，天下之達道也，聖人之事也。故聖人立教，俾人自易其惡，自致其中而止矣。」周子之言「中」如此，亦不輕矣，外此豈更别有道理，乃不得比虚字乎？所舉理性命章五句，但欲見通書言「中」言「一」而不言「無極」耳。「中焉止矣」一句，不妨自是斷章，兄必見誣以屬之下文。兄之爲辨，失其指歸，大率類此。「盡信書不如無書」，某實深信孟子之言。前書釋此段，亦多援據古書，獨頗不信無極之説耳。兄遽坐以直黜古書爲不足信，兄其深文矣哉！大傳、洪範、毛詩、周禮與太極圖説孰古？以「極」爲「形」而謂不得爲「中」，以「一陰一陽」爲「器」而謂不得爲「道」，此無乃少黜古書爲不足信，而微任胸臆之所裁乎？來書謂「若論『無極』二字，乃是周子灼見道體，迥出常情，不顧傍人是非，不計自己得失，勇往直前，説出人不敢説底道理。」又謂：「周子所以謂之無極，正以其無方所，無形狀。」誠令如此，不知人有甚不敢道處，但加之太極之上，則吾聖門正不肯如此道耳。夫乾確然示人易矣，夫坤隤然示人簡矣，太極亦曷嘗隱於人哉？尊兄兩下説無説有，不知漏洩得多少。如所謂「太極真體，不傳之秘，無物之前，陰陽之外，不屬有無，不落方體，迥出常情，超出方外」等語，莫是曾學禪宗所得如此。平時既私其説以自高妙，及教學者，則又往往秘此，而多説文義，此漏洩之説所從出也。以實論之，兩頭都無着實，彼此只是葛藤，未説氣質不美者。樂寄此以神其姦，不知繫絆多少好氣質底學者。既以病己，又以病人，殆非一言一行之過，兄其毋以久習於此而重自反也。區區之忠，竭盡如此，流俗無知，必謂不遜。書曰：

「有言逆于汝心，必求諸道。」諒在高明，正所樂聞，若猶有疑，願不憚下教。政遠，惟爲國自愛。

按：朱、陸兩先生辨「無極」、「太極」數書，余嘗謂兩先生可以無辨，蓋非辨其理，乃辨其辭耳。如謂「太極之上，別有無極」，雖朱子不能以爲是。如謂「太極無形而有理」，不即陸子未嘗以爲非，是兩先生所見之理，固皆同也。至陸子辨其辭，謂「無形而有理」，不當言無極，當如詩言「上天之載」，而贊之曰「無聲無臭」。又謂「神無方而易無體」，止可言無方，不可言無神，止可言無體，不可言無易。朱子則謂「無極而太極」，猶云「莫之爲而爲，莫之致而致」，則似陸子之論爲自然，而朱子爲委曲遷就耳。乃因論此書之辭，併及他書之理，謂「陰陽乃形而下者，陰陽非道，所以一陰一陽者乃謂之道」，此則誤矣。形而上，謂自無形以上者也；形而下，謂自有形以下者也。陰陽者，理行乎氣而屈伸往來者也。視之不見，聽之不聞，而可謂之形而下者乎？謂「所以一陰一陽乃謂之道」，則「一陰一陽之謂道」句首當添「所以」二字矣。如添「所以」二字，則「立天之道曰陰與陽」，亦將曰「立天之道曰所以陰與陽」乎？如「立天之道曰所以陰與陽」，亦將曰「立人之道曰所以仁與義」乎？此皆不待思索而知其不可者也。蓋陸子所謂「神無方，易無體」，及「陰陽已是形而上者」等語，皆極平允，而朱子必不從之。陸子引書謂「有言逆於汝心，必求諸道」，而朱子謂「以來書求之於道而未之見，但見其詞義差舛，氣象粗率」，無乃過乎？然陸子書末數行，稍傷峻急，亦忠告而道之未善，此異同之端所以日滋，而附和者愈轉而愈失，幾於不可合併，豈不惜哉！

答陸子静　六

來書云：「浙間後生，貽書見規，以爲吾二人者，所習各已成熟，終不能以相爲。莫若置之勿論，以俟天下後世之自擇。鄙哉言乎！此輩凡陋，沉溺俗學，悖戾如此，亦可憐也。」熹謂：天下之理，有是有非，正學者所當明辨。或者之説，誠爲未當。然凡辨論者，亦須平心和氣，子細消詳，反復商量，務求實是，乃有歸著。如不能然，而但於匆遽急迫之中，肆支蔓躁率之詞，以逞其忿懟不平之氣，則恐反不若「或者」之言安静和平，寛洪悠久，猶有君子長者之遺意也。

來書云：「人能弘道」，止「敢悉布之」。熹按：此段所説，規模宏大而指意精切。如曰：「雖自謂其理已明，安知非私見蔽説？」及引大舜「善與人同」等語，尤爲的當。熹雖至愚，敢不承教？但所謂「莫知其非，歸於一是」者，未知果安所決。區區於此，亦願明者有以深察而實踐其言也。

來書云：「古人質實」止「請卒條之」。熹詳此説，蓋欲專務事實，不尚空言，其意甚美。但今所論「無極」二字，熹固已謂不言不爲少，言之不爲多矣。若以爲非，則且置之，其於事實，亦未有害。而賢昆仲不見古人指意，乃獨無故於此創爲浮辨，纍數百言，三四往返而不能已，其爲湮蕪，亦已甚矣。而細考其間，緊要節目，並無酬酢，只是一味慢罵虚喝，必欲取勝。未論顔、曾氣象，只子貢恐亦不肯如此，恐未可遽以此而輕彼也。

來書云：「尊兄未嘗」止「固冒不同也」。熹亦謂老兄正爲未識太極之本無極而有其體，故必以「中」訓「極」，而又以陰陽爲形而上者之道，虚見之與實見，其言果不同也。

來書云：「老氏以無」止「諱也」。熹詳老氏之言「有」、「無」，以「有」、「無」爲二，周子之言「有」「無」，以「有」「無」爲一，正如南北水火之相反。更請子細著眼，未可容易譏評也。

來書云：「此理乃」止「子矣」。更請詳看熹前書曾有「無理」二字否？

來書云：「極亦此」止「極哉」。極，是名此理之至極。中，是狀此理之不偏。雖然，同是此理，然其名義各有攸當。雖聖賢言之，亦未嘗敢有所差互也。若「皇極」之「極」、「民極」之「極」，乃爲「標準」之意。猶曰立於此而示於彼，使其有所向望而取正焉耳，非以其「中」而命之也。「立我烝民」，「立」與「粒」通，即書所謂「烝民乃粒，莫匪爾極」，則「爾」指后稷而言。蓋曰使我衆人皆得粒食，莫非爾后稷之所立者是望耳。「爾」字不指天地，「極」字亦非指所受之中。此義尤明白，似是急於求勝，更不暇考上下文。推此一條，其餘可見。「中者，天下之大本」，乃以喜怒哀樂之未發，此理渾然無所偏倚而言。太極固無所偏倚，而爲萬化之本，然其得名自爲「至極」之「極」，而兼有「標準」之義，初不以「中」而得名也。

來書云：「以極爲中」止「理乎」。老兄自以「中」訓「極」，熹未嘗以「形」訓「極」也。今若此言，則是已不曉文義，而謂他人亦不曉也，請更詳之。

來書云：「大學、文言皆言『知至』。」熹詳「知至」二字雖同，而在大學，則「知」爲實字，「至」爲虛字，兩字上重而下輕，蓋曰心之所知，無不到耳。在文言，則「知」爲虛字，「至」爲實字，兩字上輕而下重，蓋曰「有以知其所當至之地」耳。兩義既自不同，而與「太極」之爲「至極」者，又皆不相似，請更詳之。此義在諸説中亦最分明，請試就此推之，當知來書未能無失，往往類此。

來書云：「直以陰陽爲形器」止「道器之分哉」。若以陰陽爲形而上者，則形而下者復是何物？更請見教。若熹愚見與其所聞，則曰：「凡有形有象者，皆器也。其所以爲是器之理者，則道也。」如是，則來書所謂「始終」、「晦明」、「奇偶」之屬，皆陰陽所爲之器，獨其所以爲是器之理，如目之明、耳之聰、父之慈、子之孝乃爲道耳。如此分別，似差明白，不知尊意以爲如何？此一條亦極分明，切望略加思索，便見愚言不爲無理，而其餘亦可以類推矣。

來書云：「通書曰」止「類此」。周子言「中」，而以「和」釋之，又曰「中節」，又曰「達道」，彼非不識字者，而其言顯與中庸相戾，則亦必有說矣。蓋此「中」字，是就氣稟發用而言其無過不及處耳，非直指本體未發，無所偏倚者而言也，豈可以此而訓「極」爲「中」也哉？來書引經必盡全章，雖煩不厭。而所引通書，乃獨截自「中焉止矣」而下，此安得爲不悮？老兄本自不信周子，政使誤引通書，亦未爲害，何必諱此小失，而反爲不改之過乎？

來書云：「大傳」止「執古」。大傳、洪範、詩、禮皆言「極」而已，未嘗謂「極」爲「中」也。先儒以此極處常在物之中央，而爲四方之所面，內而取正，故因以「中」釋之，蓋亦未爲甚失。而後人遂以「極」爲「中」，則又不識先儒之本意矣。爾雅乃是纂集古今諸儒訓詁以成書，其間蓋亦不能無悮，不足據以爲古。又況其間但有以「極」訓「至」、以「殷齊」訓「中」，初未嘗以「極」爲「中」乎！

來書云：「又謂周子」止「道耳」。前又云「若謂欲言」止「之上」。「無極而太極」，猶曰「莫之爲而爲，莫之致而至」，又如曰「無爲之爲」，皆語勢之當然，非謂別有一物也。向見欽夫有此說，嘗疑其贅，今乃正使得著，方知欽夫之慮遠也。其意則固若曰：「非如『皇極』、『民極』、『屋極』之有方所、形象，而但有此理之至極耳。」若曉此意，則於聖門有何違叛而不肯道乎？「上天之載」，是就「有」中說「無」，「無極而太極」是就「無」中說「有」。若實見得，即說「有」

說「無」，或先或後，都無妨礙。今必如此拘泥，强生分別，曾謂「不尚空言，專務事實」，而反如此乎？

來書云：「夫乾」止「自反也」。太極固未嘗隱於人，然人之識太極者則少矣。往往只是於禪學中認得個昭昭靈靈能作用底，便謂此是「太極」。而不知所謂「太極」乃天地萬物本然之理，亘古亘今，攧撲不破者也。「迥出常情」等語，只是俗談，即非禪家所能專有，不應儒者反當迴避。況今雖偶然道著，而其所見所說，即非禪家道理，非如他人陰實祖用其說，而改頭換面，陽諱其所自來也。如曰「私其說以自妙，而又秘之」，又曰「寄此以神其姦」，又曰「繫絆多少好氣質底學者」，則恐世間自有此人可當此語。熹雖無狀，自省得與此語不相似也。

來書引書云：「有言逆于汝心，必求諸道。」此聖言也，敢不承教？但以來書求之於道而未之見，但見其詞義差舛，氣象粗率，似與聖賢不甚相近。是以竊自安其淺陋之習聞，而未敢輕舍故步，以追高明之獨見耳。又記頃年嘗有平心之說，而前書見諭曰：「甲與乙辨，方各自是其說。甲則曰：『願乙平心也。』乙亦曰：『願甲平心也。』平心之說，恐難明白，不若據事論理可也。」此言美矣！然熹所謂平心者，非直使甲操乙之見，乙守甲之說也，亦非謂都不論事之是非也。但欲兩家姑暫置其是已非彼之意，然後可以據事論理，而終得其是非之實。如謂「治疑獄者當公其心」，非謂便可使曲者爲直，改直者爲曲也，亦非謂都不問其曲直也。但不可先以己意之向背爲主，然後可以審聽兩造之辭，旁求參伍之驗，而終得其曲直之當耳。今以粗淺之心，挾忿懟之氣，不肯暫置其是己非彼之心，而欲評義理之得失，則雖有判然如黑白之易見者，猶恐未免於誤，況其差有在於毫釐之間者，又將誰使折其衷而能不謬也哉？

來書云：「書尾」止「文耶」。中間江德功封示三策書中有小帖云：「陸子静策三篇皆親手點對，令默封納，先欲作書，臨行不肯作。」此並是德功本語。不知來喻何故乃爾？此細事不足言，世俗毁譽，亦何足計？但賢者言行不同如此，爲可疑耳。德功亦必知是諸生所答，自有姓名，但云是老兄所付令寄來耳。

熹已具此，而細看其間，亦尚有説未盡處。大抵老兄昆仲同立此論，而其所以立論之意不同。子美尊兄，自是天資質實重厚，當時看得此理有未盡處，不能子細推究，便立議論，因而自信太過，遂不可回。見雖有病，意實無他，老兄却是先立一説，務要突過有若、子貢以上，更不數近世周、程諸公。故於其言，不問是非，一例吹毛求疵，須要討不是處。正使説得十分無病，此意却先不好了，況其言之粗率，又不能無病乎？夫子之聖，固非以多學而得之。然觀其好古敏求，實亦未嘗不多學，但其中自有一以貫之處耳。若只如此空疏杜撰，則雖有「一」，而無可貫矣，又何足以爲孔子乎？顔、曾所以獨得聖學之傳，正爲其博文約禮，足目俱到，亦不是只如此空疏杜撰也。子貢雖未得承道統，然其所知似亦不在今人之後，但未有禪學可改換耳。周、程之生，時世雖在孟子之下，然其道則有不約而合者。反覆來書，竊恐老兄於其所言多有未解者，恐皆未可遽以顔、曾自處而輕之也。顔子以能問於不能，以多問於寡，有若無，實若虚，犯而不校；曾子三省其身，惟恐謀之不忠，交之不信，傳之不習，其智之崇如彼，而禮之卑如此，豈有一毫自滿自足，强辯取勝之心乎？來書之意，所以見教者甚至，而其末乃有「若猶有疑，不憚下教」之言，熹固不敢當此。然區區鄙見，亦不敢不爲老兄傾倒也。不審尊意以爲如何？如曰「未然」，則我日斯邁，而月斯征，各尊所聞，各行所知，亦可矣，無復可望於必同也。言及於此，悚息之深，千萬幸察。

近見國史濂溪傳載此圖説，乃云「自無極而爲太極」。若使濂溪本書實有「自」、「爲」兩字，則信如老兄所言，不敢辨矣。然因渠添此二字，却見得本無此字之意愈益分明，請試思之。

按：末一條似已服矣，又直斷爲本無「自」、「爲」二字，特作史者添入，第不知何所據而知爲本無？何所據而知爲渠添也？竊意當時流傳原本，實有「自」、「爲」二字，而作史者未必添改。今西岳華山之上，現有陳希夷無極圖，蓋道家之説，太極之上，實又有無極也。

又按：朱子答此書後，陸子又有答書云：「往歲經筵之除，士類胥慶，延跂以俟吾道之行，乃復不究起賢之禮，使人重爲慨歎。新天子即位，海内屬目，然罷行陞黜，卒多人情之所未諭者，群小駢肩而騁，氣息怫然，諒不能不重勤長者憂國之懷。某五月晦日拜荆門之命，命下之日，實三月二十八日，替黄元章闕，尚三年半，願有以教之。首春借兵之還，伏領賜報，備承改歲動息，慰浣之劇〔一三〕。惟其不度，稍獻愚忠，未蒙省察，反成唐突，謙抑非情，督過深矣，不勝皇恐。向蒙尊兄促其條析，且有『無若令兄遽斷來章』之戒，深以爲幸。别紙所謂：『我日斯邁，而月斯征，各尊所聞，各行所知，亦可矣，無復望其必同也。』不謂尊兄遽作此語，甚非所望。『君子之過也，如日月之食焉。過也，人皆見之，及其更也，人皆仰之。』通人之過，雖微箴藥，久當自悟，諒今尊兄必涣然於此矣。願依末光，以卒餘教。」

又按：朱子答陸子論「無極」第二書，以淳熙十六年己酉歲春正月至象山精舍，陸子以借兵之役出山，比還得書，見「各尊所聞」等語，爲之憮然，未即作復書。而是歲壽皇内禪，光宗即位。三月詔先生知荆門軍，五月始拜命。人事應酬頗煩，至七月始作此書。而朱子於八月即作報書云：「荆門之命，少慰人意，今日之計，惟僻且遠，猶可行志，想不以是爲厭。三年有半之間，消長之勢，又未可以預料。流行坎止，亦非人力之所能爲也。聞象山開闢架造之功，益有緒，來學者亦益衆，恨不得一至其間，觀奇覽勝。某首春之書，詞氣粗率，既發即知悔之，然已不及」云云。此書見象山年譜，而朱子大全集不載。蓋凡朱子自悔之語，編朱子文集者，必削而去之。

紹熙三年，陸子在荆門軍，夏四月，朱子又以書薦其所識李大來從戎，其略附見象山年譜云：「去歲辱惠書慰問，尋即附狀致謝。其後聞千騎西去，相望益遠，無從致問。朱子以八月寄書，而陸子以九月赴荆門。近辛幼安經由及得湖南朋友書，乃知政教並流，士民化服，甚慰！某憂苦之餘，二年，以長子塾之喪去漳郡也。疾病益侵，形神俱瘁，非復昔時。歸來建陽，失於計度。作一小屋，朞年不成，勞苦百端，欲罷不可。李大來此，備見本末，必能具言也。渠欲爲從戎之計，因走門下，撥冗附此，未暇他及。政遠，切祈爲道自重，以幸學者。彼中頗有好學者否？峽州郭文著書頗多，悉見之否？其論易數頗詳，不知尊意以爲何如也？近著幸示一二，有委併及。」此書亦未收入大全集。蓋書中有「政教並流，士民化服」及「爲道自重，以幸學者」之語，編録文集者，門户鄙見，務持勝心，凡推許陸子者，亦必削而不存，如陸從政公家問序及此書是也。

答詹體仁儀之

湘中學者之病，誠如來教。然今時學者，大抵亦多如此。其言而不行者固失之，又有一種只説踐履而不務窮理〔一四〕，亦非小病。欽夫往時蓋謂救此一種人，故其説有太快處，以啓流傳之弊。今日正賴高明有以救之也。爲學是分内事，纔見高自標致，便是不務實了，更説甚的？今日正當反躬下學，讀書則以謹訓説爲先，脩身則以循規矩爲要，除却許多懸空閑説，庶幾平穩耳，不審尊意以爲如何？

湘中學者，皆欽夫弟子。「欽夫往時」云云，蓋南軒是時已没，而朱子確爲晚年矣。然欲除卻許多閑説，以救言而不行之病，已合於陸子之教。又按此體仁字也，考亭淵源録誤以爲元善。

答范文叔 一

大學之序，固以致知爲先，而程子發明未有致知而不在敬者，尤見用力本領親切處。今讀來喻，知於主一。蓋嘗用功，則致知之學宜無難矣，而尚欲更求其説，何耶？熹舊讀大學之書，嘗爲之説，每以淺陋，有所未安，近加訂正，以稍明白。親知有取以鋟木者，今内一通，幸試考之。或有未當，却望誨喻。然切告勿以示人，益重不韙之罪也。

改大學是晚年事，而第二書亦有改大學之語。「勿以示人」自是禁僞學時。第三書「孤危」之語尤明白。然謂「致知必在於敬」，而第二書謂「道義不外此心」，已合於陸子之説。

答范文叔　二

讀書不覺有疑，此無足怪。蓋往年經無定説，諸先生所發或不同，故讀書不能無疑。比年以來，衆説盡出，講者亦多，自是無所致疑，但要反復玩味，認得聖賢本意，道義實體，不外此心，便自有受用處。尹和靖門人贊其師曰：「丕哉！聖謨、六經之編，耳順心得，如誦己言。」要當至此地位，始是讀書耳。大學近閲舊編，復改數處，今往一通，試以舊本參之，當見鄙意也。

答范文叔　三

春風堂記，久已奉諾，安敢忘之？但近覺孤危之迹爲當世所憤疾，日以益甚，遂絶口不敢爲人出一語。非獨畏禍，亦義理之當然也。兼亦覺得此等空言無益於實，僅同戲劇，區區區裝點，是亦徒爲玩物喪志而已。若論爲己切實功夫，豈此等所能助？而爲仁由己，亦何待它人之助耶？況明道先生氣象如此，乃是不違仁之影子。今於影外旁觀，而玩其形似，孰若深察其心之所到，而身詣之之爲實耶？竊謂爲仁之要，固不出乎聖賢之言，若子夏所謂「博學、篤志、切問、近思」，夫子所謂「克己復禮」、所謂「恭、敬、忠、恕」，可以備見其用力之始終矣。幸深味乎此而實加功焉，則爲有以慰區區之望，固不在於言語文字之間而已也。

「孤危」、「畏禍」等語，自是禁僞學時情景，是時朱子年七十矣。「空言無益」、「玩物喪志」等語，豈非晚年定論？

與黄文叔度

熹跧伏窮山，聞執事之名舊矣。未獲既見，每竊恨焉。去歲趨召北歸，道聞新天子以執事爲賢，擢居言路，方與善類同深喜幸，而未一二日，已聞出守之命。熹於是時，亦復慨然浩歎，蓋不唯爲執事惜此事會，亦爲朝廷惜此舉措，且自恨其失一見之便，而又決知吾道之將不行矣！曾不兩月，果已罷遣還家。忽奉手教之辱，三復醒然過望，幸甚！然而執禮過謙，稱道浮實，比擬非倫，則非淺陋之所敢當也。至論古昔聖賢所處之難易，則執事之意可知矣。如熹之愚，蓋嘗不自揆度，而妄竊有志於此。然學未聞道，言語無力，精神不專，不足以動人悟物。今益老矣，衰病益侵，旦暮且死，此心雖不敢忘，亦無復有望於將來矣。顧今運祚方隆，聖德日新，有永之圖，必將與明者慮之。則夫所謂致一以格天者，乃執事事也。執事其亦察乎舜之所謂「人心」、「道心」者爲如何？擇之必精，而不使其有人心之雜〔一五〕；守之必固，而無失乎道心之純，則始終惟一，而伊尹之所以格天者在我矣。於以正君定國，而大庇斯人於無窮，豈不偉哉！鄙見如此，不識執事以爲如何？因趙主簿歸天台，寓此爲謝，不能盡所欲言。相望千里，邈無晤見之期，惟冀以時自重，使斯世猶有賴焉，則幸甚！

「旦暮且死」之語，自是晚年。而諄諄於人心道心，自是心學。

答林正夫湜

仰慕高風，固非一日，中間雖幸寅緣再見，然苦怱怱不得款奉誨語，至今以爲恨也。歸來抱病，人事盡廢，無繇奉記，以候起居，每深馳跂。今茲楊通老來，忽奉手誨之辱，假借期許，既非愚昧之所敢當；而執禮過恭，尤使人恐懼蹴踖而無所避也。雖然，高明之所以見屬之意，豈若世之指天誓日，而相要於聲利之塲者哉？況在今日而言之，尤足以見誠之至而好之篤，是以不敢隱其固陋，而願自附於下風焉。蓋嘗聞之先生君子，觀浮圖者，仰首注視而高談，不若俯首歷階而漸進。蓋觀於外者，雖足以識其崇高鉅麗之爲美，孰若入於其中者，能使真爲我有，而又可以深察其層累結架之所由哉！自今而言，聖賢之言，具在方册，其所以幸教天下後世者，固已不遺餘力。而近世一、二先覺，又爲之指其門户，表其梯級，而先後之學者，由是而之焉，宜亦甚易而無難矣。而有志焉者，或不能以有所至，病在一觀其外，粗覘彷彿，而便謂吾已見之，遂無復入於其中，以爲真有而力究之計。此所以驟而語之，雖知可悦，而無以深得其味，遂至半途而廢，而卒不能以有成耳。竊計高明所學之深、所守之正，其所蘊蓄，蓋已施之朝廷、而見於議論之實，於此宜不待於愚言矣。然既蒙下問，不可以虚辱。而熹之所有，不過如此。若不以告於門下，以聽職事者之采擇，則又有非區區之所敢安者，是以敢悉布之。可否之決，更俟來教，熹所虚佇而仰承也。德脩崎嶇遠謫，令人動心，然聞其平居對客誦言，固每以此自必，乃今爲得所願，然所關繫則不淺矣。熹氣痞，不能久伏几案。作字草草，且亦未能究其所欲言。臨風引領，悵想亡量，惟高明察之。

此亦「先行後知」之説，而篇末及德脩之謫，則晚年定論也。德脩謫時，朱子亦以是年告老。明年得請，則七十矣。見與德脩第一書。

答許順之　二

熹衰老，幸向安。然體氣虚弱，非復昔時，心力亦未復，都不敢思慮。舊業荒廢，無所發明，反而求之，似於存養用力處未有地位，甚以自懼耳。如吾友於此却已有餘，第未能達於詞命之間，恐其間亦有未徹底處，却宜於事物名數上着少工夫。蓋既無精粗本末之異，即此亦不可忽也。喪禮留意甚佳，但其度數亦不易曉。若哀敬之實，則吾友素知之矣，當益有餘味也。近得横渠語録，有云：「曲禮乃天地五藏魂魄心府寓於其事。」試思此語，亦足以發耳。記文如所改，甚善，但所辨説未能盡曉。熹意欲云心之爲體亦微矣，彼不知用力於此者，固狥於物欲而不自知。餘即悉如來示。蓋「不能用其力」之語，亦似有病了，真如衆盲摸象。達者見之，可付一笑。

自云「衰老」，自是晚年。然以存養未有地位爲懼，已合於陸子之説。

答許順之　二十三

閤中安好？想亦能甘淡泊，相助經家務也。脩身齊家，只此是學，更欲别於何處留心耶？熹因循苟且，今將老矣，而進脩之功，略不加進，於此每有愧焉。相見似無可説，别後又覺得有無限説話合商量。以此臨風,每深懷想耳。

此即陸子「人情、事勢、物理上做工夫」也。答劉子澄第七書始聞許生授室,此言「閤中安好」,又在其後。且有「老矣」之語,當屬晚年無疑。

答許順之 二十五

所示數條,鄙意有未安者,已具紙尾。大抵舊來多以佛老之似,亂孔孟之真,故每有過高之弊。近年方覺其非,而亦未能盡革,但時有所覺,漸趨平穩耳。順之此病尤深,當痛省察矯揉也。鄧尉持已愛人如此,甚不易得。但今時學者,輕率大言,先將恭敬退讓之心壞了,不是小病。若實有爲己之意,先去此病,然後可耳。

「以似亂真,近覺其非,而未能盡革」,是朱子自謂有其病也。又謂「順之此病尤深」,是此書所論不指陸子也。然爲己之説,合於陸子矣。與順之書共二十六首,此書第二十五,又有「舊來」、「近年」等語,自是晚年。

答林擇之 二十

所引「人生而静」,不知如何看「静」字?恐此亦指未感物而言耳。蓋當此之時,此心渾然，天理全具，所謂「中」者，狀性之體，正於此見之。但中庸、樂記之言，有疏密之異。中庸徹頭徹尾説個謹獨工夫，即所謂「敬而無失」、「平日涵養」之意。樂記却直到好惡無節處，方説「不能反躬，天理滅矣」，殊不知未感物時，若無主宰，則亦不能安其静，只此便自昏了天性，不待交物之引然後差也。蓋「中」、「和」二字，皆道之體用，以人言之，則未發、已發之謂，但不能慎獨，則雖事物未至，固已紛綸膠擾，無復未發之時，既無以致夫所謂「中」，而其發必乖。又無以致夫所謂「和」，惟其戒謹恐懼，不敢須臾離，然後中和可致，而大本、達道乃在我矣。此道也，二先生蓋屢言，而龜山所謂：「未發之際，能體所謂『中』；已發之際，能得所謂『和』。」此語爲近之，然未免有病。舊聞李先生論此最詳，後來所見不同，遂不復致思。今乃知其爲人深切，然恨已不能盡記其曲折矣。如云：「人固有無所喜、怒、哀、樂之時，然謂之未發，則不可言無主也。」又云：「『致』字如『致師』之『致』。」又如：「先言『慎獨』，然後及『中和』。」此意亦嘗言之，但當時既不領略，後來又不深思，遂成蹉過，孤負此翁耳。「致」與「位」字，非聖人不能言，只此以觀之，亦自可見。蓋包括無窮意義而言之，初不費力，此其所以難及耳。

未感物時，無主宰，便自昏，不待交物時差。此孟子先立乎大之説，陸子所主者也。致中、致和之學，自二程以至楊、羅。皆於此用功，而愿中尤粹，朱子固嘗聞之。今自云

「舊聞李先生論此甚詳」，蓋四十歲以前也。又云「後來所見不同，遂不復致思」，蓋四十歲以後，盡棄延平之教，而自爲章句訓詁之學也。又云「今乃知其爲人深切，然恨已不能盡記」，蓋五十歲以後，因陸子「支離」之譏，始復追尋「求放心、尊德性」之學，故有「孤負此翁」之悔云。

答林擇之　二十二

精一之説誠未盡，但擇之説，乃是論其已然，須見得下功夫底意思乃佳。伊川云：「『惟精惟一』，言專要精一之也。如此，方有用力處。」但恐其間言語不能無病，其大體莫無可疑。數日來玩味此意，日用間極覺得力，乃知日前所以若有若亡，不得純熟，而氣象浮淺，易得摇動，其病皆此。湖南諸友，其病亦似是如此。近看南軒文字，大抵都無前面一截工夫也。大抵心氣通有無該動静，故工夫亦通有無該動静，方無透漏。若必待其發而後察，察而後存，則工夫之所不至多矣。惟涵養於未發之前，則其發處自然中節者多，不中節者少。體察之際，亦甚明審，易爲著力，與異時無本可據之説大不同矣。用此意看遺書，多有符合，讀之上下文，極活絡分明，無凝滯處，亦曾如此看否？陸子主孟子先立乎大，求其放心之旨，則未發之時無不涵養矣。涵養於未發之前，蓋延平教朱子之法，而朱子後來棄而不用，晚年始復追尋，有孤負此老之悔。所云「湖南諸友」，指南軒弟子。「看南軒文字」，亦指南軒遺集，蓋皆晚年之論，南軒既没也。

答蔡季通

熹自開正即病，至今未平。今日方能把筆作書，足猶未能平步也。氣血日衰，前去光景想亦不多。病中塊坐，又未能息心休養，才方緜動册子，便覺前人闊略病敗，欲以告人而無可告者，又不免輒起著述之念，亦是閒中一大魔障。欲力去之而未能，以此極思向來承晤之樂，未知此生能復相從如往時否耳！知看語、孟有味，深慰所願。已許誨示，幸早寄及也。前書奉扣琴譜旋宫之法，不知考得果如何？若初弦一定，不復更可緊慢，恐無是理也。

以「著述」爲「魔障」，舍支離，趨切實，全與陸子合矣。此書在戊午年季通謫道州之後，朱子六十九歲，故有「未知此生復能相從」之語。是年季通卒。

【校勘記】

〔一〕又有問花隨柳之樂　「問」，原作「間」，據文集卷三十四改。

〔二〕今聞其既授室　「既」，原作「歸」，據文集卷三十五改。

〔三〕又從而自蹈焉　「蹈」，文集卷三十五作「陷」。
〔四〕却是自家身心上都不著力　「是」，文集卷三十五作「於」。
〔五〕魏徵爲尚書右丞　「徵」，原作「證」，據陸九淵集卷十八改。下同。
〔六〕然人能弘道　「弘」，原作「洪」，避清高宗弘曆諱，以下徑改。
〔七〕凡事不當天理不合人心者　陸九淵集卷十八作「凡事不合天理不當人心者」。
〔八〕不審爲何　「爲」，文集卷三十五作「謂」。
〔九〕奏篇垂示　「示」，文集卷三十六作「寄」。
〔一〇〕正恐不免萬牛回首之難　「難」，文集卷三十六作「歎」。
〔一一〕架屋上之屋　「上」，文集卷三十六作「下」。
〔一二〕而兄曾不知察　「知」，陸九淵集卷二作「之」。
〔一三〕慰浣之劇　「浣」，陸九淵集卷二作「沃」。
〔一四〕又有一種只説踐履而不務窮理　「種」，原作「二」，據文集卷三十八改。
〔一五〕而不使其有人心之雜　「有」字原脱，據文集卷三十八補。

朱子晚年全論卷二

與吳茂實英

近來自覺向時工夫，止是講論文義，以爲積集義理，久當自有得力處，却於日用功夫全少檢點。諸朋友往往亦只如此做工夫，所以多不得力。今方深省而痛懲之，亦願與諸同志勉焉，幸老兄徧以告之也。陸子壽兄弟近日議論與前大不同，却方要理會講學。其徒有曹立之、萬正淳者來相見，氣象皆儘好，却是先於情性持守上用力。此意自好，但不合自主張太過，又要得省發覺悟，故流於怪異耳。若去其所短，集其所長，自不害爲入德之門也。然其徒亦多有主先入不肯捨棄者，萬、曹二君却無此病也。

曹、萬二生，俱於朱子守南康時往謁，時朱子年五十一二歲。此書已覺所學之非，又難於自屈，已知陸學之好，又怪其主張，何耶？「省發覺悟」，陸子特欲人識其本心，俾知仁義禮智皆我固有，如孟子以見孺子入井驗惻隱，嘑蹴之與驗羞惡耳，非所謂頓悟也。

以扇訟教楊敬仲驗是非之心，即其一事也。

答任伯起希夷

示諭「静中私意横生」，此學者之通患，能自省察至此，甚不易得。此當以敬爲主，而深察私意之萌多爲何事，就其重處痛加懲窒，久之純熟，自當見效，不可計功於旦暮，而多爲説以亂之。論語别本未曾改定，俟後便寄去。然且專意就日用處做涵養省察功夫，未必不勝讀書也。

伯起登淳熙三年進士第，調浦城簿，始從學，時朱子四十九歲。此書不知何年所答，大約五十歲後也。「涵養省察勝讀書」，即陸子所主學問「求放心」也。

答任伯起

「誠敬寡慾」，皆是緊切用力處，不可分先後，亦不容有所遺也。然非逐項用力，但試著實持守體察，當自見耳。

答江德功　九

疑義俟細看奉報。易説知頗改更，甚善。然學者以玩索踐履爲先，不當汲汲於著述，既妨日用切己工夫，而所説又未必是，徒費精力。此區區前日之病，今始自悔，故不願賢者之爲之也。絶學捐書，是病倦後看文字不得，正緣前日費力過甚，心力俱衰，且爾休息耳。然亦意思安静，無牽動之擾，有省察之功，非真若莊生所謂也。

此書歲月無考。然自謂「心力俱衰」，又悔「從前著述」，自是晚年，而所論則全與陸子之教合。

答楊子直　三

學者墮在語言，心實無得，固爲大病，然於語言中，罕見有究竟得徹頭徹尾者，蓋資質已是不及古人。而工夫又草草，所以終身於此，若存若亡，未有卓然可恃之實。近因病後不敢極力讀書，閑中却覺有進步處。大抵孟子所論「求其放心」，是要訣爾。

此第三書也。第四、第五兩書，皆朱子捐館歲作。而此書亦有「病後」云云，則爲晚年無疑矣。子直兼師陸子，故有「墮在語言，心實無得」之疑，而朱子直以求放心是要訣答之，此所謂晚年之教，若合符節也。

答廖子晦　八

守官得上官相知，可以行志。然獲上有道，自守亦不可失也。獄事人命所繫，尤當盡心。近世流俗，惑於「陰德」之論，多以縱出有罪爲能，而不思良善之無告，此最弊事，不可不戒。然哀矜勿喜之心，則不可無也。

所示疑義甚善，但一二處小未圓備，别紙具去。職事之餘，更能玩意於此，固佳。然觀書亦須從頭循序而進，不以淺深難易有所取舍，自然意味詳密。至於浹洽貫通，則無緊要處，所下功夫亦不落空矣。今人多是揀難底好底看，非惟聖賢之言，不可如此間别，且是只此心意便不定疊，縱然用心探索得到，亦與自家這裏不相干，突兀聱牙，無田地可安頓，此病不可不知也。

直卿嘗問：「子晦作宰，不庭參，侮了上位。」此書有「獲上」之説，不知是作宰時否？子晦宰莆田，在慶元二年，見朱子跋子晦仁壽廬條約，時朱子六十九歲。又按：詩傳序於淳熙己酉，朱子年六十歲。答子晦第五書，子晦有「讀詩傳」之語，當更在後。第六書則朱子在南康所答，是時子晦授經劉平父家，尚未出仕。此第八書，首云「守官得上官相知」，即非宰莆田時，亦在朱子南康任滿之後，明矣。陸子教人讀書，好舉杜元凱「優而游之」四語，朱子此書，意乃相合。

答吕道一　一

三復來示，詞義通暢，爲之爽然。但其所論，有於鄙意未安者。大凡論學，當先辨其所趨之邪正，然後可察其所用之能否。苟正矣，雖其人或不能用，然不害其道之爲可用也。如其不正，則雖有管仲、晏子之功，亦何足以稱於聖賢之門哉？且古之君子所以汲汲於學者，不爲其終有異於物而勸，故亦不爲其終無異於物而肆也；不爲其有名而勸，故亦不爲其無名而沮也；不爲其有利而爲，故亦不爲其無利而止也。是其設心，蓋儻然一無有所爲者，獨以天理當然而吾不得不然耳。若爲萬物散爲太虚之説，則雖若有以小異於輪迴之陋，然於天地之化育，蓋未得爲深知之者也。此未易言，今且當熟讀聖賢之書，而以漸求之耳。

「先辨所趨邪正」，即陸子「先辨志」之説。

答吕道一　二

示諭已悉。但爲學之功，且要行其所知，行之既久，覺有窒礙，方好商量。今未嘗舉足而坐談遠想，非惟無益，竊恐徒長浮薄之氣，非所以變化舊習而趨于誠實也。

道一爲吕士瞻之子。始來謁時，朱子與士瞻書其論易稱「南軒晚年」云云，蓋南軒是時已卒矣。此書與道一論學，蓋尤在後，而側重於行，自是晚年之論。凡教人「先知後行」，皆「未嘗舉足而坐談遠想」者也。

答朱魯叔

劉守請祠未報，計須且留。知早晚得親炙，又與程弟講學，甚善！甚善！風俗不好，直道而行，便有窒礙。然在吾人分上，只論得一個是與不是，此外利害得喪，有所不足言也。爲學之要，先須持己，然後分别義、利兩字，令趨向不差是大節目，其它隨力所及爲之，務在精密，而不貴於泛濫涉獵也。

劉姓爲守而乞祠見朱子集中者，惟子澄一人，事在淳熙十六年，朱子年六十歲矣。然論爲學，「先持己，分别義利」、「其它務精密，不貴泛濫」，俱與陸子合。

答潘叔度 一

邵子文託明道先生「先立標準」之言〔一〕，深中近日朋友之病。且孟子亦有「襲而取之」

之戒，尤當深念也。

陸子戒立「定本」，即此意也。叔度師東萊，晚乃事朱子。

答潘叔度　二

所論「標準」、「襲取」之戒，極爲精密。然所謂「有爲若是」、「如舜而已」者，必自有的實平穩下工夫處，非是徒然晝思夜度，以己所爲，校舜所爲，而切切然惟恐不如舜也。譬如病人，正當循序服藥，積漸將理，使氣體浸充，可及平人而後已，豈可責效於一丸一散、一朝一夕之間，而遽怪其不及平人哉？默誦中庸一卷於寐覺之時，此亦甚善。然與其必誦一過，不若虚心玩理之從容而有味也。

叔度、叔昌二潘，皆呂氏門人。朱子所以問答之書，皆在東萊没後。然謂「誦一過，不如虚心玩理」，意與陸子合。

答潘叔度　三

來喻縷縷，備見立志之遠，歎服良深。但所謂「敬之爲言，所以名持存之理」者，於鄙意似未安。蓋人心至靈，主宰萬變，而非物所能宰，故纔有持守之意，即是此心自先動了。此程夫子所以每言「坐忘即是坐馳」。又因默數倉杜發明其説，而其指示學者操存之道，則必曰「敬以直内」，而又有「以敬直内，便不直矣」之云也。蓋惟整齊嚴肅，則中有主而心自存，非是别有以操存乎此，而後以敬名其理也。此類初若名言小失，不足深辨，然欲放過，則恐於日用之功不能無害，故輒言之。子約書中有所反復，亦是此意。幸參考而互評之，則其辨益明，而儒釋之殊，亦可因以判矣。横渠集云云：「大凡作事匆匆，不能博盡異同，便有遺恨。」前輩所謂「甚事不因忙後錯了」者，誠有味也。

「持敬」之説，正是「别有以操存乎此，而後以敬名其理」。陸子嘗駁爲杜撰，而朱子晚年乃始悟耳。

答潘叔度　四

所喻「敬者存在」之謂，此語固好，然乃指敬之成功而言。若只論「敬」字下功夫處，蓋所以持守此心，而欲其存在之術耳。只著一「畏」字形容，亦自見得，故和靖尹公只以「收斂身心」言之。此理至約，如若來喻，却似太瀾翻也。大抵諸所誨諭，似皆傷於語言、道理、頭緒多云云。愚意且欲賢者於此稍加屏置，而虚心觀理於「平易專一」之地，不審於意果如何也？

「收斂身心」，即孟子所謂「求放心」，而陸子所主以爲學與教之本也。「平易專一」，亦即陸子所謂「易簡工夫」。

答潘叔度　五

熹衰病，今歲幸不至劇。但精力益衰，目力全短，看文字不得。瞑目閑坐，却得收拾放心，覺得日前外面走作不少，頗恨盲廢之不早也。「看書鮮識」之喻誠然，然嚴霜大凍之中，豈無些小風和日暖意思？要是多者勝耳。忿疾之意，發於羞惡之端，固有不可已者，然至於加一「忿」字，便知自家這裏有病了。此亦深欲面論之尤緊切者，恨未有其便耳。「醍醐毒藥」之喻，恐亦過當。聖賢只得立言垂世，從違真僞，却在它人，如何必得？況吾輩所急在於自明，正不當常以此念横在胸中也。陳膚仲近得書，云「欲旦夕過此」。此等人未欠講論，却是欠收斂，此又是别一個話頭。要之，須面論乃究耳。吾人無用於世，只自己身心一段事，又不曾講究得徹。衆盲摸象，各説異端，不知却如何收殺，可慮！可慮！奈何！奈何！

曰「衰」、曰「病」、曰「盲廢」，自是晚年之論。「收拾放心」，合於陸子。至於「恨盲廢不早」，則悔悟深切之至矣。論膚仲意亦相合。

答吕子約　二十三

熹衰病如昨，無足言者。暇日自力觀書，惟覺聖賢之言，意味深長，儘有向來見不到處。若於子約所謂經史貫通之妙，則未有得也。然既曰「千里一曲」，則便不如且就不曲處理會之爲愈。且如史記、禮書篇首四言，恐只是大概説道理如此，豈爲秦、漢把持天下而設？且既曰「把持天下」矣，則又豈有不由智力而致者邪？此等處恐是舍却聖賢經指，而求理於史傳，故只見得他底高遠，便一向隨他脚跟轉，極力贊歎。他若看得聖賢説禮樂處有味，決定不作此見，兼謂其爲秦、漢而發此四言，亦恐反説低了他意思也。讀詩諸説，乃是詩小序説，非詩説。疑亦是從前太於世變一事留意得重，故只見得此意思。大率向外底意思多，切己底意思少，所以自己日用之間都不得力。前書因論陸子静處，及説韓岩時話，似已詳説此病，奈何都不見察，至今日然後始覺身心欠收拾乎？兼此語前此已屢聞之，恐今日所覺，亦未必是真覺也。大事記尚有第十一卷半卷未寫〔二〕，今附元册去，幸爲寫足附來，不須裁截裝背，却恐與前後册大小不同也。此書固佳，然昨日看論張湯、公孫弘處，亦不能無疑也。

戒「向外」，求「切己」，正與陸子之教合。書末有抄大事記云云，蓋伯恭没後也。

答呂子約　二十四

前書所喻「正容謹節之功，比想加力」，此本是小學事，然前此不曾做得功夫，今若更不補填，終成欠闕，却爲大學之病也。但後書又不免有輕内重外之意，氣象殊不能平，愚意竊所未安。大抵此學「尊德性」〔三〕、「求放心」爲本，而講於聖賢親切之訓以開明之，此爲要切之務。若通古今，考世變，則亦隨力所至，推廣增益，以爲補助耳。不當以彼爲重，而反輕凝定收斂之實，少聖賢親切之訓也。若如此説，則是學問之道不在於己，而在於書，不在於經，而在於史，爲子思、孟子，則孤陋狹劣而不足觀，必爲司馬遷、班固、范蔚宗、陳壽之徒，然後可以造於「高明正大，簡易明白」之域也。八字乃來書本語。

與子約書二卷，共四十七首。雖未逐一註明早晚年月，細看亦是編年以爲前後。除第二十二書以前，似是朱子五十歲前所作，未爲定論，概不援引。至第二十三書，有「衰病如昨」及寫大事記之語，此書末亦及伯恭文字，自是晚年之論。至第三十書，則注有「丁未七月三日」，丁未歲，朱子年五十八矣。今録爲定論，共七首，第二十四、二十六、二十七、三十一、三十二、四十五，皆確爲晚年而無疑者。此書以「尊德性」、「求放心」爲本，爲「切要之務」，蓋全用陸子教人之法，所謂「符節相合」者也。

答吕子約　二十六

自頃承書，有專價存問之約，日望其至。忽得郭希吕書，聞嘗感疾不輕，甚以爲慮，而無從附問，但切懸情。前日使至，忽領手書，未及發視，亟問來人，知已無他，憂疑頓釋。既而細讀，乃審向來疾證，誠亦可畏。今幸平復，而又自能過意調攝，尤副所望，比日竊惟體候益佳健矣。但來書以爲勞耗心力所致，而諸朋友書亦云「讀書過苦使然」，不知是讀何書？若是聖賢之遺言，無非存心養性之事，決不應反至生病，恐又只是太史公作祟耳。孟子言「學問之道，惟在求其放心」，而程子亦言「心要在腔子裏」。今一向耽著文字，令此心全體都奔在册子上，更不知有己，便是個無知覺、不識痛癢之人，雖讀得書，亦何益於吾事邪？況以子約平日氣體不甚壯實，豈可直以耽書之故，遂忘飢渴寒暑，使外邪客氣得以乘吾之隙？是豈聖人「謹疾」、孝子「守身」之意哉？今既能以前事爲戒，凡百應酬，計亦例加節嗇。然區區之意，於此有不能忘言，更祝深以門户道學之傳爲念，幸甚！幸甚！枉尺直尋，素未嘗以此奉疑也。但見頃來議論一變，如山移河決，使學者震蕩爲撓〔四〕，不問愚智，人人皆有趨時狗勢、馳騖功名之心，令人憂懼，故不得不極言之。蓋非獨爲子約惜，實爲伯恭惜，又重爲正獻、滎陽諸公惜也。

此書有「門户道學之傳爲念」之語，又以伯恭與正獻、滎陽並稱，自是成公既没之後，其爲朱子晚年之論無疑矣。陳建輩無可置駁，乃以爲「戒子約讀書致疾而發，非實爲論學之言」，鄙哉見乎！既引孟子言學問之道，即是論學，豈有因他事便以論學之説還而就之之理？且此書之前，第二十四書與此書之後，每書必重心學，並非緣病也。

答吕子約　二十七

日用工夫，比復何如？文字雖不可廢，然涵養本原而察於天理人欲之判，此是日用動静之間不可頃刻間斷底事。若于此處見得分明，自然不到得流入世俗功利權謀裏去矣。熹亦近日方實見得向日支離之病，雖與彼中證候不同，然其忘己逐物、貪外虚内之失，則一而已。程子説：「不得以天下萬物撓己，己立後自能了得天下萬物。」今自家一個身心，不知安頓去處，而談王説霸，將經世事業别作一個伎倆商量講究，不亦誤乎？相去遠，不得面論，書問間終説不盡，臨風歎息而已。

答吕子約（九月十三）　三十一

日用功夫不可以老病而自懈，覺得此心操存舍亡，只在反掌之間。鄉來誠是太涉支離，蓋無本以自立〔五〕，則事事皆病耳。來喻拈出劉康公語，甚善！甚善！但上面蹉却話頭，恐亦是義理太多，費了精神，故向裏時少耳。詩説久已成書，無人寫得，不能奉寄。亦見子約專治小序，而不讀詩，故自度其説，未易合而不寄耳。謂「變風止乎禮義」，其失甚明。但若只以小序論之，則未見其失耳。讀古人書，直是要虚著心，大著膽〔六〕，高著眼，方有少分相應。若左遮右攔，前拖後拽，隨語生解，節上生枝，則讀萬卷書亦無用處也。易書似已納去，何爲未見？恐此誤記，後便喻及却納去。此亦是見近日説者多端，都將自然底道理穿鑿壞了，固不得已而出之耳。聞子約教學者讀禮，甚善。然此書無一綱領，無下手處。頃年欲作一功夫，後覺精力向衰，遂不敢下手。近日潘恭叔討去整頓，未知做得何如？但禮文今日只憑注疏，不過鄭氏一家之説，此更合商量耳。齋中見作如何理會，必有一規模様轍，因風幸示一二也。又聞講授亦頗勤勞，此恐或有未便。今日正要清源正本，以察事變之幾微，豈可一向汩溺於故紙堆中，使精神昏弊，失後忘前，而可以謂之學乎？

第三十書，自註「丁未七月三日」，第三十一書，註「九月十三」。按：丁未歲，朱子年五十八。自悔「支離」，又戒子約「不可溺故紙堆中」，全與陸子之教合。

答呂子約　三十二

聞欲與二友俱來，而復不果，深以爲恨。年來覺得日前爲學，不得要領，自做身主不起，反爲文字奪却精神，不是小病。每一念之，惕然自懼，且爲朋友憂之。而每得子約書，輒復恍然，尤不知所以爲賢者謀也。且如臨事遲回，瞻前顧後，即此亦可見得心術影子。當時若得相聚一番，彼此極論，庶幾或有判決之助，今又失此機會，極令人悵恨也。訓導後生，若説得是，當極有可自警省處，不會滅人氣力。若只如此支離，漫無統紀，則雖不教後生，亦只見得展轉迷惑，無出頭處也。

第三十書注「丁未七月三日」，第三十一書注「九月十三日」，第三十四書又注「十一月二十七日」。此第三十二、三十三兩書，並及授徒，自是一時之作，然所論皆與陸子合，蓋皆以「支離」爲戒也。

答呂子約　三十三

示喻授學之意，甚善！但更須小作課程，責其精熟，乃爲有益。若直似日前大凂長啜，貪多務速，即不濟事耳。洒掃應對，乃小子之學，今既失之於前矣。然既壯長，而專使用力於此，則恐亦無味而難入，須要有以使之内外、本末兩進而不偏，乃爲佳耳。向見説書，旁推曲説，蔓衍太多，此是大病。若是初學便遭如此纏繞，即展轉迷闇，無復超脱之期矣。要當且令看得大意，正當精約，則其趣味自長，不在如此支離多説也。

戒「支離多説」，合於陸子之教。子約授徒，亦在伯恭没後。

答吕子約（十一月二十七日）　三十四

子合到此，亦略能言彼中相聚曲折，云子約頗訝熹書中語太峻，不記是何事。若只是説易處，則來書又有「權術」及「伯恭心迹未明」等語，殊不可曉。竊恐今亦不須如此支蔓，只且做一不知不會底人，虚心看聖賢所説言語，未要便將自家許多道理、見識與之争衡，退步久之，却須自有個融會處。蓋自家道理見識，未必不是，只是覺得太多了，却似都不容他古人開口，不覺蹉過了他説底道理耳。至如前人議論得失，今亦何暇爲渠分疏？且求取自家目今見處，是要切事。若舍却自家，又求那一頭，則轉見多事，不能得了矣。前日借得荆公日録閒看，其論某人「但能若古，不能稽古」，此等説話，想平日已知其失而笑之，然不知其病。所以至此者，亦只是道理太多，不得聖賢言語中下一兩個閒慢字，便著緊説出許多道理來，楦塞得更轉動不得，只此便是病根，未論所説之邪正得失也。所論易是「聖人摸寫陰陽造化」，此説甚善。但恐於盡其言處，未免多著道理説煞了耳。此非面論，未易究意〔七〕。然向於啓蒙後載所述四言數章，説得自已分明〔八〕，卒章尤切，不知曾細看否？幸試考之，有所未安，却望見教也。對班在何時？今日極難説話，而在疏遠爲尤難不得，且只收斂得人主心念，不至大段走作是第一義。其他道理非不可説，只恐説得未必應急救病耳。若此處不下功夫，便要飜騰，拆洗了安静和平底家計，做艱難辛苦底功夫，恐尤不相當耳。禮書已領，但喪禮合在祭禮之前乃是。只恐不欲改動本書卷帙，則且如此，亦不妨也。

辨伯恭心跡，自是伯恭没後。戒「支蔓」，求「放心」，合於陸子。

答吕子約　三十五

示喻日用功夫，如此甚善。然亦且要見得一大頭腦分明，便於操舍之間有用力處，如實有一物把住，放行在自家手裏，不是謾説求其放心，實却茫茫無把捉處也。公而以人體之，只是無私心，而此理自然流行耳，非是公後又將此意尋討他也。

此書全與陸子所主「先立乎大」、「求其放心」相合。

答吕子約　三十六

所示日用功夫，大慰所望。舊讀胡子知言答或人「以放心求放心」之問，怪其覼縷散漫不切，嘗代之下語云：「知其放而欲求之，則不放矣。」嘗恨學者不領此意。今觀來論，庶幾得之矣。

二書俱言「求放心」，是陸子發明孟子之教。

答吕子約　三十七

子約書云：「誨諭『工夫且要見得一大頭腦，便於操舍間有用力處，如實有一物把住，放行在我手裏，不是漫説求其放心』。某蓋嘗深體之，此個大頭腦本非外面物事，是我元初本有底，其曰『人生而静』、其曰『喜怒哀樂之未發』、其曰『寂然不動』，人汨汨地過了日月，不曾存息，不曾實見，此體段如何會有用力處？程子謂這個義理，仁者又看做仁了，智者又看做智了，百姓日用而不知，此所以君子之道鮮。此個亦不少，亦不剩，只是人看他不見，不大段信得此話，及其言於勿忘、勿助長間認取者，認乎此也。認得此，則一動一静皆不昧矣。惻隱、羞惡、辭讓、是非，四端之著也，操存久，則發見多。忿懥、憂患、好樂、恐懼，不得其正也，放舍甚，則日滋長。記得南軒先生謂『驗厥操舍，乃知出入』，乃是見得主腦，於操舍間有用力處之實話。蓋苟知主腦不放下，雖是未能常常操存，然語默應酬間，歷歷能自省驗。雖非實有一物在我手裏，然可欲者，是我底物，不可放失。不可欲者，非是我物，不可藏留，雖謂之實有一物在我手裏，亦可也。若是謾説，既無歸宿，亦無依據，縱使彊把捉得住，亦只是襲取，夫豈是我元有底耶？愚見如此，敢望指教。」「省驗」一作「有驗」。

答云：「此段大概甚正當親切。」操存久，則發見多；放舍甚，則日滋長。此二句甚好。

子約書又云：「誨諭『胡子知言舉或人以放心求心之問，怪其覼縷散漫不切，嘗代之下語云：知其放而欲求之，則不放矣』。某竊謂或者之問，元不識心體所對，雖欲使人察夫良心之苗裔，致操存之功，然説得驚惶不縝密，便是用功處未到，恐方説時，亦未免是放也。自家所知，固有廣狹深淺處，然曾云省察，則是我元初者。非我元初者，真妄客主，亦豈不識個體段模樣？操存稍熟，則省察浸精；省察浸精，則操存愈固。昨之所謂非放者，今猶覺其爲放；昨之所謂相近者，今猶覺其尚遠。近看遺書，説『修辭立其誠乃是體，當自家敬以直内、義以方外』之實事。又説：『聖賢千言萬語，只是欲人將已放之心約之，使反復入身來，自能尋向上去。』『下學而上達』，此語方是不覼縷散漫。自覺用力，雖未能勇敏，然實欲從事于斯也。又嘗深自體驗，固是知其放，而求之期不放，然其間幾多艱難曲折，方其志不勝氣，其爲抑遏掩蔽，心固知之，如醉中知醉而未醒，夢中知夢而未覺，非澄治平帖，亦未遽存，及其身心向裹有頓放處。非不是我來爲主，然浮念或起，病根隱然，又思乎此也，方有端緒，他思便來間之，展轉牽引，把捉不住。近得一法，於致思之時，而思慮忽起，若所當思也，則便以筆識之，不使之累吾心。然亦難概論，適有所感，當便尋繹，則只得放下元初所思，却致思乎此。若非所當思也，則當深省而消去之，亦頗有效驗。第於主一功夫未至，不能如程子所謂『使他思時方思』，然且得隨力量如此存察。更望指教。」

答云：「此意大概亦好。但太支蔓，不直截，不覺將此心放了，恐當一切掃去。且將所代五峰一語，早晚提撕，令有個要約處乃佳。不然，又似程子説温公爲『中』所亂矣。」

此二書子約所問與朱子所答，俱重心學，合於陸子。

答吕子約　四十四

所喻「前論未契，今且當以涵養本原，勉强實履爲事」，此又錯了也。此是見識大不分明，須痛下功夫鑽研勘覈，教透徹了，方是了當。自此以後，方有下手涵養踐履處。如横渠先生所見，只是小小未瑩，伊川先生猶令其且涵泳義理，不只説完養思慮了便休也。如今乃是大段差舛，却不汲汲向此究意，而去别處閑坐，道我涵養本原，勉强實履。又聞手寫六經，亦是無事費日，卻不是長進底道理。要須勇猛，捐棄舊習，以求新功，不可一向如此悠悠閒過歲月也。本欲俟德華人回附書，今日偶有南豐便至道夫處，且先附此奉報，此事不比尋常，不可頃刻失其路脉也。大抵學問只有兩途：致知、力行而已。在人須是先依次第十分著力，節次見效了，向後又看甚處欠闕，即便於此更加功夫，乃是正理。今却不肯如此，見人説著自家見處未是，却不肯服，便云「且待我涵養本原，勉强實履」，此如小兒迷藏之戲，你東邊來，我西邊去閃，你西邊來，我又東邊去避。如此出没，何時是了邪？區區本已不能説得，今更説此一番，若更不相領略，便且付之忘言矣。如人上山，各自努力，到此時節，豈更有心情管得他人邪？

以「手寫六經」爲「無事費日」，即陸子「六經註我」之意。按子約初年未嘗至江西，慶元元年始謫廬陵，移高安。此云「南豐之便」，當在此時。

答呂子約　四十五

兩書所喻，備見日來進學新功，甚慰牢落。兩卷悉已條對納呈，幸更詳之也。大抵爲學，只是博文、約禮兩端而已。博文之事，則講論思索，要極精詳，然後見得道理巨細精粗，無所不盡，不可容易草略放過。約禮之事，則但知得合要如此用功，即便著實如此下手，更莫思前算後，計較商量。所以程子論中庸未發處，答問之際，初甚詳密，而其究意，只就「敬」之一字都收拾了。其所謂敬，又無其他玄妙奇特，止是教人每事習個專一而已，都無許多閑説話也。今詳來喻，於當博處，既不能虛心觀理，以求實是，如論易、詩處是也。於當約處，乃以引證推説之多，反致紛擾。如論求其放心，而援引論説數十百言，不能得了，只此便是「放其心而不知求矣」。凡此之類，皆於鄙意深所未安。竊謂莫若於此兩塗，各致其極：無事則專一嚴整，以求自己之放心；讀書則虛心玩理，以求聖賢之本意。不須如此周遮勞攘，枉費心力，損氣生病，而實無益於得也。

朱、陸教人，俱求「專一」，晚年之論始合也。若朱子初年，動輒譏陸子教人只求個「一」，不知「一」爲要，乃周子之言，不始於陸子。且孟子亦曰「夫道一而已矣」，又曰「三子者不同道其趨一」，蓋併不始於周子也。

答呂子約 四十六

所喻「博文約禮，盡由操存中出」，固是如此，但博文自是一事。若只務操存，而坐待其中生出博文功夫，恐無是理。大抵學問功夫，看得規模定後，只一向著力挨向前去，莫問如何如何，便是「先難後獲」之意。若方討得一個頭緒，不曾做得半月十日，却又計較，以爲未有效驗，遂欲别作調度，則恐一生只得如此移東换西，終是不成家計也。益公近亦收書，于歐集考訂益精，亦不易老來有許多心力也。需中庸、詩傳，此便未可寄，又恐且要操存，無暇看讀，更俟後便也。風色愈勁，精舍諸生方幸各散去。今日輔漢卿忽來，甚不易渠能自拔。向在臨安相聚，見伯恭舊徒無及之者，説話儘有頭緒，好商量，非德章諸人之比也〔九〕。

博、約「由操存出」，所謂學問之道在求放心也。規模既定，只一味挨向前去，所謂「專務踐履」也，所言俱與陸子合。周文忠以光宗受禪，始封益國，今稱益公，自是紹熙以後。「風色愈勁」，則僞學禁嚴，子約謫筠州時也。朱子是時年七十矣。

答吕子約　四十七

前書所論四事，不審雅意云何？竊意賢者用力於此，不爲不久，其切問近思之意，不爲不篤，而比觀所講，與累書自叙説處，覺得瞻前顧後，頭緒太多。所以胸次爲此等叢雜壅塞纏繞，不能得明快直截，反不得如新學後生，聞一言且守一言，解一義且守一義，雖未能便有所得，亦且免得如此支離紛擾，狼狽道途，日暮程遥，無所歸宿也。

欲明快直截，畏支離紛擾，俱合於陸子之論。

答王子合（丁未十二月二十五日） 九

大率「尊德性」一條，章句似已詳備，更熟玩之，自見功夫分別處。日用間常切提撕，著實下手，方見得力處。若只解説，無有了期，不濟事也。

此書注有年月，是朱子年五十八歲。全與陸子之説合。

答王子合（己酉閏五月十八日） 十五

所喻祠記，前日之書似已奉報，不知後來頗見邸報否？語默隱顯，自有時節。前日膚仲亦以修學來求記，謹不敢作矣。今只有解説經義，與時事無大相關，且流俗所不觀，故猶不免偷閑整頓，然亦凜凜不敢自保，況敢作文章、説道理，大書深刻，與人遮屋壁，使見其姓名，指瑕求釁，以重世俗之憎病乎？李伯諫初去時，極要整頓學校，後來病痛多般，立脚不住，都放倒了。大抵吾輩於貨色兩關打不透，便更無語可説也。大學解義平穩，但諸生聽者須時時抽摘問難，審其聽後果能反復尋繹與否。近覺講學之功，不在向前，只在退後。若非温故不能知新，蓋非惟不能知新，且并故者亦不記得，日用之間，便成相忘，雖欲不放其良心，不可得矣。此事切宜自警，并以提撕學者爲佳。如其不然，則呂藍田所謂「無可講者」，真不虛矣。若得它就此得些滋味趣向，立得一個基址，即向後自住不得，若都茫然無本可據，徒然費人詞說，久遠成得甚事？切望於此留意，不須鐫碑立名，只爲一時觀美，無益於人，邂逅或能生事也。

此書下註「己酉」，是年朱子年六十歲矣。非温故不能知新，即陸子所謂「不知尊德性，安有所謂道問學」也。

答林伯和

所喻「前此蓋嘗博求師友，而至今未能有得」，足見求道懇切之意。以熹觀之，此殆師友之間所以相告者，未必盡循聖門入德之序，使賢者未有親切用力之處而然耳。大抵聖人之教，博之以文，然後約之以禮，而大學之道，以「明明德」爲先，「新民」爲後。近世語道者，務爲高妙直截，既無博文之功，而所以約之者，又非有復禮之實，其工於記誦文詞之習者，則又未嘗反求諸身，而嚣然遽以判斷古今，高談治體自任，是皆使人迷於入德之序，而陷於空虛博雜之中，其資質敦篤慤實，可以爲善，而智識或不逮人者，往往尤被其害，此不可不察也。爲老兄今日之計，莫若且以持敬爲先，而加以講學省察之助。蓋人心之病，不放縱即昏惰，如賢者必無放縱之患，但恐不免有昏惰處。若日用之間，務以整齊嚴肅自持，常加警策，即不至昏惰矣。講學莫先於語、孟，而讀論、孟者又須逐章熟讀，切己深思，不通，然後考諸先儒之説以發明之。如二程先生説得親切處，直須看得爛熟，與經文一般，成誦在心，乃可加省察之功。蓋與講學互相發明，但日用應接，思慮隱微之間，每每加察。其善端之發，慊於吾心，而合於聖賢之言，則勉厲而力行之。其邪志之萌，愧於吾心，而戾於聖賢之訓，則果決而速去之。大抵見善必爲，聞惡必去，不使有頃刻悠悠意態，則爲學之本立矣。異時漸有餘力，然後以漸次讀諸書，旁通當世之務，蓋亦未晚。今不須預爲過計之憂，以失先後之序也。若不務此，而但欲爲依本分，無過惡，人則不惟無以自進於日新，正恐無本可據，亦未必果能依本分、無過惡也。無由面論，姑此布萬一，幸試留意焉。此紙勿以示人，但叔和、幾道及林兄昆仲諸人，亦不可不知耳。

整齊嚴肅以讀語、孟，即是先行後知，省察擴充以立本，然後漸讀諸書以通世務，亦是「先行後知」也。書末有「勿以示人」之語，當是晚年禁僞學時。

答林叔和

示喻爲學本末，足見雅志。嘗觀當世儒先論學，初非甚異，止緣自視太過，必謂他人所論一無可取，遂致各立門户，互相非毁，使學者觀聽惶惑，不知所從。竊意莫若平視彼己，公聽並觀，兼取衆長以爲己善，擇其切於己者，先次用力，而於其所未及者，姑置而兩存之。俟所用力，果有一入頭處，然後以次推究，纖悉詳盡，不使或有一事之遺，然後可謂善學，不可遽是此而非彼，入主而出奴也。

與伯和書在晚年黨禁時。書末亦及叔和，則叔和書亦當同時矣。戒立門户，與陸子答羅春伯書相同。

答陳膚仲孔碩　一

大抵諸經文字，有古今之殊，又爲傳註障礙，若非理明義精，卒難決擇，不如且讀論、孟、大學、中庸，平易明白，而意自深遠，只要人玩味尋繹，目下便可踐履也。陸學固有似禪處，然鄙意近覺婺州朋友專事聞見，而於自己身心全無功夫，所以每勸學者兼取其善，要得身心稍稍端静，方於義理知所決擇，非欲其兀然無作，以冀於一旦豁然大悟也。吾道之衰，正坐學者各守己偏，不能兼取衆善，所以終有不明不行之弊，非是細事。

北山先事張、吕，後事朱子，必在晚年。且嘉定五年，始任廣西運判，距朱子卒十三年矣，其齒亦在後。此書正勸學者兼用陸學。

答陳膚仲　二

來書云「今日反復諸書以收心，至涵養工夫，日有所奪，未見其效」，此又殊不可曉。夫讀書固收心之一助，然今只讀書時收其心，而不讀書時，便爲事所奪，則是心之存也常少，而其放也常多矣。且胡爲而不移此讀書工夫向不讀書處用力，使動静兩得，而此心無時不存乎？然所謂涵養工夫，亦非是閉眉合眼，如土偶人，然後謂之涵養也。只要應事接物，處之不失此心，各得其理而已。諸書解偶未有定本，謾此奉報。可試思之，若於此得力，却遠勝看解也。

此書專論收放心，合於陸子。

答陳膚仲　六

承以家務叢委，妨於學問爲憂，此固無可奈何者，然亦只此便是用功實地。但每事看得道理，不令容易放過，更於其間見得平日病痛，痛加剪除，則爲學之道，何以加此？若起一脱去之心，生一排遣之念，則理事却成兩截，讀書亦無用處矣。但得少閒隙時，不可閑坐説話，過了時日，須偷些小功夫，看些小文字，窮究聖賢所説底道理，乃可以培植本原，庶幾枝葉自然張旺耳。

「家務叢委」，正是爲學用實功處，乃云「固無可奈何」，又云「亦只此便是用功實地」，只爲要將讀書作第一層工夫，故把行處反看得輕也。時教必有恒業，家務中之學是也。退息必有居學，習禮樂誦詩書是也。當有事時，即事即學，此即工夫，固不待偷。當無事時，餘力學文，亦是工夫，無庸偷也。然「理事不可兩截」之語，已見道體，勝初年、中年遠矣。答膚仲第四書已及黨禁，此第六書也。

答滕德粹　十一

示問曲折具悉。大抵守官且以廉勤愛民爲先，其它事難預論。幸四明多賢士，可以從遊，不惟可以咨決所疑，至於爲學、修身，亦皆可以取益。熹所識者楊敬仲簡、吕子約監米倉，所聞者沈國正焕、袁和叔燮，到彼皆可從遊也。

德粹中淳熙八年進士，授鄞縣尉。朱子是年五十二歲。此書以陸子弟子楊、沈、袁爲賢士，令德粹從之遊，爲學、修身皆可取益。而妄附於朱子者，因朱子有「鳴鼓攻其門人」一語，併漫詆陸子，不惟不知陸子，亦豈知朱子者哉？「鳴鼓」云云，見朱子五十七歲答程正思第十五書。然第十八書，即已誨其「競辨無益」矣。

答滕德章　二

吾友秋試不利，士友所嘆。然淹速有時，不足深計，且當力學修己爲急耳。陸丈教人於收斂學者散亂身心，甚有功。然講學趣向，亦不可緩，要當兩進乃佳耳。熹病餘衰耗，不敢看文字，恐勞心發病耳。後生精敏，且當勉學，未可以爲例也。

教德章稱陸丈以收斂學者身心甚有功，足知晚年所見之相合矣。第在六十歲以前，尚未離章句之見，蓋此書第二書也。與德章第一書有云：「修訂大學解『稍有條理』，至六十歲則書成矣。」第三書及編張、吕文字，第四書言其廷對，蓋德章爲淳熙末年進士，在張、吕已卒之後。此書尚有「秋試不利」之語，故知在朱子六十歲前也。然觀陸丈云云，則德章亦曾從學於陸子矣。

答滕德章　五

縣僻官卑，想亦少事。然勾銷簿鈔，所繫不輕，政自不可忽也。暇日讀何書，作何事？然學問别無他巧，只要持守純固，講誦精熟耳。兩事皆以事一悠久爲功，二三間斷爲敗，不可不深念也。安定詩舊所未見，温潤和平，真有德之言也。

「勾銷簿鈔」即是學，所謂「持守」，即在於此，蓋當官之學也。朱子此時正在六十歲前後。語及學問，必以持守居先，講誦居後，漸覺切己近裏。但指爲「兩事」，則其所見尚未渾融耳。

答潘文叔友文　一

所喻爲學利病，至纖至悉。既知如此，便當實下功夫，就其所是，去其所非，久之自然有得力處，正不必如此論量計較，却成空言，無益己事也。況其所説，一前一卻，纏綿繳繞，終日勞攘，更不曾得下功夫，只如此疑惑擔擱，過却日時，深爲可惜。向見子約書來，多是如此，嘗痛言之。近日方覺撒手向前，行得數步，雖未必盡是，且免如此遲疑惶惑，首鼠兩端也。知行之説，恐古人説「知」字不如此。大學所謂格物致知，乃是即事物上窮得本來自然當然之理，而本心知覺之體，光明洞達，無所不照耳。非是回頭向壁隙間，窺取一霎時間己心光影，便爲天命全體也。「斲輪相馬」之説，亦是此病。紙尾所謂壞證者，似已有之，切宜便就脚下一切掃去，而於日用之間，稍立程課，著實下工夫，不要如此胡思亂量，過却日子也。

此書所言，乃合於陸子教人「以踐履爲主」之説，不復以讀書講論爲工夫也。文叔至朱子没後二十餘年，嘉定間提舉福建茶鹽，則此書爲晚年之論無疑。又朱子駁子約語，俱在伯恭既没之後。此是朱子答文叔書第一首，即及駁子約語。凡文叔書，皆晚年也。

答潘文叔　二

瞥然知見之説，前書似已奉聞矣。尚書亦無他説，只是虚心平氣，闕其所疑，隨力量看教浹洽，便自有得力處，不須預爲較計，必求赫赫之近功也。近亦整頓諸家説，欲放伯恭詩説作一書，但鄙性褊狹，不能兼容曲狥，恐又不免少紛紜耳。詩亦再看，舊説多所未安，見加删改，别作一小書，庶幾簡約易讀。若詳考，即自有伯恭之書矣。大學之格物、中庸之明善，近日方亦看得親切，恨相遠無由面論耳。

朱子晚年整頓諸書，謂「舊説多所未安」，而學者於朱子所解，一毫不敢參差，恐非善學朱子者也。學、庸内格物只是知本，「明善」只是立豫，不知後來所見果如是否？然見在行世章句所解，則未安也。

答潘文叔　三

所喻讀書求道，深思力行之意，深慰所望。然殊未見常日端的用功，及逐時漸入進步之處，而但説不敢向外馳求，不作空言解會，恐又只成悠悠度日，永不到真實地頭也。

承許官滿見訪，會面非遠，當得細論。但歲月如流，光陰可惜，既以自歎，又不能不以人物世道爲憂也。

「端的用功，逐時進步」，已合於陸子「專務踐履」之教。

答潘端叔　二

示喻子約曲折，甚當。渠所守固無可疑，但其論甚怪，教得學者相率而舍道義之塗，以趨功利之域，充塞仁義，率獸食人，不是小病，故不免極力陳之。以其所守言之，固有過當，若據其議論，則亦不得不説到此地位也。

承需論語或問，此書久無功夫修得，只集註屢改不定，却與或問前後不相應矣。山間無人録得，不得奉寄，可只用舊本看，有不穩處，子細喻及，却得評量也。今年諸書都修得一過，大學所改尤多，比舊已極詳密，但未知將來看得又如何耳。義理無窮，精神有限，又不知當年聖賢，如何説得如此穩當精密，無些滲漏也。

朱子駁子約之學，俱是晚年之事。然謂「大學所改尤多」，不知與見行章句異同何如也？

答潘端叔　三

持守省察，不令間斷，則日用之間，不覺自有得力處矣。禮記須與儀禮相參，通作一書方可觀，中間伯恭令門人爲之。近見路德章編得兩篇，頗有次第。然渠輩又苦盡力於此，反身都無自得處，亦覺枉費工夫爾。

脩禮書是朱子最晚年事，粗定規模，未及成書而卒。今此書論脩禮，而所以教端叔者，以持守省察者爲得力，而以專事脩書爲枉費工夫。蓋晚年定論無不與陸子合也。

答潘恭叔　五

學問根本，在日用間持敬集義工夫，直是要得念念省察。讀書求義，乃其間之一事耳。舊來雖知此意，然於緩急先後之間，終是不覺有倒置處，誤人不少，今方自悔耳。詩說已注其下，亦未知是否，更告詳之。大抵近日學者之弊，苦其説之太高與太多耳。如此，只見意緒叢雜，都無玩味功夫，不惟失却聖賢本意，亦分却日用實功，不可不戒也。儀禮已附高要范令去，不知今已到否？此等功夫，度有餘力乃可爲，不可使勝却涵養省察之實也。

此書之意，全與陸子之説同，所謂符節相合也。篇末有脩儀禮之説，乃朱子最晚年事。

答潘恭叔　八

「敬」之一字，萬善根本。涵養省察。格物致知，種種工夫皆從此出，方有據依。平時講學非不知此，今乃覺得愈見親切端的耳。願益加功，以慰千里之望。禮記如此編得甚好。但去取太深，文字雖少，而功力實多，恐難得就，又有擔負耳。留來人累日，欲逐一奉答所疑，以客冗不暇，昨夕方了得一篇，今别録去。册子必有别本可看，却且留此，俟畢，附的便去也。儀禮附記，似只合依德章本子，蓋免得折碎記文本篇。如要逐段參照，即於章末結云「右第幾章」。儀禮即云「記某篇第幾章當附此」。不必載其全文，只如此亦便於檢閲。禮記即云「當附儀禮某篇第幾章」，又如此。大戴禮亦合收入。可附儀禮者附之，不可者分入五類，如管子弟子職篇，亦合附入曲禮類。其他經傳類書説禮文者，並合編集，别爲一書。周禮即以祭禮、賓客、師田、喪記之屬，事别爲門，自爲一書。如此，即禮書大備，但功力不少，須得數人分手，乃可成耳。所喻讀通鑑正史曲折，甚善。學不可不博，正須如此。然亦須量力，恐太拽出精神，向外減却内省功夫耳。

脩禮書，是朱子最晚年事。書中帶説「爲學必以内省爲主」，「不敢以著述爲先」，實與陸子意見相同也。

【校勘記】

〔一〕邵子文託明道先生先立標準之言　「託」，文集卷三十六作「記」。
〔二〕大事記尚有第十一卷半卷未寫　下「卷」字原脱，據文集卷四十七補。
〔三〕大抵此學以尊德性　「以」字原脱，據文集卷四十七補。
〔四〕使學者震蕩爲撓　「爲」，文集卷四十七作「回」。
〔五〕蓋無本以自立　「本」字原脱，據文集卷四十八補。
〔六〕大著膽　「膽」原作「肚」，據文集卷四十八改。
〔七〕未易究意　「意」，文集卷四十八作「竟」。
〔八〕説得自已分明　「自」，文集卷四十八作「似」。
〔九〕非德章諸人之比也　「諸人」二字原脱，據文集卷四十八補。

朱子晚年全論卷三

答鄭仲禮　二

示喻爲學之意，甚善。讀書固不可廢，然亦須以主敬立志爲先，方可就此田地上推尋義理，見諸行事，若平居泛然，略無存養之功，又無實踐之志，而但欲曉解文義，説得分明，則雖盡通諸經，不錯一字，亦何所益？況又未必能通而不誤乎！近覺朋友讀書講論，多不得力，其病皆出於此，不可不深戒也。季隨、季忱爲學如何？近來有何講論？因書幸至此意。

陸子教人必先辨志，不在議論。此書所論正同。朱子答仲禮書二首，第一書云「二十年不相聞」，又云「敬夫逝去後，得季隨書，無復十年前氣象」，則是敬夫既卒十年後作，朱子是時年六十矣。此是第二書，其爲晚年，益無可疑。

答程正思　八

熹忽被改除之命，來日當往奏事，儻得遂瞻玉陛，不敢愛身以爲朋友羞，但恐疏拙，不能有以感動上意耳。致知力行，論其先後固當以致知爲先，然論其重輕，則當以力行爲重。昨告擇之，正爲徒能知之、言之，而不能行者説耳，於理固無大害也。

「忽被改除」、「當往奏事」，蓋淳熙十五年除兵部郎入奏時也，時年五十九歲。謂「力行爲重」，合於陸子「專務踐履」之説。答正思書前七首無年月可考，自第八書以後，則凡論學者並載之。

答程正思　十

熹病倦，不敢極力觀書，閒中玩養，頗覺粗有進處。恨相去遠，不得朝夕款聚。亦幸有一二朋友在此，不廢講論，因事提掇，不爲無助，不知正思能一來否？

「不敢觀書」，反有進處，去支離，就易簡矣。

答程正思　十一

遷葬重事，似不宜容易舉動，凡百更切審細爲佳。若得已，不如且已也。異論紛紛，不必深辨。且於自己存養講學處，朝夕點檢，是切身之急務。朋友相信得及者，密加評訂，自不可廢，切不可於稠人廣坐論說是非。著書立言，肆意排擊，徒爲競辨之端，無益於事。向來蓋嘗如此，今乃悔之，故不願賢者之爲之耳。

答正思第八書，已及淳熙十五年，此書第十一，當更在後。正思好詆陸子者，故朱子戒之。

答程正思　十六

所論皆正當確實，而衛道之意又甚嚴，深慰病中懷抱。省試得失，想不復置胸中也。告子「生之謂性」，集註雖改，細看終未分明。近日再看一過〔一〕，此處覺得尚未有言語解析得出，更俟款曲細看，他時相見，却得面論。祝汀州見責之意，敢不敬承？蓋緣舊日曾學禪宗，故於彼說雖知其非，而不免有私嗜之意，亦是被渠說得遮前揜後，未盡見其底藴。譬如楊、墨，但能知其爲我、兼愛，而不知其至於無父無君，雖知其無父無君，亦不知其便是禽獸也。去冬因其徒來此，狂妄凶狠，手足盡露，自此乃始顯。然鳴鼓攻之，不復爲前日之唯阿矣。浙學尤更醜陋，如潘叔昌、呂子約之徒，皆已深陷其中，不知當時傳授師説，何故乖訛便至於此？深可痛恨。元善遂能辨此，深可歎賞。深慚老繆，放過此着，今日徒勞頰舌，用力多而見功寡也。

此書據年譜在丙午年，朱子年五十七歲，乃陳建諸人所據以爲「朱子晚年詆陸」之證者。然細按，此書詞意忿怒未安，必非朱子平心之語。以楊、墨比陸子，固不以其倫。又謂雖知楊、墨無父無君，而不知其便爲禽獸。世有無父無君之人，而猶不知其爲禽獸者乎？「去冬其徒」云云，指傅子淵。然朱子與陸子書，雖議子淵之偏，仍稱其氣質剛毅，極不易得，而此書乃詆爲「狂妄兇狠」，不應面譽背毀至此極也。朱子自言生平病在忿懥，此書前有祝汀州見責之語，以忿懥之性，忽蒙譙責之詞，發之也暴，語無倫次，故予謂此書一時忿怒而作，斷然無疑。蓋晚年議論，冰炭之尤者也。伯恭亡友，平生至交，乃謂「浙學尤更醜陋」，怒至此乎？此與正思第十六書也。其第十八書云：「臨川之辨，當初似少商量，徒爲合鬧，無益於事。」蓋已悔争論之過矣。而陳建輩猶執以爲異同之證，所謂「鳳凰已翔於寥廓，而羅者猶睎乎藪澤」，何其陋哉！

答程正思　十八

熹「再辭」之章并「一疏」上之，頗推夏間所言之未盡者，語似太訐，未知得免於戾否？所遣人以月初七、八間行，至今未還，不知聖意定何如？自覺疏拙，無以堪此厚恩，冒昧而前，必取顛躋。若得話行而身隱，乃爲莫大之幸耳。

所示諸書，甚善，甚善。但臨川之辨，當時似少商量，徒然合閙，無益于事也。其書近日方答之，所説不過如所示者，而稍加詳耳。此亦不獲已而答，恐後學不知爲惑耳，渠則必然不肯回也。此間書院近方結裹，江、浙間有朋友在彼相聚，興國萬正淳不知舊在南康曾相識否？其間一二人儘可講論也。小學字訓甚佳，言語雖不多，却是一部大爾雅也。

此書有「再辭併上疏」之言，乃戊申年也，朱子時年五十九歲。「臨川之辨」數語，蓋指丙午諸書，朱子固已悔爲「少商量」矣。「所示諸書」及「如所示」云云，則知朱子前書之過，不惟祝汀州之書所激，亦實出於正思輩所交搆也。

答周舜弼　三

葬事不易，便能了辨，喪禮盡誠，不狗流俗，此尤所難，更宜深念閔、卜二子除喪而見之意，以終禮制，區區之望也。彼中朋友用功爲學，次第如何？便中喻及。向時每説「持敬」、「窮理」二事，今日所見，亦只是如此。但覺得先後緩急之序，愈分明親切，直是先要於持守上著力〔二〕，方有進步處也。孟子説「性善」及「求放心」處，最宜深玩之。

舜弼初事朱子於南康，朱子年五十一矣。繼從於武夷，又從於漳州，而黨禁之日猶千里相從。今全集所載與舜弼書十首：第一首，南康初見時語也。第二首有「臨行」云云，則既見朱子而歸也。此第三首，有「彼中朋友」，則朱子已去南康之後矣。然所教以深玩者，惟在「求放心」。第四書亦重「求放心」，蓋朱子晚年實用陸子之説也。第五書、第六書，其説亦然。至第十書，在黨禁之時，朱子年七十矣。止其過訪而教，以如前所説着實下功。蓋朱子晚年定論，總不外於陸子之説，獨勝心未化，不明言其信奉之意耳。與舜弼書並在晚年，故凡係論學者並抄入。

答周舜弼　四

前此所示別紙，條目雖多，然其大概，只是不曾實持得敬，不曾實窮得理，不曾實信得性善，不曾實求得放心，而乃緣文生義，虛費詞説。其説愈長，其失愈遠，此是莫大之病。只以其間所論曲折，及後段「克伐怨欲，鄉原思學，瞻忽前後」之類觀之，便自可見。若果是實曾下得工夫，即此等處自無可疑，縱有商量，亦須有著實病痛，不應如此泛泛矣。曾子一段文意雖説得行，然似亦未是真見。似此等處，且須虚心涵泳，未要生説，却且就日用間實下持敬功夫，求取放心，然後却看自家本性元是善與不善，自家與堯舜元是同與不同。若信得及，意思自然開明，持守亦不費力矣。「君子而時中」，却是集註失於太簡，令人生疑。今已削去，只見存文義已自分明。若不爲此句所牽，則亦無可疑矣。恐枉費思索，故并及之，然其切要工夫，無如前件所説，千萬留意也。

答周舜弼　五

所論「仁」字，殊未親切，而語意叢雜，尤覺有病。須知所謂「心之德」者，即程先生「穀種」之説。所謂「愛之理」者，則正所謂「仁是未發之愛，愛是已發之仁」耳。只以此意推之，更不須外邊添入道理，反混雜得無分曉處。若如此處認得「仁」字，即不妨與天地萬物同體，若不會得，而便將天地萬物同體爲仁，却轉見無交涉矣。仁、義、禮、智，便是性之大目，皆是形而上者，不可分爲兩事。顔子之勇，只以曾子所稱數事，體之於身，非大勇者其孰能之？克己之説未爲不是，但如此言語上理會，恐無益耳。其他數條，似皆未切，大抵前後見舜弼講論多是不切己，而止於文字上捏合，所以無意味、不得力，須更就此斡轉〔三〕，方有實地功夫也。

須「體之於身」，而「語言理會」爲無益，已合於陸子「去議論而務踐履」之意。

答周舜弼　六

示及疑問，且當如此，涵泳甚善。致知工夫，亦只是且據所已知者，玩索推廣將去，具於心者，本自無不足也。敬子遠來不易，其志甚勇而功夫未密，更宜相與切磋，更令精細平穩乃佳耳。觀其病痛，與長孺頗相似，所以做處一般，不知吾人所學，且要切身，正不以此等爲高也。若親養未便，亦須委曲商量，不須如此躁迫也。伊川告詞如此，是亦紹興初年議論，未免一褒一貶之雜也。

敬子以紹熙二年從學，此書云「敬子遠來」，確爲朱子晚年。然謂致知工夫，具於心者無不足，則已知不在於即物窮理矣。

答周舜弼　七

所論「敬」字工夫，於應事處用力爲難，此亦常理。但看聖賢所説「行篤敬」、「執事敬」，則「敬」字本不爲默然無爲時設，須向難處力加持守，庶幾動静如一耳。克己亦別無巧法，譬如孤軍猝遇彊敵，只得盡力舍死向前而已，尚何問哉？「敬」字「不爲無爲時設」，即陸子所謂「人情、事勢、物理上用功」也。

答周舜弼　八

示喻爲學之意，大概不過如此，更在日用之間實用其力，念念相續，勿令間斷。「在日用間用力」，與第七書意同。

答周舜弼　九

來喻所云，皆學者不能無疑之處。然讀書則實究其理，行己則實踐其迹，念念鄉前，不輕自恕，則在我者雖甚孤高，然與他人元無干預，亦何必私憂過計，而陷於同流合污之地耶？「實究其理」、「實踐其迹」，即陸子所謂「言皆實言」、「行皆實行」也。

答周舜弼　十

講學持守，不懈益勤，深慰所望。又聞頗有朋友之助，當此歲寒，不改其操，尤不易得也。更願相與磨厲以造其極，毋使徒得虚名以取實禍，乃爲佳耳。前書「絜矩」之説，大概得之二字文義，蓋謂度之以矩而取其方耳。今所示數條，各以鄙意附於其後，却以封還，幸試思之。來説大概明白詳細，但且於此更加反復，虚心静慮，密切玩味，久之須自見得更有精微處，不但如此而已也。承欲見訪，固願一見。但遠來費力，不若如前所説〔四〕，着實下功，果自得之，則與合堂同席，亦無以異也。鄉來蔡君今安在，能不受變於俗否耶？

「歲寒」指學禁之嚴，故有「虚名」、「實禍」之説。「精微處須自得」，乃知向時駁陸子「自得之説」之誤矣。

答周舜弼問目

舜弼書云：「大學之道，莫切於致知，莫難於誠意。意有未誠，必當隨事即物，求其所以當然之理。然觀天下之事，其幾甚微，善惡邪正、是非得失，未有不相揉雜乎芒芴之間者。静而察之者精，則動而行之者善。聖賢之學，必以『踐履』爲言者，亦曰見諸行事，皆平日之所素定耳。今先生之教，必曰『知之者切，而後意無不誠』。蓋若泛論『知至』，如諸家所謂極盡而無餘〔五〕，則遂與上文所謂『致知』者爲無别，况必待盡知萬物之理，而後别求誠意之功，則此意何時而可誠耶？此正學者緊切用功之地，而先生訓釋精明，誠有以發聖賢未發之藴。竊嘗體之於心，事物之來，必精察乎善惡之兩端。如是而爲善，則確守而不違。如是而爲惡，則深絶而勿近。先生勿去此并上二句。亦庶幾不苟於致知，而所知者，非復泛然無切於事理，不苟於誠意，而好善惡惡，直欲無一毫自欺之意。敬守此心，無敢怠忽，課功計效，則不敢以爲意焉。如此用力，不知如何？」

答云：「『知至』只是致知到處，非别有一事也。但見得本來合當如此之正理，自然發見透徹，則所知自切，不須更説『確守』、『深絶』，而意自無不誠矣。必『窮致天下事物之理』，『極處無不到』，而後謂之物格。蓋及門之士，已有覺其不可從者矣。然舜弼問語甚明快，而朱子答語甚含糊，蓋雖知章句之解不可用，而又難於自改其説也。

答董叔重　一

所喻日用功夫，更於收拾持守之中，就思慮萌處，察其孰是天理、孰是人欲，取此舍彼，以致敬義夾持之功爲佳，讀書亦是如此。先自看大指，却究諸説，一一就自己分上體當出來，庶幾得力耳。「易」字之説，前累奉報，鄙意但不欲學者切切於此不急之外務耳。必欲與名相稱，則以叔重易之，蓋取通書「其重無加焉耳」之義。如何，如何？

叔重從學，年月無考。惟朱子作叔重父墓誌，在紹熙四年，朱子年六十四矣。文稱「銖又來學」，則從學去此時必不遠，若在早年，則當曰「銖嘗來學」矣。故凡與叔重書俱屬晚年。

答董叔重　二

所論心之存亡得之。前日得正思書，説得終未明了，適答之云：「此心有正而無邪，故存則正，不存則邪。」不知渠看得復如何也？但來喻所謂「深體大原而涵養之」，則又不必如此。正惟操則自存，動静始終不越「敬」之一字而已。近方見得伊、洛拈出此字，真是聖學真的要妙功夫。學者只於此處著實用功，則不患不至聖賢之域矣。

「心有正而無邪」，則知詆心學者妄矣。

答董叔重　三

書中所喻兩義，比皆改定。大學在德粹處，孟子似已寫去矣。但所疑搜尋急迫之病，恐是用心大過使然。所云「發見之端，只平日省覺提撕處」便是。只要人就此接續向下推究，令其開闊，即不曾説等待，尋討將來做功夫也。今所改者，亦其詞有未瑩，或重複處耳。

大意只是如此也。

「省覺提撕」，亦是陸子之説。

答董叔重　四

所喻數説甚善，更宜加意涵養於日用動静之間爲佳。不然，徒爲空言，無益而有害也。

此書所論，全合於陸子。

答董叔重　五

書序恐只是經師所作，然亦無證可考，但決非夫子之言耳。成湯太甲年次，尤不可考，不必妄爲之説。讀書且求義理，以爲反身自修之具，此等殊非所急也。

以考訂爲非所急，晚年之見，乃合於陸子。然考韓文，註楚辭並在晚年，蓋知及之而仁不能守之也。

答董叔重問目

答「君子務本」節云：「大概且用此意，涵泳久之，自見得失。」又答「賢賢易色」數節云：「數説大概皆近之，更宜涵泳而實履之，不可只如此説過，無益於事。」又答「孔、顔樂處」云：「此等不可强説，且看顔子如何做功夫。若學得它工夫，便見得它樂處，非思慮之所能及也。」

此等議論，全與陸子合。叔重晚事朱子，豈非晚年定論？

答黄子耕　二

熹數年來疾病日侵，患難交至，氣血凋瘁，大非往時之比。來日無幾，甚思與四方士友并力切磋，以求無負師傅之託，而不可得。每一念之，徒增永歎而已。子耕近日所用工處，頗得力否？向時説得「致知」兩字，亦頗散漫，望更思之，復以見諭也。

此與子耕第二書，即有「來日無幾」云云，自是晚年，凡與子耕書皆晚年也。致知恐其散漫，則非泛求之天下之物矣。

答黄子耕　三

新除甚佳，闕亦不遠否？但聲利海中溺人，可畏耳。前書所謂「格物主敬」者，甚善。但主敬方是小學存養之事，未可便爲篤行，須修身齊家以下，乃可謂之篤行耳。日用之間，且更力加持守，而體察事理，勿使虛度光陰，乃是爲學表裏之實。近至浙中，見學者功夫，議論多靠一邊，殊可慮耳。

持守、體察，已合於陸子之説。然「敬」字徹始徹終。今謂「主敬方是小學存養之事，未可便謂篤行，須修身齊家以下，乃可謂之篤行」，大不可解。

答黄子耕　四

時事傳聞不一，然亦未知是否。衰病閑散，既無所效其區區，亦不敢深問也。示喻「且看大學，俟見大指，乃及它書」，此意甚善。但看時須是更將大段分作小段，字字句句，不可容易放過。常時暗誦默思，反復研究。未上口時，須教上口。未通透時，須教通透。已通透後，便要純熟。直得不思索時，此意常在心胸之間，驅遣不去方是。此一段了，又换一段看，令如此，數段之後，心安理熟，覺得工夫省力時，便漸得力也。近日看得朋友間病痛，尤更親切。都是貪多務廣，匆遽涉獵，所以凡事草率粗淺，本欲多知多能，下稍一事不知，一事不能，本欲速成，反成虛度歲月。但能反此，如前所云「試用歲月之功」，當自見其益矣。至於作無益語，以本心正理揆之，誠是何補於事？但人不作自己功夫，向外馳走，便見得此等事重。若果見得自己分上合做底事千條萬端，有終身勉勉而不能盡者，則亦自當不暇及此矣。

淳熙十六年六十歲時，主管鴻慶宫，故曰「衰病」、「閑散」。是時孝宗將内禪，故曰「時事傳聞不一」。至所云「貪多務廣，涉獵外馳」之病，正陸子之所深以爲憂者也。

答黄子耕　六

示及疑義，比舊益明潔矣。但尚有繁雜處，且就正經平白玩味，久當自見親切處，自然直截簡易也。正淳、伯豐近皆得書，學皆進，益可喜。泉、漳之間，亦得一二學者，將來可望不虚爲此行也。但經界一事，恐未有人承當，而豪右不樂，異論蠭起，遂且悠悠耳。在官一年，不能爲民興利，而除害亦未能盡，此爲可恨也。長孺之去甚勇，但曾守解事何乃至此？昨晚得趙帥書亦云然，甚可怪也。

「經界」云云，蓋守漳時事，時年六十一歲。「直截簡易」，陸子之教也。

答黄子耕　七

熹憂悴無憀，無足言者。治葬、結廬二事，皆在來年。今且造一小書院，以爲往來幹事休息之處，它時亦可藏書宴坐。然已不勝其勞費，未知來年復如何也？來喻云云，足見講學自修之力，甚慰所望。所謂「動上求静」，亦只是各止其所，皆中其節，則其動者，乃理之當然，而不害其本心之正耳。近修大學，此章或問頗詳。今謾録去，可以示斯遠也。

或問：「喜怒憂懼，人心之所不能無也。而曰『有是一者，則心不得正，而身不可修』，何哉？」人之心湛然虚明，以爲一身之主者，固其本體。而喜怒憂懼，隨感而應者，亦其用之所不能無者也。然必「知至意誠」，無所私係，然後物之未感，則此心之體，寂然不動，如鑑之空，如衡之平，物之既感，則其妍媸高下，隨物以應，皆因彼之自爾，而我無所與，此心之體用，所以常得其正，而能爲一身之主也。以此而視，其視必明，以此而聽，其聽必聰。以此而食，食必知味，身有不修者哉？苟其胸中一有不誠，則物之未感，而四者之私，已主於内。事之已至，而四者之動，常失其節。甚則暴於其氣而反動其心，此所以反復循環，常失其正，而無以主於身也。以無主之身，應無窮之物，其不爲仰面貪看鳥，回頭錯應人者幾希矣！孟子所論「平旦之氣」與「先立乎其大」者，正謂此耳。

治葬，謂長子塾喪也，此書在六十二歲。論心學與陸子合。

答黄子耕　十一

兩書皆領，所云「云何不安之甚」，今日仕宦只是如此，既未免出來，只得忍耐，勉其力之所及而已。日用之間，更看自家分内許多道理，甚底是欠闕底？隨處操存，隨處玩索，不妨自有餘樂，何至如此焦躁耶？所聞豈有是事？政使有便遭貶責，亦是臣子之常分，但恨力不及耳。

與子耕書，所及皆晚年事。此第十一書，必晚年也。第十二書即云「明年七十矣」。

答黄子耕　十四

知赴官有期，僻遠之鄉，官事簡少，可以讀書進學。若如此實做得三年功夫，比之奔走塵埃，俯仰應接，殊未爲失計也。來喻更欲於經史中求簡易用功處，此亦别無它巧，只是且將所已學者反復玩味，不厭重複，久之當覺意味深遠，理致愈明白耳。此外，昔所未學，亦有切於修己治人之實者，更以暇時量力探討，使其表裏精粗，通貫浹洽，則於本原之地，亦將打成一片，無處不得力矣。有如衰朽，百病交攻，常時氣滿心腹。今日乍寒，痛甚，幾不能起，觀此氣象，餘日幾何？然每開卷及與朋友講論，未嘗不覺其有「起予」之益，況如賢者春秋尚富，精力尚彊，其不自勉乎？安仁經界文字，其畫一中所言户部行下者，即是李仲水所行。其言本縣措置者，即是當來邑中推廣其説，雖未及一一細觀，然亦可以見其不苟之意。鄉在臨漳，訪問打量算法，得書數種，比此加詳。然鄉民卒乍不能通曉，反成費力。後得一法，只於田段中間先取正方步數，却計其外尖斜屈曲處，約湊成方，却自省事。恨爲私意浮議所摇，不得盡力其間，以見均田平賦之効。今讀所示，尤使人悵然也。

答子耕第十二書，已有「明年七十」之語，此書更在後。其讀書反復玩味，使其浹洽，即陸子教人用杜預「優遊饜飫」語之意。守漳係六十一歲，此云「向在臨漳」，其爲晚年益無疑矣。

答曹立之　一

伊川先生帖，摹勒甚精，石已謹具，但工夫未至，更旬日亦當可成。或即去此，亦可屬同官畢其事也。范詩無甚發明，不知前輩讀書，何故却只如此苟簡，不可曉也。熹近得蜀本吕與叔先生易説，却精約好看，方此傳寫或未見，當轉寄也。録示陸兄書，意甚佳。近大冶萬正淳來訪，亦能言彼講論曲折，大概比舊有間矣。但覺得尚有兼主舊説，以爲隨時立教，不得不然之意。似此意思，却似漸有揜覆不明白處，以故包顯道輩仍主先入，尚以讀書講學，爲充塞仁義之禍。此語楊子直在南豐親聞其説。而南軒頃亦云「傅夢泉者，揚眉瞬目」云云，恐不若直截剖判，便令今是昨非，平白分明，使學者各洗舊習，以進於日新之功，不宜尚復疑貳秘藏，以滋其惑也。旦夕亦有人去臨川，自當作書更扣陸兄也。進賢宰昨日亦得論易數條，已據鄙見報之，未知以爲如何耳。

曹立之見朱子于南康，在朱子五十歲時。陸子至南康，在朱子五十二歲時。曹立之二書，在既見朱子之後與否，書中無明文。然陸子尚未至南康，則第二書內及之矣。此書雖稱「陸兄書意甚佳」，然尚屬疑信相半。

答曹立之 二

所録示二書甚善，但所謂「不可以一説片言立定門户」，則聖賢之教，未嘗不有一定之門户以示衆人。至於逐人分上，各隨其病痛而箴藥之，則又自有曲折。然亦分明直截，無所隱秘回互，令人理會不得也。隨己分修習，隨己見觀書，學者只得如此。其至不至，明道與不明道，則在其人功力淺深，恐亦不可謂此爲雖不中不遠者。而別求顔、曾明道，見古人用心底奇特工夫也。極欲一見渠兄弟，更深究此而未可得。向許此來，今賤迹既不定，想其聞此旱暵，又未必成來，深以爲恨也。

朱子在南康約陸子來會，故陸子以辛丑春至鹿洞。此書内有「旱暵」之語，正庚子秋事，是年朱子五十一歲。陸子「不可立門户」之説，此時雖信不及，至最晚年則自駁去矣。

答萬正淳　二

所論大概只是如此，但日用間須有個欛柄，方有執捉，不至走失。若只如此空蕩蕩地，恐無撈摸也。「中」只是應事接物，無過不及，中間恰好處，閲理之精，涵養之久，則自然見得矣。

正淳與曹立之俱朱子守南康時往謁見，凡與正淳書，皆五十歲以後，此第二書也。第三書問目，與吕子約論學，則子約謫江西矣。「有欛柄」，即「先立乎大」之意。

答吴伯豐必大　一

熹衰晚無堪，學不加進。足下過聽，辱先以書，其所以稱頌道説者，足以見賢者之志矣，然非區區所及也。示喻程子格物之説，誠若有未易致力者。然其曰「天地之所以高厚，一物之所以然」，蓋極其大小而言之，以明事理之無不在，而學問之功，不可一物而有遺爾。若其所以用力之地，則亦不過讀書史、應事物，如前之云爾，豈茫然放其心於汗漫紛綸不可知之域哉？或人所引易象之數，又似太拘。所謂明理，亦曰明其所以然與其所當爲者而已。鄙見如此，不識賢者以爲如何？恐有未安，幸復見告也。子澄去秋相見甚款，近復招之，尚未有來信。大冶近有萬君人傑者見訪，見留之學中，氣質甚美，議論亦可，反復殊不易得，云亦嘗得從遊也。熹比已丐祠，似聞諸公有意聽許。適聞張荆州之訃，若便得請，當一走長沙而歸爾。

伯豐亦以「格物」之説未安，故有此問，而朱子之答，殊覺辭窮而遁。蓋既云「窮至事物，欲其極處無不到」，則雖欲不「放其心於汗漫紛綸不可知之域」而不能也。凡五十以後，六十以前，由支離而反之身心，皆在五十二歲陸子過南康講論之後。此書云適聞敬夫之訃，在淳熙七年，朱子是年五十一，尚未能返約也。

答吴伯豐　二

讀書甚善，所論亦有條理，但不必如此先立凡例，但熟讀平看，從容諷詠，積久當自見得好處也。所論看大學曲折，則未然。若看大學，則當且專看大學，如都不知有它書相似，逐字逐句，一一推窮，逐章反覆，通看本章血脉，全篇反覆，通看一篇次第，終而復始，莫論遍數，令其通貫浹洽，顛倒爛熟，無可得看，方可别看一書。今方看得一句大學，便已説向中庸上去，如此支離蔓衍，彼此迷暗，互相連累，非惟不曉大學，亦無功力别可到中庸矣。況所比校，初無補於用力之意，徒然枉費心力，閑立議論，番得言語轉多，却於自家分上轉無交涉，不可不察也。因其本明，非是察識端倪，把來玩弄，以資談説，只是因其已知而益廣其知，因其已能而益精其能耳，與湖南説自不同也。「知止有定」説似亦未然，更以章句、或問求之爲佳。「知至意誠」之説，則大概得之矣。「盤銘是注疏」説，可自檢看。當時以下文多已説，故不曾標其名氏耳。論、孟、中庸，儘待大學通貫浹洽，無可得看後方看乃佳。若奔程趁限，一向攢了，則雖看如不看也。近方覺此病痛，不是小事。元來道學不明，不是上面欠却工夫，乃是下面元無根脚。若信得及，脚踏實地，如此做去，良心自然不放，踐履自然純熟，非但讀書一事也。

「不必先立凡例」，即陸子所謂「不必先有定本」也。閑議論、無交涉及良心、踐履等語，俱與陸子合。伯豐於朱子五十一歲始通書問，凡與伯豐書，皆屬晚年。

答吴伯豐　六

學問臨事不得力，固是静中欠却工夫。然欲舍動求静，又無此理。蓋人之身心，動静二字，循環反復，無時不然。但常存此心，勿令忘失，則隨動隨静，無處不是用力處矣。且更著實用功，不可只於文字上作活計也。

此係答伯豐第六書，亦是晚年之作。蓋第七首即云「遭此禍患」，蓋長子塾之喪，時朱子年已六十二也。

答吴伯豐　七

示及諸説，亦未暇細觀，但覺子融之説全無倫理，而諸友反爲其所牽，亦復擾亂，又不且整理其大病根原，而計較苛細，展轉向枝葉上辨論，所以言雖多，而道理轉不分明。今只合且放下許多閑争競，而自家理會「誠」之一字是甚道理，看得精切分明後，却合衆説而判剖之，當自見得不如此費分疏也。正淳書，煩爲附便，渠看得文字却儘子細。所寄中庸説，多得之。恐欲見發之，却封寄之，不妨也。沙隨八論及史評有印本，望寄及。此不須辨，後人自有眼目，不至如此晦盲也。到此只修得大學，稍勝舊本，他書皆未暇整頓。今又遭此禍患，恐不能久於世。以此益思亟歸，更略下少工夫，庶不誤後人枉費心力也。

「禍患」指子喪。重根原，輕枝葉，又謂「言多而理轉不明」，皆合于陸子之論。

答吴伯豐　九

歸來半年，卜葬尚未定，築室亦不能得了。湖南之命，出於意外，初但以私故懇辭，然恐或不得請，即求便郡藏拙。近聞臨漳經界報罷，此是廟堂全不相信。政使在官，亦當自劾求退，其義豈容復出？已託人以此告之。計其聞此，亦難以相彊矣。閒中頗有學者相尋，早晚不廢講學，得以自警。然覺得今世爲學不過兩種，一則徑趨簡約，脱略過高，一則專務外馳，支離繁碎。其過高者，固爲有害，然猶爲近本；其外馳者，詭譎狼狽，更不可言。吾儕幸稍平正，然亦覺欠却涵養本原工夫，此不可不自反也。所寄疑義，蓋多得之，已略注其間矣。小差處不難見，但却欲賢者更於本原處加功也。

「卜葬」，謂長子塾之喪。塾先朱子十年卒，時朱子年六十二。「臨漳經界報罷」及「湖南之命」，在紹熙四年，是年朱子六十四歲，陸子已卒矣。此書雖猶以陸子爲過高，而終以爲近本，又汲汲以本原功夫自反，併以勉伯豐，可謂非有取於陸子之説，而確爲晚年定論乎！

答吴伯豐問目

伯豐書云：弟子入則孝，游氏「學文」之説，固足以深警後世棄本逐末之弊。然古之所謂學文者，非弄翰墨，事詞藻，如後世之所謂「文」也。蓋無非格物致知、修己治人之實事。故既學，則必有以究義理之端，而趨於聖賢之域矣。然則文以滅質，博以溺心，以爲禽犢，以資發冢，託真以酬僞，飾奸言以濟利心，古之學者，豈有是哉？游氏之説，有激而云耳。

然抑揚太過，併與古之所謂學者與後世等而視之，不得不辨也。

答云：古之學文固與今異，然無本領而徒誦説，恐亦不免真如游氏之譏也。

伯豐又書云：子曰：「學而不思則罔。」周曰：「學欲默識心通也，苟徒出入乎口、耳之間，而不致思焉，則何以致知？其言不思之蔽則善矣，而所以語學者，則有所未盡。夫學，專言之，則兼夫致知、力行之兩端。若對思而言，則致知爲思，而學云者，蓋力行之謂也。」今周氏以出入乎口、耳者爲學，則學豈誦説而已乎？使止於是，又何所安耶？謝氏曰：「思，知之事也。學，習之事也。」此説得之。而集註「身不親歷」之云，尤明白矣。然程子經解亦曰：「力索而不問學，則勞殆。」似亦以學爲講論、問辨之事，何耶？然程子固曰「博學之」云云，五者廢其一，非學也，其不專以講誦爲學審矣。經解所言，反似不若語録之密，如以「殆」爲「勞」，義亦無考，或者傳寫不能無誤云。

答云：學是放效見成底事，故讀誦、咨問、躬行皆可名之，非若思之專主乎探索也。以「殆」爲「勞」，無所見。歐陽公用此「殆」字，又似「怠」字，皆不可曉，不若從古説也。

朱子答伯豐書俱在晚年。今解「學」字併及「躬行」，則知論語、中庸解「博學」處皆未安矣。

答吴伯豐　十七

所示三條，悉已疏去，它未盡者，後便幸續寄示，旋得尤佳，多則擁併，恐看得草草也。正淳因書爲致意，不知渠後來所進如何？此間朋友亦未見有脱穎不群者，而又外有他虞，恐不能久相聚也。所望於伯豐者不淺，更望於本原上益加涵養收斂之功耳。

「他虞」指黨禁，下一首「自致人言」亦然。「本原」之説，合於陸子。

答吴伯豐　十八

熹老大亡狀，自致人言，爲朋友之羞。尚賴寬恩，得安田里。然聞議者經營未已，未知終安所税駕也。示及疑義，未及奉報。但念上蔡先生有言：「富貴利達，今人少見出脱得者，非是小事，邇來學者何足道？能言真如鸚鵡。」此言深可畏耳。伯豐講學精詳，議論明決，朋游少見其比。區區期望之意不淺，願更於此加意，須是此處立得脚定，然後博文約禮之工，有所施耳。

此云「自致人言」，又云「得安田里」，蓋慶元二年爲御史沈繼祖所劾，落職罷祠，時朱子年六十七矣。「富貴利達上立得腳定」，此初學入門時事耳。朱子垂老猶兢兢以此自勉，併以勉伯豐，何耶？然陸子鹿洞講義意思正與此合。

答吴伯豐 二十四

編禮有緒，深以爲喜。或有的便，望早寄來。心力日短，目力日昏，及今得之，尚可用心。但朋友星散，不知竟能得見成書與否？深可歎也。所論「浩氣」，語甚的當，切中子約之病，然猶未悟。書來忉怛不已，無可爬梳，雖已竭力言之〔六〕，恐未必能相信也。伯豐明敏有餘，講學之際，不患所見不明，然區區屬望之意，蓋非他人之比。但願更於所聞深體而力行之，使俯仰無所愧怍，而胸中之浩然者，真足以配「義」與「道」，不但爲誦説之空言而已，則區區之願也。竇之不及別書，編禮想用功不輟，煩爲致意也。

編禮是朱子最晚年事，故有「不知能見成書與否」之嘆。然所以勉伯豐者，汲汲於力行，而以誦説空言爲戒，蓋全用陸子「專務踐履」之教矣。

答李叔文 三

熹杜門竊食，貧病不足言，但操存玩索之功，雖不敢廢，而未見有以進於前日，以是憂愧，殆無以見朋友也。白鹿知亦嘗一到，甚善！甚善！每念疇昔相與登臨遊從之樂，未嘗不發於夢寐。然亦恨當時所以相切磋者，猶有未盡也。相望千里，何時復得從容反覆如往時耶？更願益加持守之功，以求義理之歸，是所願望。

白鹿登臨，追念疇昔，蓋在去南康之後矣。其相勉者在「持守」，已從陸子之説矣。此與叔文第三書也。

答李叔文　四

喻及爲學次第，甚慰所懷。但向來所説性善，只是且要人識得本來固有，元無少欠，做到聖人，方是恰好，纔不到此，即是自棄。故孟子下文再引成覸、顔淵、公明儀之言，要得人人立得此志，勇猛向前，如服瞑眩之藥，以除深錮之病，直是不可悠悠耳。求放心不須注解，只日用十二時中，常切照管，不令放出，即久久自見功效，義理自明，持守自固，不費氣力也。若添著一「求仁」字，即轉見支離，無摸索處矣。歎美之辭，乃胡氏説，大非孟子本意，今亦未須論，但看孟子本説足矣。此不是要解説「性」字，蓋是要理會此物善惡，教自信得及，做得工夫不遲疑耳。

第三書在白鹿登臨之後，此第四書當更在後矣。「識得固有」，即陸子教人識本心之意。求放心，戒支離，則全合於陸子。

【校勘記】

〔一〕近日再看一過　「看」，文集卷五十作「改」。
〔二〕直是先要於持守上著力　「於」原作「是」，據文集卷五十改。
〔三〕須更就此斡轉　「斡」原作「幹」，據文集卷五十改。
〔四〕不若如前所説　「前」字原脱，據文集卷五十補。
〔五〕如諸家所謂極盡而無餘　「家」字原脱，據文集卷五十補。
〔六〕雖已竭力言之　「言」，文集卷五十二作「告」。

朱子晚年全論卷四

答劉公度　二

所喻「世豈能人人同己，人人知己？在我者明瑩無瑕，所益多矣」，此等言語，殊不似聖賢意思。無乃近日亦爲異論漸染，自私自利，作此見解耶？不知聖賢辨異論、闢邪説如此之嚴者，是爲欲人人同己，人人知己而發耶？抑亦在我未能無瑕，而猶有待於言語辨説耶？今者紛紛，正爲論易、西銘而發，雖未免爲失言之過，然未嘗以此爲悔也。臨川近説愈肆，荆舒祠記曾見之否？此等議論，皆學問偏枯、見識昏昧之故，而私意又從而激之。若公度之説行，則此等事都無人管，恣意横流矣。試思之如何？衡州之去，爲有邂逅，政不須深自懲創，便相學不説話也。

公度「世豈能人人同己」之説，蓋不欲朱子與人人争辨，此意亦佳。論易、西銘，蓋與林黄中争論，因爲林所糾劾也。陸子作荆公祠記，在淳熙十五年戊申歲，是時正辯「無極」。朱子之詆陸子，惟此數年爲甚，故議論如此。然語類所載答人問荆公評品，則又引陸子之論，而不復自置一辭矣。

答劉公度　三

建昌士子過此者多，方究得彼中道理，端的是異端，誤人不少。向見賢者亦頗好之，近亦覺其非否？書中所喻「衡州」數句，爲己之意雖切，然恐未免有迫切之病也。

建昌士子，指包顯道、傅子淵輩也。顯道以專講論爲充塞仁義，子淵極論口耳之學無益，故朱子尤切詆之，此所謂「冰炭不相入」也。

答劉公度　四

見喻「舊見不甚分明，更欲別作家計」，不知底裏果是如何？但此事別無奇妙，只是見成説底便是道理。只要虛心熟玩，久之自然見得實處，自是不容離叛，便是到頭。若更欲別求見解，即是邪説，鮮不流於異端矣。君舉春間得書，殊不可曉，似都不曾見得實理，只是要得雜博，又不肯分明如此説破，却欲包羅和會衆説，不令相傷。其實都不曉得衆説之是非得失，自有合不得處也。葉正則亦是如此，可歎，可歎！

「虛心熟玩，久之自然見得」，此亦側重涵養，漸近於內矣。君舉不欲朱子與陸子競辨，而朱子即以君舉爲「都不曉得」。正則亦不以朱子之競辨爲然，故併斥之。按：正則以光宗即位知蘄州，通書於朱子。朱子答書亦有「得君舉書」之語，皆紹熙間往來之書也。

答劉公度　五

所論爲學之意甚善，初蓋不能不以爲疑，今得如此，甚慰意也。究觀聖門教學，循循有序，無有合下先求頓悟之理。但要持守省察，漸久漸熟，自然貫通，即自有安穩受用處耳。千岐萬徑，雜物並出，皆足以惑世誣民。其信之者，既陷於一偏而不可捄。其不信者，又無正定趣向，而泛濫於其間，是亦何能爲有亡耶？平父相處，覺得如何？似亦未有個立脚處也，因書更勸勉之。

陸子謂「涓流積至滄溟水，拳石崇成太華岑」，全是自卑自邇功夫。陸子全書具在，並無「頓悟」之說。朱子少曾學禪，故以此疑陸子。韓昌黎所謂「以己之不直，而謂人皆然」也。然教公度專在「持守省察」，則與陸子之教正同，吾故謂「其論則冰炭不相入，而其學則符節相合」也。

答劉仲升　一

別紙所示季章議論，殊不可曉，恐不至如此之謬。却是仲升聽得不分明，記得不子細，語間轉却他本意，不然則真非吾之所取知矣。大抵學問專守文字，不務存養者，即不免有支離昏惰之病。欲去此病，則又不免有妄意躐等，懸空杜撰之失。而平日不曾子細玩索義理，不識文字血脉，别無證佐考驗，但據一時自己偏見，便自主張，以爲只有此理，更無别法，只有自己，更無他人，只有剛猛剖決，更無温厚和平，一向自以爲是，更不聽人説話。此固未論其所説之是非，而其粗厲激發，已全不似聖賢氣象矣。季章意思正是如此。若只解意有差，下字不穩，猶未爲深害。却是人心、道心、思理、思事等説，大段害事。若如其言，即是四端之發，皆屬人心，而頑然不動者，方是道心。所謂格物者，只是分别動與不動，而不復計其動之是否矣。此於道體之要，入德之門，皆有所妨，決然不是道理無疑。但如仲升，則又墮在支離昏惰之域，而所以攻彼者，未必皆當於理，彼等所以不服，亦不可不自警省，更就自己身心上做功夫。凡一念慮、一動作，便須著實體認，此是天理耶，是人欲耶？子細辨别，勇猛斷置，勿令差誤。觀書論理，亦當如此剖判，自然不至似前悠悠度日矣。所論語、孟兩條，亦似未安，此等處且玩索見在意趣，不須如此立説，枉費心力也。

「就自己身心做工夫」等語，全與陸子之教合。

答劉仲升　二

所喻玩味見成義理，甚善，然亦須就自己分上體當，方見真實意味也。顔子之樂、原憲之問，此等處説時各是一義，其實却只是平日許多功夫，到此成就，見處通透無隔礙，行處純熟無齟齬，便自然快活，自無克伐怨欲之根，不是別有一項功夫理會此事也。但未知仲升平日所用功夫如何耳？此不可不勉也。

答劉季章　一

劉袁州不謂遂至於此，令人心折。細讀來書，知所以經紀其家者，不以生死、從違二其心，不勝歎服，益見袁州之知人，交道之不污也。更望始終此志，使其後人有以承繼前人之志，千萬之幸也。文會規模只如舊耶？或有小改易也。此間朋友只令專一，自看一書，有疑問處却與商量，似却不枉費功夫。然亦未見卓然可望者，殊可慮也。

朱子早年務欲博窮天下之理，枉費工夫甚多。今專看一種書，便無駁雜之病。陸子與諸兄在疏山讀書，謂「經年只看一部論語」，亦是此意。然朱子則直至晚年始能如此耳！是書在紹熙元年起子澄知袁州，而子澄已卒也。

答劉季章　二

賢者比來爲學如何？雖未相見，然覺得多是不曾寬著心胸，細玩義理，便要扭捏造作，務爲切己，所以心意急迫，而理未大明，空自苦而無所得也。熹桂林之行，辭免未報，未知竟如何？此間有數士友，講學方就緒。從官未必有益，若得免行，成就得一二學者，非小事也。

辭免桂林，係紹熙三年差知静江府之命，是年六十三歲。「寬著心胸，細玩義理」，即陸子教人引杜元凱「優而游之」四語之意。

答劉季章　三

講會想仍舊，專看何書？此書附廬陵葉尉。渠此中人，時有往來之便，有疑可講，不待面諭。但覺得季章意思急迫不寬平，務高不務切，而不肯平心實看道理。只此意思，亦殊礙人知見也。

答劉季章　五

所喻爲學之意甚善，但覺如此私下創立，條貫太多，指擬安排之心太重，亦是大病。子約自有此病，賢者從來亦不免此。今又相合，打成一片，恐非所以矯偏補弊，而趨於顯明正大之塗也。聖賢教人，自有成法，其間又自有至簡約、極明白處，但於本原親切提撕，直便向前著實進步，自可平行直達，迤邐向上，何必如此迂曲繚繞，百種安排，反令此心不虛，轉見昏滯也？

與季章第二書云「桂林之行，辭免未報」，蓋紹熙三年也。第四書云「去歲入都」，又云「今左目已盲」，蓋慶元二年也。此是第五書，云「子約相合」，蓋子約以慶元元年謫廬陵也。然所謂「本原親切提撕」，「去安排」等語，全與陸子合。

答劉季章　六

辱書，知所苦向安，已可行坐，深以爲慰，比來想彊健勝前矣。然計亦不能無廢書冊之功，但齋居謹疾，當亦自有用心處也。熹衰朽杜門，無足言者，但精神昏憊，益甚於前，雖不敢廢書，然度不復能有長進矣。外事絕不敢掛口，但見朋友當此風頭，多是立脚不住，況欲望其負荷此道？傳之方來，應是難準擬也，可慮，可慮！

「當此風頭」，指黨禁言。「廢書册」，「亦有用心處」，則知不全倚書册矣。

答劉季章　十

子約想時相見，渠近書來，頗能向裏用力，然亦有小未善，已爲詳説，久之必自見得也。承景陽前此已嘗附書，今不暇再作，煩爲致意。近日目昏，今日又加手痛，作字頗費力也。承欲就文義事物上用功夫，甚善。然讀書且要虚心平氣，隨他文義體當，不可先立己意，作勢硬説，只成杜撰，不見聖賢本意也。

此皆黨禁時作，最晚年也。取向裏用力者，便不支離矣。

答劉季章　十三

讀書只隨書文訓釋玩味，意自深長。今人却是背却經文，横生它説，所以枉費工夫，不見長進。來喻似已覺此病者，更望勉旃，千萬之望，然又當以草略苟且爲戒，所謂「隨看便起是非之心」，此句最説著讀書之病。蓋理無不具，一事必有兩途，今纔見彼説晝，自家便尋夜底道理反之，各説一邊，互相逃閃，更無了期。今人問難，往往類此，甚可笑也。

「隨文訓釋」，即陸子「依傍看」之説。朱子至此，漸去支離之病。從前改大學補格致傳，皆所謂「背卻經文，橫生它説」也。

答劉季章　十五

昨已具前幅，而細看來書，方論董子功利之語，而下句所説曾無疑事，即依舊是功利之見。蓋天下只有一理，此是即彼非，此非即彼是，不容並立。故古之聖賢，心存目見，只有義理，都不見有利害可計較。日用之間，應事接物，直是判斷得直截分明，而推以及人，吐心吐膽，亦只如此，更無回互。若信得及，即相與俱入聖賢之域，若信不及，即在我亦無爲人謀而不盡底心，而此理是非，昭著明白。今日此人雖信不及，向後他人須得有信得及底，非但一時之計也。若如此所論，則在我者，未免視人顏色之可否以爲語默，只此意思，何由能使彼信得及乎？然此亦無它，只是自家看得道義，自不能端的，故不能真知是非之辨，而爲此回枉，不是説時病痛，乃是見處病痛也。試思之，如何？

與劉季章第四書，已在慶元年間。此第十五書也，義利上説得斬截，與陸子鹿洞講義意同。

答劉季章　十六

孟子説「未有仁而遺其親，未有義而後其君」，便是仁義未嘗不利。然董生却説「正其義不謀其利，明其道不計其功」，又是仁義未必皆利，則自不免去彼而取此。蓋孟子之言，雖是理之自然，然到直截剖判處，却不若董生之有力也。向聞餘論，似多以利隨義而言。今細思之，恐意脉中帶得偏僻病患，試更思之，如何？

論義不論利，與陸子鹿洞所講合。

答劉季章　十七

近得益公書，聞且寓晉輔家，甚善。所欲改字，已別報去，前書竟未得下落也。文集之議，當已罷止，此實於彼無益而於此不便。衰老扶病如此，又豈能更去廣南行脚耶？千萬力爲止之，更勉其著實爲學，勿爲此等慕名狥外之事，方是吾人氣象也。來喻所云「書能益人與否，只在此心」等説，此又是病根不曾除得。以鄙見觀之，都無許多閑説，只著實依文句玩味，意趣自深長，不須如此，又只是立説取勝也。前與無疑書，亦有少講論，曾見之否？敬子諸人却甚進。此亦無它，只是渠肯聽人説話，依本分，循次序，平心看文字，不敢如此走作閑説耳。大率江西人尚氣，不肯隨人後，凡事要自我出，自由自在，故不耐煩如此逐些理會，須要立個高論，籠罩將去。譬如讀書，不肯從上至下逐字讀去，只要從東至西一抹橫説。乍看似雖新巧，壓得人過，然横拗粗疏，不成義理，全然不是聖賢當來本説之意，則於己分究竟成得何事？只如臨川前後一二公，巨細雖有不同，然原其所出，則同是此一種見識，可以爲戒，而不可學也。如見無疑，可出此紙，與大家評量。趁此光陰未至晚暮之時，做些著實基址，積累將去。只將排比章句，玩索文理底功夫，换了許多杜撰計較，别尋路脉底心力，須是實有用力處，久之自然心地平夷，見理明徹，庶幾此學有傳，不至虚負平生也。如於雅意尚未有契，可更因書極論，勿遽罷休，乃所望也。

此書説：「大率江西人尚氣，不肯隨人後。」江西地方二千里，斷無同是一種見識之理。即此一書中，如周益公、劉季章、王晉輔皆江西人，如果凡事要自我出，安得皆信奉朱子乎？因與陸子一人不合，遂將江西一概抹倒，可乎？然欲季章去許多閑説，固陸子所以戒朱子者，今乃以教人也。

答劉季章　十八

熹再啓：熹病愈甚，遇寒尤劇，如今日則全然轉動不得，藥餌雖不敢廢，然未必能取效。姑復任之，無計可爲也。所喻已悉，但所謂「語句偶爾而實却不然」者，只此分疏，便是舊病未除。所謂「誠於中，形於外」，此又何可諱耶？無疑之病，亦是如此。適答其書，説得頗痛快，可試取觀，可見鄙意，此不復縷縷也。又謂「病只在懶惰」者，亦只消得此一病，便是無藥可醫。人之所以懶惰，只緣見此道理不透，所以一向提掇不起，若見得道理分明，自住不得，豈容更有懶惰時節耶？所謂「此外無難除之病」者，亦信未及。況自以爲無，則其有者將至矣，便敢如此斷置，竊恐所以自省者，亦太疏耳。又謂「海内善類，消磨摧落之後，所存無幾」，此誠可歎。若鄙意，則謂纔見消磨得去，此等人便不濟事。若使真有所見，實有下工夫處，則便有鐵輪頂上轉旋，亦如何動得它？大學定本，修換未畢，俟得之即寄去。王晉輔好且勸它，莫管它人是非長短得失，且理會教自己道理分明[一]，是爲急務。此事之外，不可使有毫髮雜用心處也。然人要閑管，亦只是見理不透，無安頓自己身心處，所以如此。願更察此，有以深矯揉之，乃爲佳耳。年來頓覺衰憊殊甚，死期將至，而朋友間未有大可望者，令人憂懼，不知所以爲懷。季章千萬勉旃，乃爲深望。

朱子晚年雖能反求於心，然止講得「知」字，仍不得力。陸子教人「專務踐履」，故其門人如徐文忠、楊文元、袁正獻諸公，並隸黨禁，皆能自立。朱子教人專就知上講，無躬行心得之實，故一遇摧落，便至消磨。蓋聖道必行而後知，未有不飲食而能知味者。

此書反覆丁寧，只説得一「知」字，無怪其不濟事也。又守死善道、舍生取義，孔、孟成語，皆可引用。而每云「鐵輪頂上」，不離和尚語録，亦此心未收，故熟處難忘耳。

答劉季章　二十

熹今春大病，幾不能起，今幸小康，然尚未能平步也初。意若得未死，且當屏棄書册，虚心待盡。今又覺不能頓爾捐去，亦苦頭緒太多，不是老年活計，徐當以漸節減也。益公清健，可喜。近答其書論范文正公墓碑事，以病草草，今始能究其説。然自覺語言有過處，不知能不相怪否也？伯豐初亦不知其能自植立如此。但見其所講論，辨得下功，剖析通貫，非一時諸人所及。心固期以遠到，不謂乃止於此，殊可痛惜。今承來喻，又得聞其後來所守之堅，此尤不易。吾道不幸，遽失此人，餘子紛紛，纔有毛髮利害，便章皇失措，進退無門，亦何足爲軒輊耶？疾少間，亦可漸理舊聞，向前進步否？博文約禮，不可偏廢。雖孔子之教、顔氏之學，不過是此二事，更爲勉旃，乃所深望也。

欲屏棄書册是矣，又不能捐去，蓋熟處難忘耳。然以漸節減，亦自有益。所云「餘子張皇」，只爲章句之學，全無心得，以至如此也。

與陳伯堅（二）

沙縣寄到新刻責沈文，字畫精神非桂本之比。此書流傳，足使世之聾盲者有所警覺，稍知觸淨，非小補也。但恐木本或不耐久耳。瓊學記文鄙拙，不足有所發明。亦緣韓兄將滿，方遣人來，恐其代去，匆匆草成，不能滿意耳。垂喻舊書云云，深愧率爾。當時之言，蓋亦有爲而發。以今觀之，學者但當深窮聖經，使其反之於心而安，考之於經而合，驗之於外而可行，即彼之妄言，一覽便破矣。若未到此，遽欲窮之，恐如河南夫子所謂「未必能窮，而已化爲釋氏」矣。愚見如此，不審尊意以爲如何？胡季隨近到此數日，明敏有志，甚可喜也。

瓊學記作於淳熙九年，朱子時五十三歲。「反之於心而安」數語，漸有向内之意。

答胡季履大壯

向來雖幸一見，然忽忽於今已二十餘年矣！時於朋友間得窺佳句，足以見所存之一二，顧未得會面爲歉耳。今承惠問，荷意良勤。區區每患世衰道微，士不知學，其溺於卑陋者，固無足言，其有志於高遠者，又或騖於虛名而不求古人爲己之實，是以所求於人者甚重，而所以自任者輕。每念聖人樂取人以爲善之意，意其必有非苟然者，恨不得與賢者共詳之也。

季隨明敏，朋友中少見其比。自惟衰墮，豈足以副其遠來之意？然亦不敢虚也。歸日當相與講之，有所未安，却望見告，得以反復爲幸。昆仲家學門庭，非它人比。而區區所望，又特在於其實而不在於名，願有以深察此意也。

胡氏家於湖南，「向來之見」，自是三十八歲訪南軒時，又二十餘年，則近六十歲矣。書中意重爲己，合於陸子切己自反之意。

答胡季隨大時　一

易傳平淡縝密，極好看，然亦極難看。大抵講學須先有一入頭處，方好下工夫。昨見文叔處所録近文，恐看得文字未子細，無意味也。不必遠求，但看知言是下多少工夫？不如此，散漫泛説，無歸宿也。龜山易舊亦有寫本，此便不甚的，未暇檢尋奉寄。不知詹丈所舉不同者何事？因風詳諭，此等處正好商榷也。道理無形影，唯因事物言語，乃可見得是非，理會極子細，即道理極精微。古人所謂物格知至者，不過是就此下功夫。近日學者説得太高了，意思都不確實，不曾見理會得一書一字，徹頭徹尾，東邊綽得幾句，西邊綽得幾句，都不曾貫穿浹洽，此是大病。有志之士，尤不可以不深戒也。

「先有入頭處，方好下工夫」，朱子昔年所以駁陸子者，今乃舉以教人。季隨問學，見與季履書中，大約湖南學者問答並在敬夫没後也。

答胡季隨　二

熹杜門衰病如昔，但覺日前用力泛濫，不甚切己。方與一二學者力加鞭約，爲克己求仁之功，亦粗有得力處也。易傳且熟讀，未論前聖作易本指，且看得程先生意思，亦大有益，不必更雜看。大抵先儒於易之文義，多不得其綱領，雖多看亦無益。然此一事卒難盡説，不若且看程傳，道理却不錯也。所諭文定專治春秋，而於諸書循環誦讀，以爲學者讀書不必徹頭徹尾，此殊不可曉。既曰「文定讀春秋」、「徹頭徹尾」，則吾人亦豈可不然？且又安知其於它書，少日已嘗反覆研究，得其指歸，至於老年，然後循環泛讀耶？若其不然，亦是讀得春秋徹頭徹尾，有得力處，方始泛讀諸書有歸宿處。不然，前輩用力篤實，決不如今時後生貪多務得，涉獵無根也。

前書鄙論，更望熟究。其説雖陋，然却是三四十年身所親歷，今日粗於文義，不至大段差錯之效，恐非一旦卒然立論所可破也。若如來喻，不能俟其徹頭徹尾，乃是欲速好徑之尤，此不可不深省而痛革之也。熹於論、孟、大學、中庸一生用功，粗有成説。然近日讀之，一二大節目處猶有謬誤，不住修削，有時隨手又覺病生。以此觀之，此豈易事？若只恃一時聰明才氣，略看一過，便謂事了，豈不輕脱自誤之甚耶？吕伯恭嘗言「道理無窮，學者先要不得有自足心」，此至論也，幸試思之。南軒文集方編得略就，便可刊行。最好是奏議文字，及往還書中論時事處，確實痛切，今却未敢編入。異時當以奏議自作一書，而附論事書尺於其後，勿令廣傳。或世俗好惡稍衰，乃可出之耳。

自覺日前用力泛濫，方與學者爲克己之功，此晚年得力語也。此書首云「衰病」，末及編南軒文集，又云論時事書，今未敢編，俟世俗好惡稍衰乃可出。不惟南軒已没，蓋黨禁之時，朱子之最晚年也。

答胡季隨　九

元善書説「與子静相見甚款」，不知其説如何？大抵欲速好徑，是今日學者大病，近覺亦不免此。以身驗之，乃知伊、洛拈出「敬」字，真是學問終始，日用親切之妙。近與朋友商量，不若只於此處用力，而讀書窮理以發揮之，真到聖賢究竟地位，亦不出於此，坦然明白，不須妄意思想，頓悟懸絶處，徒使人顛狂粗率，而於日用常行之處，反不得其所安也。不審别後所見如何，幸試以此思之，似差平易悠久也。

季隨見陸子，深服其教，在淳熙十三年丙午歲，見陸子與季隨書。或以書中「欲速好徑」爲指陸子。然自謂「近覺亦不免此」，則非專指陸子矣。陸子教人，尤重循序，故有「涓流積至」、「拳石崇成」之喻。若發明本心，不過如孟子指示惻隱、羞惡之説，非頓悟也。然此書以「敬」爲學問親切之妙，已近裏着己矣。

答胡季隨 十

熹衰病之餘，幸安祠禄，誤恩起廢，非所克堪，已力懇辭，未知可得與否。自度尫殘，決是不堪繁劇，又況蹤跡孤危，恐亦無以行其職業，後日別致紛紛。又如衡陽轉動不得，出門一步更須審處也。但今年病軀衰瘁殊甚，秋中又有哭女之悲，轉覺不可支吾矣。目昏不能多看文字，閑中却看得道理分明。向來諸書，隨時修改，似亦有長進處。恨相去遠，不得朝夕討論也。易書刊行者，只是編出象數大略，向亦以一本浼叔綱，計必見之。今乃聞其有亡奴之厄，此必亦已失去矣〔三〕。別往一本并南軒集，幸收之也。所諭克己之學，此意甚佳，但云藉此排之，似是未得用工要領處。近讀知言，有問「以放心求心」者，嘗欲別下一語，云：「放而知求，則此心不爲放矣。」此處間不容息。如夫子所言克己復禮，功夫要切處，亦在「爲仁由己」一句也，豈藉外以求之哉？「性其情」乃王輔嗣語，而伊、洛用之，亦曰「以性之理節其情而不一之於流動之域耳。以意逆志而不以詞害焉，似亦無甚害也」。不遷怒，當如二先生説，無可疑者。不貳過，亦惟程、張得之，而横渠所謂「歉於己者，不使萌於再」，語尤精約也。宋漕所委記文，屢欲爲之，而夏秋以來，一向爲女子病勢驚人，不得措詞。兼觀其所喻爲教者，不過舉子事業，亦有難措詞者，故因循至此。今病方小愈，未堪思慮，勢當小須後也。因邵武便草草布此，復託象之致之，目昏未能它及，惟以時進德自愛爲禱。大抵爲學不厭卑近，愈卑愈近，則功夫愈實，而所得愈高遠，其直爲高遠者則反是，此不可不察也。

哭女在淳熙十四年除江西提刑時，見陸子與朱子書，時朱子五十八歲。「目昏不多看文字，却看得道理分明」，蓋已知從前博覽之無益矣。「卑近」云云，即陸子所謂「涓流積至滄溟海，拳石崇成泰華岑」也。

答胡季隨　十三

季隨書云：學者問曰：「遺書曰：『學者所貴聞道，若執經而問，但廣聞見而已。』竊謂『執經而問』，雖止於『廣聞見』而已，須精深究此，而後道由是而可得也。不然，恐未免於説空、説悟之弊矣。」大時答曰：「所謂『學者所貴聞道，若執經而問，但廣聞見而已。』蓋爲尋行數墨而無所發明者設。」而來喻之云，謂「必須深究乎此，然後可以聞道」，則亦俱墮於一偏矣。

答云：執經而問者知爲己，則所以聞道者不外乎此。不然，則雖六經皆通，亦但爲廣聞見而已。問者似有此意，然未分明，故説不出。答者之云，却似無干涉也。

又云：學者問曰：「遺書曰：『根本須先培壅，然後可立趨嚮。』竊謂學者必須先審其趨嚮，而後根本可培壅。不然，恐無入頭處。」大時答曰：「必先培其根本，然後審其趨嚮。猶作室焉，亦必先有基址，然後可定所向也。」

答云：先立根本，後立趨嚮，即所謂「未有致知而不在敬」者。又云「收得放心後，然後自能尋向上去」，亦此意也。

朱子引程子求放心之説，已與陸子引孟子放心之説相合矣。

答高應朝

所示講義，發明深切，遠方學者得所未聞，計必有感動而興起者。然此恐但可爲初學一時之計，若一向只如此説，而不教以日用平常意思、涵養玩索功夫，即恐學者將此家常茶飯，做個怪異奇特底事看了，日逐荒忙，陷於欲速助長、躁率自欺之病，久之，茫然無實可據，則又只學得一場大話，互相恐嚇，而終無補於爲己之實也。只如三段所舉諸書，大指雖同，然恐亦須令子細看得逐段各有下落，方能浹洽通貫，有得力處。若只如此儱侗看了便休，却恐只是粗謾，政使便做得成，亦是揉生做熟，久遠畢竟無意味也。

不重講義，而重涵養玩索，此晚年切己功夫也。高應朝教授邕川事，在慈湖爲浙西撫幹時，見慈湖祭舒元英文。蓋淳熙十二三年也，朱子五十六七歲矣。

答石天民

平生爲學，見得孟子論「枉尺直尋」意思稍分明，自到浙中，覺得朋友間却别是一種議論，與此不相似，心竊怪之。昨在丹丘見誠之，直說義理與利害只是一事，不可分别，此大可駭。當時亦曾辨論，覺得殊未相領。至於孟子、董子之言，例遭排擯，不審尊兄平日於此見得如何？幸更與諸公講論見教。熹竊以爲今日之病，唯此爲大。其餘世俗一等近下見識，未足爲吾患也。

此即陸子辨義利之意。到浙中當是提舉常平時。

答沈叔晦　一

衰病如昨，無足言者。二圖之妄，深荷留念，言多枝葉而不既其實，尤佩警切之戒。但區區平日躬所不逮之言，與此殊不相似，識者當自無疑。惟是尋常實有似是而非之論，不幸爲人傳出，異日或能亂道誤人，爲可懼耳。麻沙所刻吕兄文字，真僞相半。書坊嗜利，非閑人所能禁。在位者恬然不可告語，但能爲之太息而已。若大事記，則雖非全書，而實有益於學者，有補於世教。區區流傳之意，本不爲伯恭計，況門外之紛紛者乎？

曰「衰病」，自是晚年，刻吕文亦晚年事也。朱子於陸子之言不能用，今於陸子門人所戒，順受不辭，此晚年進境也。

答沈叔晦　二

帥幕非所以處賢者，然自我言之，亦何適而不可安耶？前日務爲學而不觀書，此固一偏之論。然近日又有一般學問，廢經而治史，略王道而尊霸術，極論古今興亡之變，而不察此心存亡之端。若只如此讀書，則又不若不讀之爲愈也。況又中年，精力有限，與其泛觀而博取，不若熟讀而精思，得尺吾尺，得寸吾寸，始爲不枉用功力耳。鄙見如此，不審明者以爲如何？

陸子小朱子九歲，而叔晦又陸子之門人也。謂叔晦爲中年，則朱子爲晚年矣。不欲泛觀博取，而求熟讀精思，與陸子之教合。

答沈叔晦　三

示喻兩塗之疑，足見省身求善，不自滿足之意，警發多矣。自惟媮惰，何以及此？況又未得面承，事理之間，亦有難喻度者，何敢容易下語？顧以不鄙見辱之厚，竊以所喻思之，恐所謂聞道讀書者皆救病之良藥也。但未知其所謂道者何道？所謂書者何書？而所以聞之、讀之，又如何用其力爾？區區更願審扣其人，以究其説，而決其是非。政使其説未必盡是，而因此講求同異之間，便自可以見真是之所在。向後所力〔四〕，則以前日躬行之實充之，且不患其不勇也。大抵近年學者，求道太迫，立論太高，往往嗜簡易而憚精詳，樂渾全而畏剖析，以此不見天理之本然，各墮一偏之私見，別立門庭，互分彼我，使道體分裂，不合不公，此今日之大患也。不識明者以爲如何？子約爲人固無可疑，但其門庭近日少有變異，而流傳已遠，大爲學者心術之害，故不得不苦口耳。近日一派流入江西，蹴踏董仲舒，而推尊管仲、王猛，又聞有非陸贄而是德宗者，尤可駭異。所欲言者甚衆，甚衆。

叔晦爲陸子門人，朱子與書不欲別立門庭，則知分別異同者之謬。陸子答羅春伯論朱、林之争，謂「開闢以來只是一家」。又嘗謂「孔孟未嘗自立門户」，意亦如此。末段則專言浙學也。

答孫季和應時　一

所喻平生大病，最在輕弱，人患不自知耳。既自知得如此，便合痛下功夫，勇猛舍棄。不要思前算後，庶能矯革，所謂「藥不瞑眩，厥疾不瘳」者也。明善誠身，正當表裏相助，不可彼此相推。若行之不力，而歸咎於知之不明，知之不明，而歸咎於行之不力，即因循擔閣，無有進步之期矣。它論數條，亦所當講，別紙奉報，幸併詳之。隱括程書，豈所敢當？當時諸先達蓋嘗有欲爲之而未果者。然自今觀之，却似未爲不幸，况後學淺陋，又安敢議此乎？子約漢、唐之論，在渠非有私心，然亦未免程子所謂乃邪心者，却是教壞後生，此甚不便。近年以來，彼中學者未曾理會讀書脩己，便先懷取一副當功利之心，未曾出門踏著正路，便先做取落草由徑之計，相引去無人處，私語密傳，以爲奇特，直是不成模様，故不得不痛排斥之。不知子約還知外面氣象如此否耳？

「明善誠身，表裏相助」，即陸子所謂「爲學有講明、有踐履」也。朱子晚年攻浙學尤甚，凡攻浙學，皆在伯恭没後也。

答石應之　一

所示文字，深切詳審，説盡事情。想當時面陳，又不止此，而未足以少回天意，此亦時運所繫，非人力所能與也。更願益加涵養講學之功，而安以俟之。事會之來，豈有終極？安知其不愈鈍而後利耶？熹衰朽殊甚，春間一病狼狽，公謹見之。繼此將理一兩月，方稍能自支，然竟不能復舊。幸且復得祠禄休養，而幼累疾病相仍，殊無好況。心昏目倦，不能觀書，然日用功夫不敢不勉，間亦細繹舊聞之一二，雖無新得，然亦愈覺聖賢之不我欺，而近時所謂「喙喙争鳴者」之亂道而誤人也。無由面論，臨風耿耿，公謹想已到彼矣。渠趣向意味，朋友間少得，但意緒頗多支離，更與鐫切，令稍直截，當益長進耳。

「衰朽殊甚」，自是晚年。然戒支離，求直截，合於陸子。

答諸葛誠之　一

示喻競辨之端，三復惘然。愚意比來深欲勸同志者，兼取兩家之長，不可輕相詆訾。就有未合，亦且置勿論，而姑勉力於吾之所急，不謂乃以曹表之故，反有所激，如來喻之云也。不敏之故，深以自咎。然吾人所學，喫緊著力處，正在天理、人欲二者相去之間耳。如今所論，則彼之因激而起者，於二者之間，果何處也？子静平日所以自任，正欲身率學者一於天理，而不以一毫人欲雜於其間，恐決不致如賢者之所疑也。義理天下之公，而人之所見有未能盡同者，正當虚心平氣，相與熟講，而徐究之以歸於是，乃是吾黨之責。而向來講論之際，見諸賢往往皆有立我自是之意，厲色忿詞，如對仇敵，無復長少之節，禮遜之容。蓋嘗竊笑，以爲正使真是仇敵，亦何至此？但觀諸賢之氣方盛，未可遽以片辭取信，因默不言，至今常不滿也。今因來喻，輒復陳之，不審明者以爲如何耳？

曹表謂立之墓表，淳熙十年作，時朱子年五十四歲，包顯道深不以爲然。朱子嘗以書問陸子，亦以爲好，未嘗牴牾。誠之二書，蓋欲調停其間。朱子之論，若盡如此書之平心和氣，則亦終無不合之理也。其後因「無極」之辨，乃遂憤激，竟成仇敵。舉此書所云，笑諸賢者，而躬自犯之，乃至終身不忘，甚矣，克己之難也！

答諸葛誠之　二

所喻「子静不至深諱」者，不知所諱何事？又云「銷融其隙」者，不知隙從何生？愚意講論義理，只是大家商量尋個是處，初無彼此之間不容，更似世俗遮掩回護，愛惜人情，纔有異同，便成嫌隙也。如何，如何？所云「粗心害道，自知明審」，深所歎服。然不知此心何故粗了？恐不可不究其所自來也。

答項平父安世　一

示喻此心元是聖賢，只要於未發時常常識得，已發時常常記得，此固持守之要。但聖人指示爲學之方，周遍詳密，不靠一邊，故曰「敬義立而德不孤」。若如今説，則只恃一個「敬」字，更不做集義工夫，其德亦孤立而易窮矣。須是精粗本末，隨處照管，不令工夫少有空闕不到之處，乃爲善學也。此心固是聖賢本領，然學未講、理未明，亦有錯認人欲作天理處，不可不察。識得、記得，不知所識、所記指何物而言？若指此心，則識者記者復是何物？心有二主，自相攫拏，聖賢之教，恐無此法也。持守之要，大抵只是要得此心常自整頓，惺惺了了，即未發時不昏昧，已發時不放縱耳。愚見如此，不知子静相報如何？因風録示，或可以警所不逮也。伊川先生云：「涵養須用敬，進學則在致知。」此兩句與從上聖賢相傳指訣如合符契，但講學更須寬平其心，深沉詳細以究義理要歸，乃爲有補。若只草草領略，就名數訓詁上著到，則不成次第耳。

平甫以淳熙九年初作書通問於陸子，此書云「不知子静相報何如」，則又在九年之後矣。「未發」、「已發」二語，合於求放心之説。第二書則悔悟甚切，蓋五十四、五歲時也。

答項平父　二

所喻曲折及陸國正語，三復爽然，所警於昏惰者爲厚矣。大抵子思以來，教人之法，惟以尊德性、道問學兩事爲用力之要。今子静所説，專是尊德性事，而熹平日所論，却是問學上多了。所以爲彼學者，多持守可觀，而看得義理全不子細，又别説一種杜撰道理遮蓋，不肯放下。而熹自覺於義理上不敢亂説，却於緊要爲己爲人上多不得力。今當反身用力，去短集長，庶幾不墮一邊耳。

前書欲平甫録示陸子所報以警不逮，此則平父録寄，而朱子以爲所警者厚也。此書爲朱、陸二家學術分門之目，而其論實發於朱子。世俗淺學無知，遇此等議論，即怪爲調停二家，蓋皆未讀朱子書也。

答項平父　三

官期遽滿，當復西歸，自此益相遠，令人作惡也。罵坐之説，何乃至是？吾人爲學，别無巧妙，不過平心克己爲要耳。天民聞又領鄉邑賑貸之役，不以世俗好惡，少改其度，深可敬服。朋友論議不同，不能下氣虚心，以求實是，此深可憂。誠之書來，言之甚詳，已略報之，可取一觀，此不復云也。聞宗卿、子静蹤跡，令人太息，然世道廢興，亦是運數，吾人正當勉其在己者以俟之耳。不必深憤歎，徒傷和氣，損學力，無益於事也。

此書知論治心爲要，已自鞭迫近裹，合於陸子之學。是書與答諸葛誠之同時。

答項平父　四

所喻讀書次第，甚善。但近世學者務反求者，便以博觀爲外馳，務博觀者，又以内省爲隘狹，左右佩劒，各主一偏，而道術分裂，不可復合，此學者之大病也。若謂堯舜以來，所謂兢兢業業，便只是讀書程課，竊恐有一向外馳之病也。如此用力，略無虚間意思，省察工夫，血氣何由可平，忿欲何由可弭耶？無由面論，徒增耿耿耳。

以專於讀書課程爲外馳之病，合於陸子。

答項平父　五

録寄啓書，尤以愧荷，稱許之過皆不敢當，但覺「難用」兩字著題耳。至論爲學次第，則更儘有商量。大抵人之一心，萬理具備，若能存得，便是聖賢，更有何事？然聖賢教人所以有許多門路節次，而未嘗教人只守此心者，蓋爲此心此理，雖本完具，却爲氣質之禀，不能無偏。若不講明體察，極精極密，往往隨其所偏，墮於物欲之私而不自知。近世爲此説者，觀其言語動作，略無毫髮近似聖賢氣象，正坐此耳。是以聖賢教人，雖以恭敬持守爲先，而於其中，又必使之即事即物，考古驗今，體會推尋，内外參合。蓋必如此，然後見得此心之真，此理之正，而於世間萬事，一切言語，無不洞然了其白黑。大學所謂「知至意誠」，孟子所謂「知言養氣」，正此謂也。若如來喻，乃是合下只守此心，全不窮理。故此心雖似明白，然却不能應事，此固已失之矣。後來知此是病，雖欲窮理，然又不曾將聖賢細密言語向自己分上精思熟察，而便務爲涉獵書史，通曉世故之學。故於理之精微既不能及，又并與向來所守而失之，所以倀倀無所依據，雖於尋常淺近之説亦不能辨，而坐爲所惑也。若使自家日前曾做得窮理功夫，此豈難曉之病耶？然今所謂心無不體之物，物無不至之心，又似只是移出向來所守之心，便就日間所接事物上比較耳。其於古今聖賢指示，剖析細密精微之藴，又未嘗入思議也。其所是非取舍，亦據已見爲定耳，又何以察夫氣禀之偏，物欲之蔽，而得其本心正理之全耶？便謂「存誠愈固，養氣愈充」，吾恐其察之未審，而自許過高，異日忽逢一夫之説，又將爲所遷惑而不能自安也。中間得葉正則書，亦方似此依違籠罩，而自處甚高，不自知其淺陋，殊可憐憫。以書告之，久不得報，恐未必能堪此苦日也。大學章句一本謾往，其言雖淺，然路脈不差，節序明審，便可行用，幸試詳之。「若能存得，便是聖賢，更有何事」，此朱子向時所以極詆陸子爲頓悟者。今以此告平父，似有得於心學矣。然下文又轉到考驗、推尋上去，蓋實未嘗用存心養性之功，故不信吾心中萬物皆備，而必求助於外耳，此猶是六十歲前後時所論。至七十歲時，則深信大程子「存久自明，何待窮索」之語，而自悔聞道之晚，受享不久矣。

答項平父　八

熹一病四五十日，危死者數矣。今幸粗有生意，然不能飲食，其勢亦難扶理，杜門屏息，聽天所命，餘無可言者。所幸一生辛苦讀書，細微揣摩，零星刮剔，及此暮年，略見從上聖賢所以垂世立教之意，枝枝相對，葉葉相當，無一字無下落處。若學者能虛心遜志，游泳其間，自不患不見入德門户。但相見無期，不得面講，使平父尚不能無疑於當世諸儒之論，此爲悵恨耳。

「暮年略見」，則前此所見，未爲定論矣，此朱子篤疾時所作之書。蓋平甫信陸子之教，其於朱子之言，終未能相信也。

答陳抑之 謙

熹從士友間聞足下之名，而願交焉，爲日久矣。衰病屏伏，無從際會，每以爲恨。而聽於往來之言，亦知足下之不鄙我，而將有以辱況之也。年歲以來，私家多故，不獲以聲問先自通於隸人，兹承枉書，感愧亡量。顧陳義高遠，雖古之賢人君子，懼不足以堪足下之意，而熹之愚，何敢當之以自取戾耶？然曩亦嘗有聞於先生長者矣。勤勞半世，汩没於章句、訓詁之間，黽勉於規矩、繩約之内，卒無高奇深眇之見，可以驚世而駭俗者。獨幸年來，於聖賢遺訓，粗若見其坦易明白之不妄而必可行者。私竊以爲儻得當世名達秀穎之士，相與講之，抑彼之過，彊此之不及，吾道庶其明且行乎。三復來書，果若有意於此，幸甚，幸甚！竄伏窮山，未知見日，繼此書疏之往來，猶足以見區區也。餘惟藏器勉學，慰此遐思。

半世汩没於章句訓詁，而年來見其坦易明白，漸合於陸子易簡之教矣。曰「衰病」、曰「私家多故」，當是喪子女時。

答應仁仲 一

大學、中庸屢改，終未能到得無可改處。大學近方稍似少病，道理最是講論時説得透。

纔涉紙墨，便覺不能及其一二，縱説得出，亦無精彩。以此見聖賢心事，今只於紙上看，如何見得到底？每一念此，未嘗不撫卷慨然也。

「紙上看不到底」，自當從陸子踐履之説矣。只從口裡講論，亦難明白，然已知訓詁之無益。改章句，自是晚年。

答周叔謹葉公謹改姓字　一

應之甚恨未得相見，其爲學規模次第如何？近來呂、陸門人互相排斥，此曰「各狥所見之偏，而不能公天下之心，以觀天下之理」，甚覺不滿人意。應之蓋嘗學於兩家，不知其於此看得果如何？因話扣之，因書喻及爲幸也。熹近日亦覺向來説話有太支離處，反身以求，正坐自己用功亦未切耳。因此減去文字功夫，覺得閒中氣象甚適。每勸學者，亦且看孟子「道性善」、「求放心」兩章，著實體察，收拾爲要，其餘文字且大概諷誦涵養，未須大段著力考索也。

公謹與應之往來，故此書中及應之。應之與朱子問答在黨禁時，最爲晚年。此時尚未見應之，故令叔謹扣之。又此書止説兩家門人，不及呂、陸二先生，其爲朱子晚年之論無疑。然自悔向來支離，因而減去文字，蓋已全用陸子之教。晚年定論，此爲至當不易者也。第二書即及經界事，則六十一歲守漳時事。凡與公謹書皆晚年。

答周叔謹　二

叔謹想且留彼，應之相聚，所講何事？文字且虛心平看，自有意味，勿苦尋支蔓，旁生孔穴，以汩亂義理之正脉。中庸謹思之戒，蓋此謂也。子約書來，説得大段支離，要是義理太多，信口信筆，縱横去得説得轉闊，病痛轉深也。如所論「功、體」二字，「太露」之類，亦是此樣。所云「須如顏子，方無一毫之非禮」，此説却是，但未知此意向在甚處？若云人須以顏子自期，不可便謂已至則可，若謂顏子方能至此，常人不可學他，即大不可，想渠必不至此誤。但亦只是每事須著一句纏繞，令不直截耳。公謹來書，依舊説得太多，更宜省約爲佳也。祝汀州已成見次，不知赴官能入山否？朝廷方遣使，命行經界，議鹽法，此亦振民革弊之秋，但恐不免少勞心力耳。彥章書來，云欲見訪，却不見到，不知何故？所論二人内外之偏，信然。此等處只是容易窄狹，自主張太早了，便生出無限病痛耳。彼既相信不及，勢亦無如之何，莫若且就已分上著力之爲急也。

行經界是守漳時事，時年六十一歲。

答周叔謹　四

示喻靜中私意横生，此學者之通患，能自省察至此，甚不易得。此當以敬爲主，而深察私意之萌多爲何事，就其重處痛加懲窒，久之純熟，自當見效。不可計功於旦暮，而多爲説以害之也。論語别本，未曾改定，俟便寄去。然且專意就日用處做涵養省察工夫，未必不勝讀書也。

按大全集，朱子與叔謹書共五首：第一首論陸、吕門人，已是朱子晚年。第二首論鹽法、經界，是六十歲守漳時事。第三首論修禮書，則最晚年也。此第四首，其爲晚年無疑。然謂涵養勝讀書，分明與陸子之教相合。

答周叔謹　五

所示仁説，差勝往時，但所引熹説，亦有誤字處，又恐錯認了，更略契勘爲佳。然書中所説「收拾放心」，乃是緊切下功夫處，講學乃其中之一事。今但專一於此下功，不須思前算後，計較得失。講學亦宜看直截明白處，不要支蔓。來書所謂「雖若小異，然亦不甚相遠」者，全是子約舊時句法也。

以收放心爲緊切工夫，而講學乃其中一事，此等議論，所謂與陸子符節相合者也。

答王季和 鈆 一

別幅之喻，具悉至意。嘗謂道之在人，初非外鑠。而聖賢垂訓，又皆懇切明白。但能虛心熟讀，深味其旨，而反之於身，必有以信其在我而不容自已，則下學上達，自當有所至矣。但讀書不可貪多，今當以大學爲先，逐段熟讀精思，須令了了分明，方可改讀後段，庶易見功，久久浹洽通貫，則無書不可讀矣。

答王季和 二

來示備悉。學者之志，固不可不以遠大自期，然觀孔門之教，則其所從言之者，至爲卑近，不過孝弟忠信、持守誦習之間，而於所謂學問之全體，初不察察言之也。若其高弟弟子，多亦僅得其一體。夫以夫子之聖、諸子之賢，其於道之全體，豈不能一言發之〔五〕，以相授納？而顧爲是拘拘者，以狹道之傳，晝人之志，何哉？蓋所謂道之全體，雖高且大，而其實未嘗不貫乎日用細微切近之間。苟悦其高而忽於近，慕於大而略於細，則無漸次經由之實，而徒有懸想跂望之勞，亦終不能以自達矣。聊誦所聞，以答下問之意。至於菴記大字之需，則非學之急，亦老懶之所不暇也。舒大夫向嘗相見於會稽，所論未合，今想其學益有成矣，聞其政亦甚佳，有本者固如是也。不及爲書，因見幸略道意。

前書謂「讀書不可貪多」，此書謂聖賢授受不言「道之全體」，其所見俱趨易簡。「老懶」之云，自是晚年。舒大夫謂文靖也。向論未合，而今稱其政爲有本，亦早異而晚同也。

又按：集中又有答林退思一書，首尾與此書全同。惟「終不能以自達」句下，尚有「故聖人之教，循循有序，不過使人反而求之至近、至小之中。博之以文，以開其講學之端，約之以禮，以嚴其踐履之實，使之得寸則守其寸，得尺則守其尺。如是久之，日滋月益，然後道之全體乃有所鄉望而漸可識，有多循習而漸可能。自是而往，俛焉孳孳，斃而後已。而其所造之淺深，所就之廣狹，亦非可以必詣而預期也。故夫子嘗以先難後獲爲仁，又以先事後得爲崇德。蓋於此小差，則心失其正，雖有鑽堅仰高之志，而反爲謀利計功之私矣。仁何自而得，德何自而崇哉」等語，共八行，皆循序切己之論，與陸子所以爲學，與所以教人之意無不相合。但此二書，人名必有一誤。蓋訓誨之辭，偶然相同者有之。而菴記大字之求，及舒大夫之問，豈能無一字之不同者？大全集編次此書在前，故存此書，而林書之多出者，附存於此焉。

答陳正己剛

往歲得呂東萊書，盛稱賢者之爲人，以爲十數年來朋友中未始有也。以此心願一見，而無從得。中間聞欲來訪，甚以爲喜，不久乃聞遽遭閔凶，深爲傷怛。顧以未嘗通問，不欲遽修慰禮，今者辱書，荷意良厚。且審秋辰殘暑，孝履支福，又以爲慰。示喻爲學大致及別紙數條，皆已深悉，但區區於此，有不能無疑者。蓋上爲靈明之空見所持，而不得從事於博學篤志、切問近思之實；下爲俊傑之豪氣所動，而不暇用力於格物致知、誠意正心之本。是以所論嘗有厭平實而趨高妙，輕道義而喜功名之心，其浮陽動俠之意，往往發於詞氣之間，絶不類聖門學者氣象。不知向來伯恭亦嘗以是相規否也？熹自年十四五時，即嘗有志於此，中間非不用力，而所見終未端的。雖其言或誤中，要是想像意度〔六〕，所幸内無空寂之誘〔七〕，外無功利之貪，全此純愚，以至今日，反復舊聞而有得也。乃知明道先生所謂「天理二字，却是自家體帖出來」者，真不妄也。近來浙中怪論蠭起，令人憂歎，不知伯恭若不死，見此以爲如何也？

正己初事陸子，繼師東萊。陸子與止齋書，謂「其中道異趨，慕用才術者也」，晚年始問學於朱子，見朱子與劉德修書。正己猶好浙學，故朱子此二書所答，與陸子語同。

答陳正己

示喻縷縷，皆聖賢大業，熹何足以知之？然亦未得一觀，即爲朋友傳玩，遂失所在。今不復能盡記，但覺所論，不免將内外本末作兩段事，而於輕重緩急，又有顛倒舛逆之病。究觀底裏，恐只是後世一種智力功名之心，雖强以聖賢經世之説文之，而規模氣象，與其所謂存神過化、上下同流者，大不侔矣。若戊子年間所見果與聖賢不異，即其所發不應如此。以故鄙意於此尤有不能無疑者，未得面論，徒增耿耿耳。

答路德章　一

所與子約書，甚善，但謂東萊遺言，有涉於經濟維持者，别爲一事，而異於平日道學之意，則恐亦未免有累於東萊也。龜山嘗譏王氏之學「離内外，判心迹，使道常無用於天下，而經世之務，皆私智之鑿」，正謂此耳。又謂：「倘遇漢祖、唐宗，亦須有争不得且放過處，亦是舊時意思尚在。方寸之地，只有一毫此等見識，便是枉尺直尋底根株，直須見得正當道理分明，不容些兒走作，即自然無復此等意思，雖欲宛轉回護，亦有所不可得矣。」古之聖賢以枉尺直尋爲大病，今日議論，乃以枉尺直尋爲根本。若果如此，即孟子果然迂闊，而公孫衍、張儀真可謂大丈夫矣。德章已見大意，自不必如此説。因筆及之，亦恐餘證未解，聊復云云耳。儀禮編已收，此間朋友未有能辨此者，春秋想亦不輟用功。此文字未能切己，然亦可惜中廢，但消減課程〔八〕，令日力有餘，不至忙迫，即玩索涵養之功不至闕欠矣。

編儀禮是最晚年，此書攻浙學，而意重涵養，與陸子同。

答路德章　二

所喻水到渠成之説，意思畢竟在渠上，未放水東流時，已先作屈曲準備了矣。毫釐之差，千里之謬，孟子、程子所以爲有功於天理，有力於聖門，有德於後學者，正在此處。不知何故前日直如此看倒了？今日雖欲回頭，而尚爲舊習所牽，不得自由也。

答路德章　三

奉一日告，獲聞安勝爲慰。但聞忍窮益堅，未有卒歲之計，則未能不相爲動心也。然詳來喻，似所以處者，亦未有盡善。蓋若謂「羞於出入」，則不應去冬未覺，而今夏方覺。謂厭請託，則此等以義裁之，一切不與，人自不能相干。謂所入不足自資，則又將去此而有求，其得失既未可期，而豐約亦未可料，此恐皆非所以決爲去就之實。或者但以平日意氣，不得俯仰，而忽然有所激觸，遂憤然爲此，而不暇顧計耳。大抵德章平日爲學，於文字議論上用功多，於性情義理上用功少，所以常有憤鬱不平之意，見於詞氣容貌之間，而所向者，無非崎嶇傴仄不可容身之地，此在世俗苟且流狥之中觀之，固亦足爲高，然在吾輩學問義理上看，則豈非膏肓深錮之疾，而不可以不早治者耶！即今且置此勿論，而以所喻讀論、孟者言之，則所謂不愛把來作口頭説話，故不敢作問而墮於寡陋者，豈亦不爲憤鬱不平之氣所發耶？夫學者讀書，有疑而不能自決，故不得已，而不能不問。今人無疑而飾問，以資談聽者，固不足道。然遂懲此而不問，則未知其果已洞然而無疑耶？抑有疑而恥自同於飾問，遂飲默以自愚，將未至乎有疑而不能問，遂發其憤悶，肆其忌克，而託於不問以自欺也。若已洞然而無疑，則善矣，然非上智之資不能及。若不幸而彷彿於後兩者之所謂，則吾恐其深有妨於進學，而大有害於養心也。昨見編集春秋，蓋嘗奉勸此等得暇爲之，不可以此而妨涵養之務，正爲此爾。但當時又見所編功緒已成，精密可愛，他人決做不得，遂亦心利其成，不欲一向説殺。以今觀之，則所謂「爲人謀而不忠」者，無大於此。乃始惕然自悔自咎，蓋不獨爲賢者惜之也。讀書爲學，本以治心。今乃不唯不能治之，而乃使向外奔馳，不得休息，以至於反爲之害，是豈不爲迷惑之甚乎？德章氣節偉然，非流輩所可及。私心常所愛敬，而區區之懷，猶有未得盡者，每竊以爲愧且恨也。因風布問，輒盡言之，想所樂聞，不至以爲罪也。

與路德章書共五首：第一首即有「東萊遺言」云云，第二首有編禮書語，蓋皆朱子晚年論也。此乃第三書，所云「讀書本於治心」一段，乃全是陸子之教。

答路德章　四

示喻縷縷備悉，然其大槪，皆自恕之詞。以此存心，亦無惑乎？德之不進而業之不修也。吾人爲貧，只有祿仕一途，可以苟活，無害於義。彼中距臨安不遠，豈不一爲參選計，而長此羇旅乎？此則未論義理，而只以利害計，亦未得爲是也。大抵是日前爲學，只是讀史傳，説世變，其治經亦不過是記誦編節，向外意多，而未嘗反躬内省以究義理之歸。故其身心放縱，念慮粗淺，於自己分上無毫髮得力處，此亦從前師友與有責焉。而自家受病，比之它人，尤更重害，此又姿稟不美，而無以洗滌變化之罪也。今日正當痛自循省，向裏消磨，庶幾晚節救得一半。而一向如此苟簡自恕，若不怨天，即是尤人，殊非平日所望於德章者也。來喻每謂熹有相棄之意，此是尤人之論。區區所以苦口相告，正爲不忍相棄耳。若已相棄，便可相忘於江湖，何至如此忉怛，愈增賢者忿懟不平之氣耶？只今可且捺下身心，除了許多閑説話，多方擘畫，去參了部，授一本等合入差遣，歸來討一歇泊處，將論語、孟子正文端坐熟讀，口誦心惟，雖自己曉得文義，亦須逐字忖過，洗滌了心肝五臟裡許多忿懥怨毒之氣，管取後日須有進步處，不但爲今日之路德章而已也。向見伯恭說，少時性氣粗暴，嫌飲食不如意，便敢打破家事。後因久病，只將一册論語早晚閑看，忽然覺得意思一時平了，遂終身無暴怒，此可爲變化氣質之法。不知平時曾與朋友說及此事否？德章從學之久，不應不聞，如何全不學得些子？是可謂不善學矣。

欲德章反躬内省，除去許多閑說話，俱合於陸子之教。惟「禄仕」、「苟活」及「多方擘畫」、「參部」等語，未免枉己狥人，止爲富貴之見，不知顏、曾、原憲貧甚，當日何以能自存耶？德章爲東萊弟子，東萊没後，始來問學。

答路德章　五

闕期不遠，便可得禄。襄陽古郡，多前賢遺迹，宦遊得此，亦正自不惡也。示喻爲學功夫，果充此言，何患不進？但讀書亦須隨章逐句，子細研窮，方見意味。若只用麤心，但求快意，恐終無以滌蕩塵埃，剗除鱗甲也。直卿在此問以來書所云，渠殊不省。然聞過則喜，吾人正當勉力，不須更懷不平之意，必求伸己而屈人也。踏雪之遊，果能踐約，幸甚。

讀書子細研窮，不可粗心，與陸子引用杜元凱「優遊饜飫」之說合。

答康炳道

所論學者之失，由其但以致知爲事，遂至陷溺，此於今日之弊，誠若近之。然恐所謂致知者，正是要就事物上見得本來道理，即與今日討論制度，計較權術者，意思功夫，迥然不同。若致得吾心本然之知，豈復有所陷溺耶？正坐論事而不求理，遂至生此病痛耳。熹於此非敢有所與奪，但見邪説横流，恐爲吾道之害，故不得不極言之。信之與否，則在乎人焉。若既排闢之，又假借之，則恐其弊將有至於養虎而遺患者矣。然區區於此，亦固未嘗有所絶於人而不與其進也，彼若幡然覺悟，去邪歸正，又豈熹之所能拒哉？東萊文字，須子細整頓成編，乃可商量，但此事亦不宜甚緩。蓋人生不堅固，若過却眼前諸人，即此事無分付處矣。

此亦論浙學之弊。編纂吕集自是晚年。路德章、康炳道皆東萊門人，朱子晚年所痛詆者。至謂「致吾心本然之知」，則甚合於陸子。

【校勘記】

〔一〕且理會教自己道理分明　「己」，文集卷五十三作「家」。

〔二〕與陳伯堅　「伯」原作「借」，據文集卷五十三改。

〔三〕此必亦已失去矣　「此」上，文集卷五十三有「計」字。
〔四〕向後所力　「所」，文集卷五十三作「用」。
〔五〕豈不能一言發之　「發」，文集卷五十四作「盡」。
〔六〕要是想像意度　「意」，文集卷五十四作「臆」。
〔七〕所幸内無空寂之誘　「誘」原作「誘」，據文集卷五十四改。
〔八〕但消滅課程　「消」，文集卷五十四作「稍」。

朱子晚年全論卷五

答郭希吕　二

知讀論、孟不廢，甚善。且先將正文熟讀，就自己分上看，更考諸先生説，有發明處者，博觀而審取之。凡一言一句，有益於己者，皆當玩味，未可便恐路徑支離，而謂有所不必講也。墓銘之額，更著宋字，亦佳，伯謨必已報去矣。大抵石長即以十字爲兩行，石短則以九字爲三行，隨事之宜可也。

與郭希吕第一書，辭作誌銘，有「憐衰老，勿破例，以速其就於死地」之語，乃最晚年事，故後四首俱存。此書教希吕讀論、孟之法，先將正文熟讀，合於陸子教人讀書之法，亦即復齋所謂「留心傳註翻榛塞」也。

答郭希吕　三

示喻所以居家事長之意，甚善，甚善！此事他人無致力處，正唯自勉而已。但謂「學問大端，不敢躐等言之」，則鄙意有所未曉者。夫學問豈以他求？不過欲明此理而力行之耳。但其功夫所施有序，而莫不以愛親敬長爲先，非謂學問自是一事，可以置之度外，而姑從事於孝友之實也。故熹竊願昆仲相與深察此意，而講於所謂學問之大端，以求孝弟之實，則閨門之内，倫理益正，恩義益篤，將有不期然而然者矣。若以學問爲一大事，不可幾及，而汲汲然徒蔽精神於科舉文字之間，乃欲別求一術以爲家庭雍睦悠久之計〔一〕，竊恐天理不明，人欲横生，其末流之弊，將有不可勝慮，不可勝防者，不審賢者以爲如何？

學問以愛親敬長爲先，非別爲一事，合於陸子專務踐履之教。「自勉」云云，亦陸子所謂「切己自反」也。

答郭希吕　四

示喻縷縷，似未悉前後鄙意者。蓋人心有全體運用，故學問有全體工夫。所謂孝弟，乃全體中之一事，但比他事爲至大而最急耳，固不可謂學者止此一事便了，而其餘事可一切棄置而不問也。故聖賢教人，必以窮理爲先，而力行以終之。蓋有以明乎此心之全體，則孝弟固在其中，而他事不在其外。孝弟固不容於不勉，而他事之緩急本末，亦莫不有自然之序。苟不明此，則爲孝弟者，未免出於有意，且又未必能盡其理，而爲衆事之本根也。今以六經、大學、論語、中庸、孟子諸書考之，可見矣。希吕自謂多病，故不能精思博學，而姑用力於其所及，則固已爲自棄，而猶可諉曰近本。若遂以爲孝弟之外更無學問，則其謬見甚矣。且誠多病，而不能精思博學矣，則又何爲而苦心竭力，以從事於科舉之文耶？此之不爲，而彼之久爲，雖曰不厚於利而薄於義，吾不信也。希吕其更思之。書院規模，且隨事隨力爲之，卻就事實上考察整理，方見次第，不須如此預先安排。記文扁牓，尤是外事，但此等意思，即見浮淺外馳之驗。若於學問全體上切己處用得功夫，即氣象自當深厚宏博矣。太極、西銘、通書各往一本，試熟讀而思之，亦求理之一端也。大抵學者不可有放過底事，久之不已，雖無緊要功夫，亦有得力處也。

記文榜匾，俱是外事，而教以切己處用功，合於陸子切己自反之說。

答郭希吕　五

示喻縷縷備悉。然所謂收心正心，不是要得漠然無思念，只是要得常自惺覺，思所當思，而不悖於義理耳。別紙所示，看得全未子細，更宜加功，專看大學，首尾通貫，都無所疑，然後可讀語、孟。語、孟又無所疑，然後可讀中庸。今大學全未曉了，而便兼看中庸，用心叢雜如此，何由見得詳細耶？且更耐煩，專一細看爲佳。日月易得，大事未明，甚可懼也。

收心正心，合於陸子之説。

答時子雲

來喻滿紙，深所未喻，必是當時於此見得太重，所以如此執著，放捨不下。今想未能遽然割棄，但請逐日那三五分功夫，將古今聖賢之言，剖析義利處，反復熟讀，時時思省，義理何自而來，利欲何從而有？二者於人孰親孰疏，孰輕孰重，必不得已，孰取孰舍，孰緩孰急，初看時似無滋味，久之須自見得合剖判處，則自然放得下矣。捨此不務，紛紛多言，思前算後，展轉纏縛，一生出不得，未論小小得失，政使一旦便登高科、躋顯官，又須別有思量擘畫〔一〕，終不暇向此途矣。試思之，如何？向編近思録，欲入數段，説科舉壞人心術處，而伯恭不肯。今日乃知此個病根，從彼時便已栽種培養得在心田裏了，令人痛恨也。

分別義利，爲入學第一事。自意念以及視聽言動，無物不有，無時不然。一日止那三五分工夫，似邢和叔「三檢點」之説矣。然此書大意，與陸子鹿洞講義相合，自是名言。

追思編近思録，又云「令人痛恨」，必在伯恭既没之後，改不及也。

答汪子卿

一别累年，疾病多故，不獲以時致問訊，第積馳仰。正思之來，辱手書兩通，意厚禮勤，有非區區淺陋所敢當者。然足以見好學之篤，雖老而不忘也。信後冬深，寒暖不常，不審尊候何如？伏惟起處萬福。熹犬馬之齒，雖在賢者之後，然今亦是老境。平生所學，非不究心，然未有大得力處。三復來誨，皆其力之所不能及者，而何足以少助於高明？但荷意之勤，亦不敢隱其固陋耳。竊謂來書所引論語數條，言仁甚悉，而所論反覆，亦不爲不詳。獨於「仁」之一字，義理意味與其所以用力之方，皆未之及，豈其於此固有以默契而忘言也耶？不然，則仁之所以爲仁者，初未嘗曉，然有見於心，而的然有得於己，吾恐所謂不違不害者之茫然，如捕風繫影之無措，而所以處夫窮通得喪之際者，或未能泰然無所動於其中也。長者之明，雖不至此，然以所謂變通之術者觀之，則有以見其未免於彼之重而此之輕也。昔子貢「無諂無驕」之問，蓋自以爲至，而夫子以爲未若樂與好禮，何哉？無諂無驕，則尚局於貧富之中，樂且好禮，則已超然乎貧富之外也。然其所以至此，則必嘗有所用其力矣。非規規於兩者之間，有所較計，抑遏而求出於此也，又況於自料其必有所不安，而預爲變通之計，則恐其所立，又將出於無諂無驕之下無疑矣。區區鄙意，竊願長者於此，姑無恤其他，而深探聖賢之言，以求仁之所以爲仁者，反諸身而實用其力焉，則於所以「不違不害」者，皆如有物之可指，而窮通得失之變，脱然其無與於我矣，不識高明以爲如何？若有未安，幸復見教也。

自云「老境」，當是晚年。反身用力，與陸子合。

答徐斯遠文卿　一

文叔作縣，不作著實功夫，狼狽至如此，如何著力？「辟置」之説，臨難苟免，尤爲非義，如何可萌此意？況未有可求處耶！子耕得近信否？所苦如何，想已向安。如今後生，遲鈍者不濟事，其開爽者，又多騖於文詞。子耕近來覺向裏，甚可喜也。

朱子答黄子耕書共十四首，第二書即云「衰病，來日無幾」，蓋子耕就學最在後。書末及子耕，必晚年也。此書與第三書意取向裏，刊落枝葉，合於陸子矣。

答徐斯遠　三

昌父志操文詞，皆非流輩所及，至此適值悲撓，未能罄竭所懷。然大概亦已言之，不過欲其刊落枝葉，就日用間深察義理之本然，庶幾有所據依以造實地，不但爲騷人墨客而已。今渠所志，雖不止此，然猶覺有偏重之意，切己處却全未有所安也。斯遠亦不可不知此意，故此具報，幸有以交相警切爲佳耳。彦章議論雖有偏滯不通之病，然其意思終是靠裏近實，有受用處也。

答李守約　九

王子合過此，説失解曲折，甚以爲恨。此等事，遲速自有時節，若斷置得下，則自與我不相干矣。上蔡於此發明甚有力，正好於實地上驗之也。前書所問「誠」字之説，大概已得之。禽獸於義禮上有見得處，亦自氣稟中來，饑食渴飲，趨利避害之類而已。只爲昏愚，故上之不能覺知，而下亦不能作僞。來喻上文蓋已言之，不知如何又却更疑著也？大中之説，不記向來所論首尾，此亦只是無事之時，涵養本原，便是全體。隨事應接，各得其所，便是時中。養到極中而不失處，便是致中。推到時中而不差處，便是致和。不可説學者方能盡得一事一物之中，直到聖人地位方能盡得大中之全體也。仁包五常之説，已與令裕言之。大抵如今朋友就文義上説，如守約儘説得去，只恐未曾反身真箇識得，故無田地可以立脚，只成閒話，不濟事耳。

朱子答守約第四書云「熹目盲」，第八書云「病勢」，皆最晚年事。此第九書也。所云「就文義説，未曾反身，無地立腳，只成閒話」等語，合於陸子專務踐履之意。第十書即説黨禁事矣。

答趙然道師雍

足下求官得官，今所從宦，又去親庭不遠，足以往來奉養，君親之義，爲不薄矣。今乃無故幡然自謂棄一官如棄涕唾，何始慮之不審，而乃爲此傲睨之詞耶？此鄙拙之所未喻也。荆門之訃，聞之慘怛，故舊凋落，自爲可傷，不計平日議論之同異也。來喻又謂「恨不及見，其與熹論辨有所底止」，此尤可笑。蓋老拙之學，雖極淺近，然其求之甚艱，而察之甚審，視世之道聽塗説於佛老之餘，而遽自謂有得者，蓋嘗笑其陋而譏其僭，豈今垂老，而肯以其千金，易人之敝帚者哉？又況賢者之燭理，似未甚精，其立心似未甚定，竊意且當虚心擇善，求至當之歸，以自善其身。自此之外，蓋不惟有所不暇，而亦非所當預也。向有安仁吴生書來，狂僭無禮，嘗以數字答之。今謾録去，試一觀之，或不爲無補也。所喻寫孟子字「多不暇」三大字適冗，亦未及作。然此亦何能有助於學，而徒使老者揮染耶？

陸子之存也，則率寮友諸生聽其講，又請筆之於簡而受藏之，以祈不迷於入德之方，鹿洞講義題跋可考也。迨陸子之没，則詆爲「道聽塗説於佛老之餘」，「嘗笑其陋而譏其僭」，與從前跋語不嫌稍牴牾乎？蓋論太極、無極，正在陸子没前一二歲間。憤怒之餘，故其言如此。序文謂詆陸子之言，亦皆備載，此書是也。

答邵機〔三〕

遠辱惠書，良荷厚意，而長牋短幅，表裏殫盡，尤見雅志之高遠也。高侯教士養民之績，已悉書之，如來喻之云矣。但衰晚多病，目瞖神昏，序事之外，無能有所發明，此爲愧耳。至於高侯之所以教，與足下之所以學，亦恨未得其詳。然竊意必欲實爲學，亦當有以自致其力，於日用之間，存心養氣，讀書窮理，積其精誠，循序漸進，然後可得，決非一旦慨然永嘆，而躐等坐馳之所能至也。

邵機，宜興貢生也。邵叔義即邵叔誼，見陸子文集，任看詳機宜文字，陸子嘗稱爲邵機宜。題注云「一本無『叔義』二字，有『機』字」，當改從「機」爲是。其稱高侯云云，乃商老令宜興時，遺機來請朱子作學記、倉記，時則慶元元年，朱子六十四歲。而致力日用之説合於陸子。又自言「目瞖」，亦朱子最晚年事。

答邵叔義　四

子静書來，殊無義理，每爲閉匿，不敢廣以示人，不謂渠乃自暴揚如此。然此事理甚明，識者自當知之，當時若便不答，却不得也。所與左右書，渠亦録來，想甚得意。大率渠有文字，多即傳播四出，唯恐人不知，此其常態，亦不足深怪。吾人所學，却且要自家識得分明，持守正當，深當以此等氣象舉止爲戒耳。太極等書四種，謾附呈，恐有所疑，却望疏示。徐丞處想時有便也。吴大年極荷留念，想且留番陽也。

所云子静書，即論無極書也。是否無義理，自有公論。然謂「以得意而傳播」，陸子何至於此？以與邵書示朱，又以與朱書示邵，蓋欲互相講明此理耳。否則以與朱書示邵可矣，又以與邵書寄朱，豈亦欲朱子傳播其得意耶？陸子與朱子論無極及與邵叔誼書，俱在戊申年，時朱子五十九歲。兩先生不合，惟此數年爲甚，蓋皆由論無極致相冰炭也。

答趙子欽彦肅〔四〕　一

昨承寄及文字，意謂一時思索，偶有所未至，故率易報去。今承示喻，乃平日所深體而實見者，甚愧輕發。然所謂深體而實見者，乃止如此，在賢者似尤不宜如此便休也。删遺書之未精，探易傳之未至，此在當日楊、尹諸先達猶未敢輕言之，今日安敢議此耶？只如所示屯卦之説，深所未曉。若欲以此揍補易傳七分之心，恐合不著也。大率近日學者，例有好高務廣之病，將聖人言語，不肯就當下著實處看，須要説教元妙深遠，添得支離蔓衍，未論於己無益，且是令人厭聽。若道理只是如此，前賢豈不會説？何故却只如此平淡簡短，都無一種似此大驚小怪底浮説？蓋是看得分明，思得爛熟，只有此話，别無可説耳。其曰「只説得七分」者，亦言沈酣浸漬，自信自得之功，更在學者自著力耳，豈是更要别添外料，釀元酒而和大羹也耶？且如「元亨利貞」四字，文王本意，在乾坤者只與諸卦一般，是大亨而利於正耳。至孔子作彖傳、文言，始以乾坤爲四德，而諸卦自如其舊。二聖人意非有不同，蓋各是發明一理耳。今學者且當虚心玩味，各隨本文之意而體會之。其不同處，自不相妨，不可遽以己意，横作主張，必欲挽而同之，以長私意、增衍説，終日馳騖於虚詞浮辨之間，而於存養省察日用之功，反有所損而無所益也。去歲承書之日，適有江西傅子淵在坐。蓋喜聞足下之説，而以示之，子淵不善也，熹猶未以爲然。然自今觀之，則拙者之見，果爲有愧於子淵矣。願賢者深思而有以反之，勿使熹爲終有愧也。

子淵見朱子，在淳熙十二年。今云「去歲在坐」，則此書在十三年丙午歲，朱子年五十七歲時也。以馳騖虚詞爲有損實功，已合於陸子之説矣。又朱子平日極詆子淵，此書乃謂有愧於子淵，是子淵亦未可概詆也。

答趙子欽　二

示喻訥言敏行之意，甚善。然前書鄙論，亦非謂都不講究而專務力行也。正爲聖言微指，本自精約，不當如是支蔓以求之，恐其愈多而愈遠耳。

不當支蔓，合於陸子説經之旨。

答趙子欽　四

自反研幾之喻，極感至意，不敢不勉，但他論有未能無疑者。如詩樂起調畢曲之法，乃自古所傳，如此音調方有歸宿，不可紊亂。温公書儀誠有未盡合古制處，然兼而存之，自可考見得失。今以其一詞之不合，便欲削去，似亦草率。且彼以俗尚而雜古禮，吾以臆見而改古樂，安知後之視今，不猶今之視昔耶？堂室制度，必已得其詳實，因便早幸示及，方欲葺數椽之居，或可取以爲法耳。子静後來得書，愈甚於前。大抵其學於心地工夫不爲無所見，但便欲恃此陵跨古今，更不下窮理細密功夫，卒并與其所得者而失之。人欲横流，不自知覺，而高談大論，以爲天理盡在是也，則其所謂心地工夫者，又安在哉？

後書「愈甚於前」，蓋指論無極第二書，在淳熙十五年戊申歲，時朱子五十九歲時也。大程子謂「存久自明，何待窮索」，今既謂陸子有見於心學，又欲其別爲窮理工夫，不知與大程子之説相合否？且陸子年譜稱其「自幼讀書便著意，伯兄夜分起，嘗見其檢書」，非不窮究者也。

答趙子欽　六

熹數年來，有更定舊書數種，欲得面論而不可得。大抵愚意常患近世學者，道理太多，不能虚心退步。徐觀聖賢之言，以求其意，而直以己意强置其中，所以不免穿鑿破碎之弊，使聖賢之言不得自在，而常爲吾説之所使，以至劫持縛束而左右之，甚或傷其形體而不恤也。如此，則自我作經可矣，何必曲躬俯首而讀古人之書哉？不識明者以爲如何？

朱子所患近世學者之病，他人俱不敢如此，惟朱子於大學頗近之。所云「更定舊書數種」，豈即大學、孝經諸書，而改本今不傳耶？然所論則爲解經者之善法，與陸子戒學者看「經書不可執己見，入自是之域」者甚相合。

答趙子欽　七

禮圖甚精，但病軀尚爾支離，正甫到此未久，亦大病數十日，今又迫歸，遂不得子細商訂。但昨來黄埍考得堂序制度，頗與來示不同，亦未暇參考折中。正甫計必持歸，幸爲詳之，因來喻及也。易説用意固甚精密，愚意亦素謂易學不可離却象數，但象數之學，亦須見得大概總領，方可漸次尋探。今但如此瑣細附合，恐聖人之意，本未必爾，而虚費功力也。大抵讀書，須見得有曉不得處，方是長進，又更就此闕其所疑，而反復其餘，則庶幾得聖人之意，識事理之真，而其不可曉者，不足爲病矣。正甫趨向持守，甚不易得。但看文字，亦尚多强説處，此學者之通患，如前輩亦或未能免。先聖所謂「寬以居之」〔五〕，子張所謂「執德不弘」，正爲救此病耳，不識明者以爲如何？無由面語，書札不得究所欲言，而衰晚疾病，恐不久在世間。或能早爲命駕一來，使區區懷抱得以傾倒，而萬一辱有取焉，亦非小因緣也。此間雖有士友數輩，然與之語，往往不能盡人意。一旦溘然，此事便無所寄，不得不爲之慮耳！大學、語、孟説各一通謾往，此近日所修定，然尚覺得有硬説費力處。煩爲一閲，見日而論，須盡去此等病，方見聖人本意也。

陸子教人讀書，且依傍舊解，而不知者姑置之，與此書正合。至其自云「不久在世」，自是最晚年。黄㽦修儀禮亦最晚年也。然大學、語、孟修改，尚自以爲有病，今人乃一字不敢置疑，恐亦非朱子之意矣。

答葉正則適　一

來書毫毛鈞石之論，是乃孟子所謂尋尺者。此等議論近世蓋多有之，不意明者亦出此也。古人爲己之實，無多言語。今欲博考文字以求之，而又質之於膠擾未定之胸次，宜其愈求而愈不得也。既未知其實之所在，則所謂百餘年來之所講貫者，果指何事以充之，而遽以爲未合於聖賢之中耶？

正則於朱子晚年始通書問，故第四書即有「死亡無日」之語。謂「爲己之實，無多言語」，正陸子戒朱子閒議論之説，而朱子晚年乃以此教人也。

答葉正則　四

向來相見之日甚淺，而荷相與之意甚深。中間寓舍並坐移晷，觀左右之意，若欲有所言者，而竟囁嚅不能出口。前後書疏往來，雖復少見鋒穎，而亦未能彼此傾倒，以求實是之歸。但見士子傳誦所著書，及答問書尺，類多籠罩包藏之語，不唯他人所不解，意者左右亦自未能曉然於心而無所疑也。世衰道微，以學爲諱，上下相狥，識見議論，日益卑下，彼既不足言矣。而吾黨之爲學者，又皆草率苟簡，未曾略識道理規模，工夫次第，便以己見摶量湊合，撰出一般説話，高自標置，下視古人，及考其實，則全是含糊影響之言，不敢分明道著實處。竊料其心，豈無所疑？只是已作如此聲勢，不可復謂有所不知，遂不免一向自瞞，强作撑柱。且要如此鶻突將去，究竟成就得何事業？未論後世，只今日旁觀，便須有人識破。未論他人，只自己方寸，如何得安穩耶？中間得君舉書，亦深以講究辨切爲不然。此蓋無他，只是自家不曾見得親切端的，不容有毫釐之差處，故作此見耳。欲得會面相與劇談，庶幾彼此盡情吐露，尋一個是處，大家講究到底，大開眼看覷，大開口説話，分明去取，直截剖判，不須得如此遮前掩後，似説不説，做三日新婦子模樣，不亦快哉！孟子自許雖行霸王之事而不動其心，究其根原，乃只在識破詖、淫、邪、遁四種病處。今之學者不唯不能識此，而其所做家計窠窟，乃反在此四種病中，便欲將此見識，判斷古今，議論聖賢，豈不誤哉！相望千里，死亡無日，因書聊復一言，不審明者以爲如何？然勿示人，恐又起鬧，無益而有損也。劉智夫此間相去不百里，暑中未得款會。同志難得，但恐自處已太高了，不肯放下就實做工夫耳。年來見得此事極分明，乃知曾子實以魯得之，而聰明辨博如子貢者，終不得與聞此道之傳，真有以也。

朱子晚年既詆陸，又詆呂，皆譏切極量，故葉正則、陳止齋皆不與辨論，而朱子必欲其辨，誠可謂好辨者矣。此書中云「死亡無日」，自是晚年。然謂曾子「以魯得之」，子貢「不得與聞」，乃陸子屢舉以告朱子而不以爲然者。今乃舉以告正則，信乎晚年之見同也！

答方賓王 誼 一

伏自先人，寔與先侍郎丈有遊從之好，而熹蚤歲又得以州縣小吏趨走幕府之下，辱慰薦焉。衰悴無堪，不能有以報效萬一，每念知顧之重，未嘗不愧且歎也。屛居衰僻，病懶相仍，又不能一通問訊門下，然知舊間，亦未嘗不詢扣動静而鄉往不忘也。屬者入都，不能半月而匆匆以去，乃辱專人追路，惠以手書，意寄勤厚，三復增歎。且審即日極暑，尊候萬福，又以爲慰。示喻爲學之意，親切的當而不失其序。近日所見朋友講習，未有能及此者，甚慰鄙意。但以所謂三條觀之，恐前日講貫之功，猶有未究其極者，而今日所謂操存涵養者，又不免離却前日所講，别作一段不言不語底功夫也。大學之序，自格物致知以至於誠意正心，不是兩事，但其内外淺深，自有次第耳。非以今日之誠意正心爲是，即悔前日之格物致知爲非也，不識明者以爲如何？如延平行狀中語，乃是當時所聞其用功之次第，今以聖賢之言進修之，實驗之，恐亦自是其一時入處，未免更有商量也。程子所論「心」指「已發」，後書明言，此固未當，則是一時言語，不免小差，須如後説，乃爲無病。蓋性爲體，情爲用，而心則貫之，必如横渠先生所謂「心統性情」者，其語爲精密也。忠信之説，大概甚善。但理之是非，事之當否，恐當於是非、羞惡之端論之，忠信之得名，未必爲此設也。道旁客舍，草草布此，言不盡意，恐有未安，更俟垂喻。有書只託吕子和發書至婺女，彼中時有便也。未由面講，豈勝悵然，唯冀以時珍衛，用慰遠懷，千萬之望！

「衰悴無堪」，自是晚年。「入都半月」，則戊申召對也，時年五十九歲。謂格致、誠正不是兩事，則陽明先生嘗持此説，而學者群疑，不知其説出於朱子，其實即孟子所謂「學問之道無他，求其放心而已」。而陸子主以爲學，因用以教人者也。

答方賓王　二

別紙所喻，向亦見浙中士友，多立一偏之論，故爾過憂。然存養之功，亦不當專在静坐時，須於日用動静之間，無處不下功夫，乃無間斷耳。心、性、情之説，亦已得之，但性即理也，今以爲萬理之所自出，又似别是一物。康節先生云「性者，道之形體」，此語却似親切也。又云「静而不知所存，則性不得其中」。性之必中，如水之必寒，火之必熱，但爲人失其性，而氣習昏之，故有不中，而非性之不得其中也。鄙意如此，未知是否？

第一書既云「衰悴」，則第二書亦必晚年矣。存養之功，不專在静，日用動静之間，無處不下工夫，即陸子所謂人情事勢物理上用功也。

答方賓王　十四〔六〕

德聞知有進處，甚善。此亦賢者切磋之力，但不知時論既爾，能不退轉否耳？周南仲書來甚勤，然覺得安排準擬之意多，而無驀直向前之氣。若一向如此遲回擔閣，恐難得入頭處也。所喻涵養本原之功，誠易間斷然纔覺得間斷，便是相續處，只要常自提撕，分寸積累將去，久之自然接續，打成一片耳。講學功夫，亦是如此，莫論事之大小，理之淺深，但到目前，即與理會到底，久之自然浹洽貫通也。

第十三書得請致仕，此第十四書也，皆七十歲時語。「嘗自提撕」云云，與陸子合。

答鄭子上　二

所論大概多得之，偶以事出近村，不曾帶得書來，不及一一奉報。其間亦有一二合商量處，旦夕當別有便，却附書也。孟子「求放心」一條，尋常亦草草看了，以今觀之，真是學問之要，不可不留意也。

朱子年五十七，子上始來從學。其講論之詳，多在漳州以後。延請爲諸孫師時，則朱子年六十餘矣。「求放心」一語，陸子生平所服膺者，朱子晚年乃始知之，故曰晚年如符節之相合也。第三書意同。

答鄭子上　三

所喻人心道心之説，比舊益精密矣。但常如此虚心精察，自然見得舊説是非，漸次長進矣。甚善，甚善！今説如云「必有道心，然後可以用於人心」以下數語，亦未瑩也。所謂「守得定，方可以致知窮理」，此説甚當。孟子云「學問之道無他，求其放心而已」，豈是此事之外，更無他事？只是此本不立，即無可下手處。此本既立，即自然尋得路逕，進進不已耳。

答鄭子上　六

所論大學之疑，甚善。但覺前日之論頗涉倒置，故讀者汩没，不知緊切用功，子細看來，經文只是就大體規模上推説將來耳，非謂實經此漸次等級，然後及於格物也，故後來頗削舊語，意以此耳。補亡不能盡用程子之言，故略説破，亦無深意也。大抵看大學須先緊著精神領略，取大段規模，却便回來尋個實下手處，著緊用功，不可只守著此個行程節次，便認作到頭處也。

先窮理而後誠意，是先學文而後孝弟謹信親愛，故曰倒置。朱子自謂「補亡不能盡用程子之言」，蓋二程子改本，以知本爲知至，未嘗改也。「領略大段規模」，知本是也。「實下手處，着緊用功」，孔疏所謂「大學之功，以誠爲先」意也，至此已知古本之不可易矣。

答李堯卿 唐咨 一

示及疑義，已悉奉報。但恐且當據見成文義，反復玩味，自見深趣，不必如此附會立説，無益於事也。安卿書來，看得道理儘密，此間諸生亦未有及之者。知昏期不遠，正爲德門之慶。區區南官，亦喜爲吾道得此人也。鄧守下車既久，諸事當一新，鹽筴已囑鄭丞、趙糾言之，未知能勇爲否？

論讀書之法，與陸子意同，自是朱子晚年之論。若五十以前，便將古經隨意立論，更張補綴矣。安卿從學在漳州，南官亦指守漳，時朱子六十一歲。

答謝成之

熹病老益衰，今年尤甚，亦理之常，無足怪者。況身外之悠悠，又可復置胸中耶？所恨聞道既晚，而行之不力，上無以悟主聽，下無以變時習，而使斯文蒙其黮闇，是則不能無愧於古人耳。所示二典說，大概近似，目昏尚未及細看。此中今年絶無來學者，只邵武一朋友見編書說未備，近又遭喪，俟其稍定，當招來講究。亦放詩傳作一書，彼編所看後篇，得接續寄來，尤幸，恐當有所助耳。但三山林少穎説亦多可取，乃不見編入，何耶？李氏説爲誰？其論「放勳」字義，與林説正相似，又以「欽哉」爲戒飭二女之詞，則正與鄙意合也。蓋「女于時，觀厥刑于二女」，皆堯語。其下云「釐降二女于媯汭，嬪于虞」，乃是史記其下嫁二女於媯水，而爲婦於虞氏，於是堯戒以「欽哉」，正如所謂「必敬必戒者」，乃叙事之體也。自孔傳便以「女於時」以下爲史官所記，故失其指耳。諸詩亦佳，但此等亦是枉費功夫，不切自己底事。若論爲學，治已治人有多少事？至如天文地理，禮樂制度，軍旅刑法，皆是著實有用之事業，無非自己本分内事。古人六藝之教，所以游其心者，正在於此。其與玩意於空言，以校工拙於篇牘之間者，其損益相萬萬矣！若但以詩言之，則淵明所以爲高，正在其超然自得，不費安排處。東坡乃欲篇篇句句依韻而和之，雖其高才合揍得著，似不費力，然已失其自然之趣矣，況今又出其後？正使能因難而見奇，亦豈所以言詩也哉？東坡亦自曉此，觀其所作黄子思詩序論李、杜處，便自可見。但爲才氣所使，又頗要驚俗眼，所以不免爲此俗下之計耳。

首云「病老益衰」，又云「聞道既晚」，自是晚年之書。朱子生平作詩不少，至是始知枉費功夫，所謂聞道之晚，此亦一端也。天文地理等，初年疲精勞神，以矜浩博，而譏陸子下稍没襯墊，今始知六藝之教，不過遊心之具，此當在喜晴詩後。而陸子所喜爲，元晦至是有覺者也。

答陳廉夫

示喻縷縷，足認雅意。但爲學功夫不在日用之外，檢身則動静語默，居家則事親事長，窮理則讀書講義，大抵只要分别一個是非，而去彼取此耳，無他元妙之可言也。論其至近至易，則即今便可用力，論其至急至切，則即今便當用力，莫更遲疑。且隨深淺，用一日之力，便有一日之效，到有疑處，方好尋人商量，則其長進通達不可量矣。若即今全不下手，必待他日遠求師友，然後用力，卻目下蹉過却合做底親切功夫，虚度了難得底少壯時節，正使他日得聖賢而師之，亦無積累憑藉之資，可受鉗錘，未必能真有益也。

廉夫爲正獻之孫，以慶元三年卒，年止二十八，見朱子所爲墓志。即弱冠從學，亦在朱子最晚之年矣。此書句句近裏切己，悉合陸子之論。彼未嘗踐履而憑空商量，程子所謂「望塔説相輪」也。

答陳叔向 葵

去歲南遊，幸遂既見之願。别後忽忽踰年，欲致一書，未暇而使至，竟辱先施，感愧不可言。示喻學者不能身踐而騖於空言，此誠今世莫大之患，然亦不善讀書者之咎耳。書之設，豈端使然哉？大抵聖賢之教，無一言一句不是入德門户，如所謂禮樂不可斯須去身者，尤爲深切。直當佩服存省，以終其身，不但後學也。但道體無盡，人見易偏，内外本末，又不可不兼舉，此亦所當知耳。

朱子所謂「南官」、「南遊」，並指守漳。此書能受叔向之言，亦可救章句空言之病。

答胡平一 元衡

白鹿聞極留念，甚善，甚善！所謂「時文之外，别無可相啓發」者，語似過謙，此亦在夫爲之而已，豈真有限隔而不容一窺其門户哉？所喻三代正朔之説，舊嘗疑此而深究之，卒至不可稽考，而益重其所疑，因置不論。今讀來喻，考究雖詳，然反復再三，亦未有以釋所疑也。竊謂讀書，凡若此類，與其求必通而陷於鑿，且又虚費日力，而無補於日用切己之功，則似不若闕之之爲愈也。若夫所謂日用切己之功，則聖賢言之詳矣。其在大學、論語、中庸、孟子者，文義分明，指意平實，讀之曉然，如見父兄説門内事，無片言半詞之可疑者什八九也，曷爲不少置其心於此，而必用意於彼之崎嶇哉？因書附報，偶及於此，幸明者有以察之也。

首及白鹿，自是去南康之後，其爲晚年無疑。所論讀書之鑿，虚費日力，無補於日用切己之功，與陸子合。

答徐子融　三

有性無性之説，殊不可曉。當時方叔於此，本自不曾理會，率然躐等，揀難底問。熹若照管得到，則於此自合不答，且只教他子細熟讀聖賢明白平易切實之言，就已分上依次第做功夫，方有益於彼，而我亦不爲失言，却不合隨其所問，率然答之，致渠一向如此狂妄，此熹之罪也。駟不及舌，雖悔莫追。然既有此話頭，又不容不結末，今試更爲諸君言之，若猶未以爲然，則亦可以忘言矣。伊川先生言「性即理也」，此一句，自古無人敢如此道。心則知覺之在人，而具此理者也。橫渠先生又言：「由太虚，有天之名；由氣化，有道之名；合虚與氣，有性之名；合性與知覺，有心之名。」其名義亦甚密，皆不易之至論也。蓋天之生物，其理固無差别但人、物所稟形氣不同，故其心有明暗之殊，而性有全、不全之異耳。若所謂仁，則是性中四德之首，非在性外别爲一物，而與性並行也。然惟人心至靈，故能全此四德，而發爲四端；物則氣偏駁，而心昏蔽，固有所不能全矣。其父子之相親，君臣之相統，間亦有僅存而不昧者，欲其克己復禮以爲仁，善善惡惡以爲義，則有所不能矣，然不可謂無是性也。若生物之無知覺者，則又其形氣偏中之偏者，故理之在是物者，亦隨其形氣而自爲一物之理。雖若不復可論仁義禮智之彷彿，然亦不可謂無是性也。此理甚明，無難曉者。自是方叔暗昧膠固，不足深責，不謂子融亦不曉也。至引釋氏識神之説，則又無干涉。蓋釋氏以虚空寂滅爲宗，故以識神爲生死根本。若吾儒之論，則識神乃是心之妙，用如何無得？但以此言性，則無交涉耳。又謂「枯槁之物，只有氣質之性，而無本然之性」，此語尤可笑。若果如此，則是物只有一性，而人却有兩性矣。此語非常差醜。蓋由不知氣質之性，只是此性墮在氣質之中，故隨氣質而自爲一性，正周子所謂「各一其性」者。向使元無本然之性，則此氣質之性又從何處得來耶？況亦非獨周、程、張子之言爲然，如孔子言「成之者性」，又言「各正性命」，何嘗分别某物是有性底，某物是無性底？孟子言「山之性」、「水之性」，山、水何嘗有知覺耶？若於此看得通透，即知天下無無性之物。除是無物，方無此性。若有此物，即有此性。即如來喻：木燒爲灰，人陰爲土，亦有此灰土之氣。既有灰土之氣，即有灰土之性，安得謂枯槁無性也？又如「狹其性而遺之」，以下種種怪説，尤爲可笑。今亦不暇細辯，但請虚心静慮，詳味此説，當自見得。如看未透，即且放下，就平易明白切實處玩索涵養，使心地虚明，久之須自見得。不須如此信口信意，馳騁空言，無益於己，而徒取易言之罪。如不謂然，則請子融、方叔自立此論以爲宗旨，熹亦安能必二公之見從耶！至於易之説，又别是一事。今於自己分上見成易曉底物，尚且理會不得，何暇及此？當俟異日心虚氣平，萬理融徹，看得世間文字言語，無不通達，始可細細商量耳。此等若理會不得，亦未妨事，且闕所疑而徐思之，不當便如此咆哮無禮也。

朱子好爲講論，逢人説性説命，故照管不到。若陸子答王子遇，自無此病，且方以爲不當言而又言之，要是結習難忘耳。此書爲方叔而發。按方叔姓余，名大猷，兄正叔，名大雅，始見朱子於鉛山觀音寺，蓋淳熙六年，朱子將赴南康任，卧病於鉛山崇壽精舍，時年已五十矣。方叔相從，更在兄後。以書問學，必尤在後，追悔從前悮答，則尤在後，自是晚年之論。而切實涵養與陸子合。子融，鉛山人，亦與正叔同時從學。書末一段「涵養虚明，久須自見」云云，與大程子、陸子意合。第五書云「一病幾不可支」，又云「老境如此」，自是最晚之年。然其末論及方叔，則知此書先後同時。

答宋深之之源　一

熹往者入城，幸一再見。雖人事匆匆，未得款語，然已足以自慰矣。别後不得奉問，積有馳情。兹辱惠書，獲聞比日侍奉佳慶，進學有日新之功，尤以忻沃。經史諸説，足見修辭玩理之意，可爲後生讀書之法。屬以病目，方讀得一二篇，其詞氣深博，而義理通暢，甚可喜也。異時益求勝己之友，相與講明古人爲己之學，而力行之，則其所進，當有不止於此者矣。至於孔孟言性之異，則其説又長，未易以片言質然略而論之，則夫子雜乎氣質而言之，而孟子乃專言其性之理也。雜乎氣質而言之，故不曰同，而曰近，蓋以爲不能無善惡之殊，但未至如其所習之遠耳。以理而言，則上帝之降衷，人心之秉彝，初豈有二理哉？但此理在人，有難以指言者，故孟子之告公都子，但以其才與情者明之。譬如欲觀水之必清，而其源不可到，則亦觀諸流之未達者，而源之必清可知矣，此二義皆聖賢所罕言者。而近世大儒，如河南程先生、横渠張先生，嘗發明之，其説甚詳，具在方册者。今倉司所印遺書，即程氏説，而張氏之書，則蜀中自有版本，不知亦嘗考之否？熹自十四五時，得兩家之書讀之，至今四十餘年，但覺其義之深、指之遠，而近世紛紛所謂文章議論者，殆不足復過眼。信乎孟氏以來一人而已。然非用力之深者，亦無以信其必然也。舊嘗擇其言之近者，别爲一書，名近思録。今往一通，了翁責沈墨刻，亦可見前輩師友源流，併以奉寄。幸細讀之，有疑復見告也。令弟叔季詩、易之説，亦甚詳明。區區所望，蓋不殊前之云也。

書末云「十四、五時」，又加以四十餘年，則近六十矣。又首云「病目」，亦是最晚年事。勉深之爲己力行，不泛及講論，已合於陸子踐履之教。

答宋深之　三

大學是聖門最初用功處，格物又是大學最初用功處。試考其説，就日用間如此作功夫，久之意思自别。見得世間一切利欲好樂，皆不足以動心，便是小小見效處也。荀楊言性得失，忘記前語首尾云何，然此等處，若於自己分上見得分明，則亦不待人言，自然見得矣。但恐讀書之時，無爲己之意，只欲以資口耳，作文字，即意思浮淺，看他義理不出也。

答深之第二書已云「相見之晚」，蓋知第一書所云「目疾」，實晚年矣。此第三書也，謂讀書不可止資口耳，與陸子合。

答宋深之　七

示喻爲學之意，益以精專，而兄弟相勉，見於詩什，深慰老懷。又知更有蘇、范諸賢相與切磋，尤以爲喜。所問持養觀書之説，前此講之已詳，約而言之，持養之方，不過「敬」之一字。而讀書則世間無一事是不合知者，但要循序量力而進耳。南軒文，此間鏤板有兩本，其一熹爲序者，差不雜。黄州亦有官本，篇秩尤多，然多是少作，可恨也。此間本無見存者，不及寄去，後得之，當别附便耳。然讀書須辨得精粗得失，乃於己分有益。若但泛然看過，即枉費功夫矣。近似之説，固應辨析，以曉未悟。然自見得己分上道理極分明，然後可以任此責。如其未然，而欲以口舌校勝負，恐徒起紛競之端，而卒無益於道術之明暗也。孟子論鄉原亂德之害，而卒以君子反經爲説，此所謂上策，莫如自治者，況異端邪説，日增月益，其出無窮，近年尤甚，蓋有不可勝排者。惟吾學既明，則彼自滅熄耳。此學者所當勉，而不可以外求者也。澤之、容之不及别狀，意不殊前。相去數千里，會見無期，惟千萬力學自愛。

書首言「深慰老懷」，自是晚年。考朱子序南軒集，在五十六歲時。今久已鏤板，則尤在晚年矣。論讀書則欲其循序量力，辨疑似則欲其自見得己分上道理，不可紛競於語言，全合於陸子讀書講論之法。

答宋澤之

自頃人還，辱書之後，尋有臨漳之役，音問益難通。今春不幸，長子喪亡，亟請祠以歸行。過三山，始遇來使，并領書五通。垂問勤懇，千里遠書，難盡心曲，今且以其大者言之。大抵今之學者之病，最是先學作文干禄，使心不寧静，不暇深究義理。故於古今之學，義利之間，不復能察其界限分别之際，而無以知其輕重、取捨之所宜，所以誦數雖博，文詞雖工，而祗以重爲此心之害。要須反此，然後可以議爲學之方耳。向者蓋亦屢嘗相爲道此，然覺賢者意中未甚明了，終未免以文字言語爲功夫，聲名利禄爲歸趣。今以所述事狀觀之，亦可驗其不誣矣。若諸賢者果以愚言爲不謬，則願且以定省應接之餘功，收拾思慮，完養精神，暫置其所已學者，勿令洶湧鼓發狂鬧，却於此處深察。前所謂古今之學，義利之間，粒剖銖分，勿令交互，則其輕重取舍之極，自當判然於胸中，不待矯拂而趣操自分，聖學之門庭，始可以漸而推尋矣。此是學者立心第一義。此志先定，然後修己治人之方，乃可決擇而修持耳。人還無以爲意，臨漳所刻諸書十餘種，謾見遠懷。書後各有題跋，見所爲刻之意。近思録比舊本增多數條，如買櫝還珠之論，尤可以警今日學者用心之謬。家儀、鄉儀亦有補於風教，幸勿以爲空言而輕讀之也。

此書之首有「長子喪亡」之語，末又有寄臨漳所刻之書，蓋六十二歲時也。科舉害心，合於陸子鹿洞講義。

【校勘記】

〔一〕乃欲別求一術以爲家庭雍睦悠久之計　「睦」，原作「陸」，據文集卷五十四改。

〔二〕又須別有思量擘畫　「有」字原脱，據文集卷五十四補。

〔三〕答邵機　「邵機」，文集卷五十五作「邵叔義」，原目同。

〔四〕彦肅　「彦」字原脱，據文集卷五十六補。

〔五〕先聖所謂寬以居之　「先」，原作「元」，據文集卷五十六改。

〔六〕十四　文集卷五十六此書排序第十五。

朱子晚年全論卷六

答林正卿　一

季通書來，亦謂正卿甚進，不知乃有異論如此，此正是渠病處。蓋不先其在己，而欲廣求於外，所以向裏不甚得力，又不察學者才識之高下，而概欲其無所不知，所以誤得他人亦多馳騖於外，吾人當識其好處，而略其所偏也。聞渠謫居，却能自適，亦甚不易。歸期正不須問，旬呈亦不必求免。如陳了翁曾作諫官，及被謫，猶著白布衫繫麻鞋赴旬呈，朝廷行遣罪人，正欲以此困辱之。若必求免，是不受君命也。不受君命，不受天命也，而可乎？

季通被謫，朱子年七十矣。所論向裏而不求於外，與陸子合。

答林正卿　三

所示易疑，恐規模未是。蓋讀書之法，須是從頭至尾，逐句玩味，看上字時，如不知有下字，看前句時，如不知有後句，看得都通透了，又却從頭看此一段，令其首尾通貫，然方其看此段時，亦不知有後段也。如此漸進，庶幾心與理會，自然浹洽，非惟會得聖賢言語，意脈不差，且是自己分上身心義理日見純熟。若只如此匆匆檢閱一過，便可隨意穿鑿，排布硬說，則不唯錯會了經意，於己分上亦有何干涉耶？且如看此幅紙書，都不行頭直下看至行尾，便只作旁行横讀將去，成何文理？可試以此思之，其得失亦不難見也。

看書俱欲歸到自己分上，合於陸子之意。

答林正卿　四

季通云亡，凡在同志，無不痛傷。然人生要必有死，遲速遠近，亦何足較？明其臨行，却甚了了。區處付屬，皆有條理，亦足强人意也。所示中庸疑義，略此條析奉報。大率朋友看文字，多有淺迫之病，淺則於其文義多所不盡，迫故於其文理亦或不暇周悉。兼義理精微，縱横錯綜，各有意脈。今人多是見得一邊，便欲就此執定，盡廢他說。此乃古人所謂「執德不弘」者，非但讀書爲然也。要須識破此病，隨事省察，庶幾可以深造而自得也。

季通之亡，朱子年七十歲。「隨事省察」，「深造自得」，陸子之學也。

答曹元可

示喻爲學之意，仰見造詣之深，不勝歎仰。然嘗聞之，爲學之實，固在踐履，苟徒知而不行，誠與不學無異。然欲行而未明於理，則所踐履者又未知其果何事也。故大學之道，雖以誠意正心爲本，而必以格物致知爲先。所謂格物致知，亦曰窮盡物理，使吾之知識，無不精切而至到耳。夫天下之物，莫不有理，而其精藴，則已具於聖賢之書，故必由是而求之。然欲其簡而易知，約而易守，則莫若大學、中庸、論語、孟子之篇也。是以頃年嘗刻四古經於臨漳，而復刻此四書以先後其説，又略述鄙意，以附書後，區區於此，所以望於當世之友朋者，蓋已切矣。歸來只有數本，皆爲知識持去，不得納呈。然彼間相去不遠，自可致之，不難也。讀之有得，復以見教，千萬之望。

窮盡物理，必無之事。堯舜之知而不偏物，世有賢於堯舜者乎？然所求者只四子之書，趨於簡約，已與陸子讀書之法相合。陸子謂向在疏山讀書，止是一部論語，又嘗教人專讀孟子「牛山之木」以下數章。而與從前務博之意不同。「窮理」云云，特護其前説耳。「頃年、臨漳」，指六十歲守漳時也。

答汪叔耕

十月二十三日，熹扣首啓叔耕、茂材鄉友：辱書，并示詩文論説甚富。三復不置，足以見鄉道之勤，衛道之切，而所以用力於詞章者，又若是其博而篤也。顧惟衰晚，於道既無所聞，不足以堪見予之意，而少日粗親筆研，終不窺作者藩籬，且自覺其初無補於身世，遂用絶意棄去不爲，今數十年矣。又無以知所論之中失而上下其説也。然私竊計之，鄉道之勤，衛道之切，不若求其所謂道者，而修之於己之爲本，用力於文詞，不若窮經觀史以求義理，而措諸事業之爲實也。蓋人有是身，則其秉彝之則初不在外。與其鄉往於人，孰若反求諸己？與其以口舌馳説，而欲其得行於世，孰若得之於己，而一聽其用舍於天耶？至於文章，一小伎耳。以言乎邇則不足以治己，以言乎遠則無以及人，是亦何所與於人心之存亡，世道之隆替，而校其利害，勤懇反復，至於連篇累牘而不厭耶？足下志尚高遠，才氣明決，過人遠甚，而所以學者，未足以副其天資之美，熹竊惜之，又念其所以見予之厚而不忍忘也。不敢不盡其愚，足下試一思之，果能舍其舊而新是圖，則其操存探討之方，固自有次第矣，請繼今以言。人還，姑此爲報。向寒，千萬以時爲親自愛。不宣，熹再拜。

既自云「衰晚」，又云「文章棄去數十年」，自是晚年之論。然所云「與其向往于人，孰若反求諸己」，與陸子切己自反語合。「秉彝之則初不在外」，即陸子所謂「爾目自明，爾耳自聰，事父自能孝，事兄自能弟也」。

答方若水壬

龍巖之行，若問得實，使無罪者不以寃死，而有罪者無所逃刑，此非細事也。靜退之説亦甚善，但今亦未是教人求退，只是要得依本分，識廉恥，不敢自炫自鬻，以求知求進耳。然亦須是讀書窮理，使方寸之間，洞見此理。知得不求只是本分，求著便是罪過，不惟不可有求之之迹，亦不可萌求之之心。不惟不得説著「求」字，亦不可説著「不求」字，方是真能自守，不求人知也。

此書在紹熙元年庚戌歲，朱子守漳，而若水令長泰時，朱子六十一歲。説不求人知之理甚斬截，與陸子論義利之説相合。

答方子實芹之

昨者經由，幸獲一見。別又數月，不勝馳情。令叔來，承書獲審，比日秋冷，德履佳勝爲慰。熹比幸粗遣，無足言。長泰令兄幸得同事，相去不遠，亦時相見也。跋語殊犯不韙，更勤刻畫，爲愧益深耳。示喻主敬之説，先賢之意，蓋以學者不知持守，身心散漫，無緣見得義理分明，故欲其先且習爲端莊整肅，不至放肆怠墮，庶幾心定而理明耳。程子「無適」之「適」訓「之」、訓「往」，而讀如字。論語「無適」之「適」訓「專」、訓「主」，而讀如「的」，其音義皆不同，不當以此而明彼。細考之，可見程子之云只是持守得定，不馳騖走作之意耳。持守得定，而不馳騖走作，即是主一，主一即是敬。只是展轉相解，非無適之外別有主一，主一之外又別有敬也。

長泰令兄，謂若水也。朱子守漳時，若水主長泰簿，故云「同事」。論「敬」字意，謂欲其心定而後理明，合於大程子及陸子之意。

答竇文卿　一

辱書，知進學不倦之意，甚善，甚善！但自以不能致疑，便謂賢於辯論而不能行者，似有臨深爲高，不求進益之病，亦未免爲自畫也。彼以空言生辯，我以實見致疑，自不相妨，固不當以似彼爲嫌而倦於探討，亦不當一概視彼皆爲空言，而逆料其全無實見也。顏子以能問不能，以多問寡，曷嘗敢是己非人，而自安於不進之地哉？程先生説「於不疑處有疑，方是長進」，此不可不深念也。知日誦四書，時時省察，此意甚善。但不知何故，都無所疑，恐只是從頭讀過，不曾逐段思索玩味，所以不見疑處。若果如此，則不若且看一書，逐段思索，反復玩味，俟其畢而别换一書之爲愈也。近思録説得近世學者規模病痛親切，更能兼看亦佳也。公謹未及附書，相見煩致意。渠從吕東萊讀左傳，宜其於人情物態見得曲折，今乃如此不解事，何耶？德章似亦不安其官，頗有責上責下而中自恕之意，皆是學問不用力處。吾輩觀此，真當痛自警省，實下工夫也。

文卿以淳熙丙午往見朱子，時年已五十，而朱子則五十七歲也。凡與文卿問答，皆屬晚年。文卿日誦四書，而朱子欲其專讀一書，合於陸子讀書之法。

答竇文卿　二

爲學之要，只在著實操存，密切體認，自己身心上理會。切忌輕自表襮，引惹外人辯論，枉費酬應，分却向裏工夫。

此書最得切己用功之要，全與陸子相合。

答竇文卿　三

示喻問學之難，豈獨今日？吾黨但當日加持守省察之功，而不廢講誦討論之業，專以古人之爲己者爲師，而深以今人之爲人者爲戒，則庶乎其無負平生之志矣。

持守省察，則云「日加」。講誦討論，但云「不廢」。輕重之宜，合於陸子。

答李處謙壯祖

昨辱遠訪，深以不獲一見爲恨。及得所留書而讀之，益知賢者之有志，慶閥之多才，又重以爲喜也。大抵爲學，當以存主爲先〔一〕，而致知力行，亦不可以偏廢。縱使已有一長，未可遂恃以輕彼，而長其驕吝克伐之私，況其有無之實，又初未可定乎！凡日用間，知此一病而欲去之，則即此欲去之心，便是能去之藥。但當堅守，常自警覺，不必妄意推求，必欲舍此拙法而別求妙解也。

處謙之兄守約，晚事朱子，朱子留訓諸孫，朱子没後十二年，始成進士，而處謙又其季弟也。晚受真西山薦，則益後矣。謂爲學以存主爲先，合於陸子所主先立乎大之說。又欲其常自警覺，即陸子所主求放心意也。

答劉復之

衰朽益甚，思與朋友反復講論，而外事紛擾，不能如願。如復之者，又相去之遠，不得早晚相見爲恨。然此事全在當人自家著力，雖日親師友，亦須自做功夫，不令間斷，方有入處。得個入處，却隨時游心，自不相妨，雖應科舉，亦自不爲科舉所累也。

「衰朽益甚」，自是晚年。「得個入處」，即陸子令人先見大意之法。

答楊子順　二

來書所論爲學大意，似已得之。但賢者本自會説，説得相似，却不爲難，只恐體之未實，即此所説，皆是空言，不濟事耳。又以後書孟子之説考之，即前書所謂「講明義理，以爲涵養培植之地」者，似若未精。此處尚且未精，則其本領工夫恐未免亦類此也。孟子所云「必有事焉」，乃承上文「集義」而言，語脈通貫，即無「敬」字意思來歷，但反復讀之，便自見得，不假注釋矣。明道之語，却是借此四句，移在「敬」字上説，非解此章文義，不若伊川先生爲得本文之意。然其解「正」字即是「助長」，則亦未安。記得一處説「正之之甚，遂至於助長」，此語却差近，然猶有所未盡也。若看得本文意脉分明，而詳考集註以究其曲折，子細識認，見得孟子當時立意造語，無一字無來歷，不用穿鑿附會，枉費心力，而轉無交涉矣。

子順與楊至之同時從學，至之爲元定壻，則從學必在晚年。而此書重踐履，與陸子之教合。

答楊子順　三

所喻數條皆善，如克己復禮工夫，只是如此著實用力，久之自然見效，若只如此做閒話説過，則不濟事矣。天下歸仁，亦略以其效言之，非是便能使天下皆知吾之仁也。但言若能如此，則雖天下之大，亦無異詞耳。人稱不稱，固非己之所急，但其效自必至此。如食而飽，飲而醉，亦固然之理也。云「天下皆歸吾仁之中」，即是太作意，説得張皇了。至於書中所説，則悁忿之外，加以猜防，意思殊覺鄙陋。此是氣質本不高明寬廣，又學問日淺〔二〕，未有得力處，所以不免如此。今且未論其他，只夫子乘桴之歎，獨許子路之能從，而子路聞之，果以爲喜。且看此等處，聖賢氣象是如何。世間許多紛紛擾擾，如千百蚊蚋鼓發狂鬧，何嘗入得他胸次耶？若此等處放不下，更説甚克己復禮？直是無交涉也。至之粗疏，不如子順細密，然此等處却似打得過，正好相切磋也。儀禮此間所編已略定，便遽未暇詳報，亦恨賢者未能勇於自拔，不能一來，共加刊訂耳。

此書末有編儀禮，是最晚年事。然以閒話爲不濟事，合於陸子之教。至論天下歸仁，則當作皆歸吾仁之中爲是。蓋一日之間，果能克己復禮，自然民同胞，物同與。若云天下皆與其仁，乃誠張皇耳。且夫子教樊遲謂「仁者，先難而後獲」，不應教顔淵獨計功效也。

答吳斗南人傑

竊伏山間，久聞德義，且知著述甚富，每以未得亟見其人而盡讀其書爲恨。兹辱惠問，并寄古易、刊誤二書，所以見屬之意，甚勤且厚，非熹淺陋之所能堪也。比日春和，敬惟撫字有相，尊履萬福。二書三復不能去手，可謂極精博矣。鄙意尚有欲奉扣者，適此治行之冗，未能盡布，紙幅略見一二，幸復有以告之。他書蒙許，盡以見寄，何幸如之！但洪範、詩樂二論，尤欲早得之，或其它未能悉辦，且先得此，幸甚，幸甚。來書又謂「方思所以收其放心，而患其未有以自入」，此見高明之志，又將有意於古人爲己之學，不但爲言語誦説之計而已。區區不敏，尤所敬歎。蓋竊嘗謂今之人，知求雞犬而不知求其放心，固爲大惑。然苟知其放而欲求之，則即此知求之處，一念悚然是，亦不待别求入處，而此心體用之全已在是矣。由是而持敬以存其體，窮理以致其用，則其日增月益，自將有欲罷而不能者。矧以執事之明而加意焉，則其見聞之博，參考之詳，亦何適而非窮理之地哉？如其不然，則是直爲玩物喪志而已。固知賢者不屑爲此，然熹之愚，不得不爲執事者慮之也。感見與之勤，不敢隱其固陋，伏惟察焉。旦夕南去，相望益遠，惟幾以時自愛。亟膺召用，時時書來，慰此窮寂，千萬之望。

「旦夕南去」，將之漳州，朱子六十歲時也。此書謂「知求放心」，則「心之體用全在」，甚合於陸子之説。其第二書論及經界，則六十一歲守漳時也。

答吴斗南　二

便中奉告，感慰亡量。比已改歲，竊惟履此泰亨，倍膺多祉。熹承攝於此，忽已踰年，疾病侵淩，無一日好況。請祠不遂，經界之役得請，後時不可舉手，少須三五月，即復告歸矣。世路艱棘，不若歸卧田里，以休餘年，及人之事，非復吾力之所及矣。每誦先聖不夢周公之嘆，未嘗不慨然也。承受代改秩，亦既有期，甚以爲慰。不知諸公相知者爲誰？鼎之有實，宜謹所之，我仇有疾，乃無尤耳。前寄諸書，竟未得細考，然疑諸儒之説，有不足信據者，要當審擇而遴取，乃無誤耳。今此所寄，却得一觀。恨讀書少，未能有以上下其論，然亦有一二疑處，假開多事，便人行速，未暇一一奉扣，姑録一二，别紙奉呈，幸一一批報。頃見東漢討羌檄日辰與通鑒長歷不同。又沈存中筆談所載朱浮傳引天作詩，目今范書印本亦異，不記前書曾奉問否？今亦見紙尾，幸併喻及也。李彦平所見趙顔子，不知何人，莫是永嘉趙彦昭否？其所論學，大意甚佳，然恐於窮理功夫有所未至，則亦只冥行，終不能升堂睹奧，直入聖賢之域也。裒集程門諸公行事，頃年亦嘗爲之而未就，今邵武印本所謂淵源録者是也。當時編集未成，而爲後生傳出，致此流布，心甚恨之，不知曾見之否？然此等功夫，亦未須作。比來深考程先生之言，其門人恐未有承當得此衣鉢者，此事儘須商量，未易以朝耕而暮穫也。心不耐閒，亦是大病，此乃平時記憶討論，慣却心路，古人所以深戒玩物喪志，政爲此也。此後且當盡心一意根本之學，此意甚善。今人陷於所長，決不能發此聽信身心也。佛學之與吾儒，雖有略相似處，然正所謂貌同心異，似是而非者，不可不審。明道先生所謂「句句同，事事合」，然而不同者，真是有味，非是見得親切，如何敢如此判斷耶？聖門所謂「聞道」，聞只是見聞玩索，而自得之之謂；道只是君臣父子日用常行當然之理，非有元妙奇特不可測知，如釋氏所云「豁然大悟，通身汗出」之說也。如今更不可別求用力處，只是持敬以窮理而已。參前倚衡，今人多錯說了，故每流於釋氏之說。先聖言此，只是說言必忠信，行必篤敬，念念不忘，到處常若見此兩事，不離心目之間耳。如言見堯於羹，見堯於牆，豈是以我之心還見我心別爲一物，而在身外耶？無思無爲，是心體本然，未感於物時事，有此本領，則感而遂通天下之故也，恐亦非如所論之云云也。所云「禪學悟入，乃是心思路絶，天理盡見」，此尤不然。心思之正，便是天理，流行運用，無非天理之發見，豈待心思路絶而後天理乃見耶？且所謂天理復是何物？仁義禮智，豈不是天理？君臣、父子、兄弟、夫婦、朋友，豈不是天理？若使釋氏果見天理，則亦何必如此悖亂，殄滅一切，昏迷其本心而不自知耶？凡此皆近世淪陷邪説之大病，不謂明者亦未能免俗而有此言也。子合便人督書甚速，草草布此，手痛復作，不能究所欲言。何時面談，倒此胸臆正遠，唯千萬自愛爲禱。

首云「經界得請」，是年六十一歲矣。深戒玩物喪志，而一意根本之學，與陸子之論合。凡與釋氏辯者，須如此篇就人倫説，彼乃無依附之地。自「佛學之與吾儒」句以下，並載入朱子全書。

答吴斗南　三

所示廟議，乃全用左氏「臨于周廟」一條爲説，然不知似此安排，有何經據？如高祖以下通爲禰廟，已非所安，又皆以西爲上，乃後漢同堂異室之制，無復左昭、右穆之分，非古法也。若如江都集禮所載孫毓之説，却似可信，而所示舊入廟圖近之，不知是誰所定。但其圖又以廟皆東向，而以北爲昭，南爲穆，乃是室中祫祭之位，而非廟制耳。周有帝嚳廟，禮書並無此文，左傳亦無此説，似難臆斷。況僖祖只可比后稷，又與帝嚳不相似。如此牽合，如烹之陋，固不敢盡信，況朝廷諸賢，皆深於禮者，恐亦未敢便依此改作也。草木疏用力多矣，然其説蘭蕙殊不分明。蓋古人所説似澤蘭者，非今之蘭。澤蘭此中有之，尖葉方莖紫節，正如洪慶善説若蘭草，似此則決非今之蘭矣。自劉次莊以下所説，乃今之蘭，而非古之蘭也。今並引之而無結斷，却只辨得「畦畹」二字，似欠子細。又所謂蕙，以蘭推之，則古之蕙，恐當如陳藏器説乃是。若山谷説，乃今之蕙而亦非古之蕙也。此等處正當掊擊，乃見功夫。今皆如此放過，似亦太草草矣。荼毒是蓼屬，見詩疏載芟篇。故詩人與堇並稱。堇乃烏頭，非先苦而後甘也。又云荼毒，蓋荼有毒。今人用以藥溪取魚，荼是其類，則宜亦有毒，而不得爲苦苣矣。「如薺如飴」乃詩人甚言周原之美，舊室之悲，如易之「載鬼」，詩之「童羖」，非荼實能甘也。熹讀書最少，然見此類不能無疑者尚多，則恐此書亦更少子細也。若論爲學，則考證已是末流，況此又考證之末流，恐自此不須更留意，却且收拾身心，向裏做些功夫。以左右之明，其必有所至矣。若遂困於所長，而不知所以自反，則熹之愚，竊爲賢者惜之也。因便奉報，不覺傾倒，勿過勿過。南北相望，未知見日，千萬珍重，以副願言。

書末云「南北相望」，蓋去漳時也。朱子與斗南三書，俱在晚年。謂「考證是末流，不須留意，且收拾身心向裏」，合於陸子教人之法。陸子嘗謂「恥一物不知，恥非其恥」，正謂此也。

答輔漢卿　二

近況如何？既失楊館之期，後來别有相聚處否？讀書既有味，想見自住不得。近看舊作諸書，其間有説未透處，見此略加刊削，深覺義理之無窮也。

漢卿於黨禁時來學，此書卻亦言舊作諸書未透。

答輔漢卿　六

省闈不利，亦是時節如此。看此火色，且得安坐喫飯，已是幸事，豈可别有冀望耶？承許秋涼相訪。此個道理功夫，本不可有間斷時節，目下雖無人講貫，自己分上思索體認，持守省察，自不可頃刻虚度。如此積累功夫，則其間必有所大疑，亦必有所大悟。一旦相聚，覿面相呈，如決江河，更無凝滯矣。今以謝致仕表附便去，令十弟分付投下，及更料理一二事，渠相見必自説及，恐有可疑合商量處，亦望與之剖決也。昨承許借博古圖，甚欲見之。但重滯如何得來？可更試爲籌度也。

於持守省察中求大疑大悟，陸子之教也。書末寄致仕謝表，朱子是年已七十矣。

答陳思誠景思

承喻爲學之意，與其所聞於師友，而服膺弗失者，甚慰甚幸。然此乃近世所謂詭僞之學，而斥去之者，向來雖或好之，今亦隱諱遁逃之不暇，以賢者之門地聲迹，蓋將進爲於斯世者，而乃有意於此，何嗜好之異耶？夫名實義利、爲己爲人之判，正則之言是也。但其所爲者，要當真實有用力處，所不爲者，要當深自省察，蚤戒而預遠之，是乃所謂徵驗之實。不然，則提空名以鄉道，而實無以自拔於流俗之所爲，則亦君子之不取也。荷意之勤，率易布此，不識以爲然否？然勿以語人，又千萬之懇也。

「詭僞之學」、「隱晦逃遁」，蓋禁僞學時也。語重踐履，合於陸子。

答陳才卿 五

詳來示，知日用功夫精進如此，尤以爲喜。若知此心此理端的在我，則參前倚衡，自有不容捨者，亦不待求而得，不待操而存矣。格物致知，亦是因其所已知者，推之以及其所未知，只是一本，元無兩樣工夫也。

朱子玉山講義在紹熙五年，時年六十五矣。與才卿第二書即及之，此與才卿第五書也。第七書即及黨禁，其爲晚年無疑。所論皆心學，與陸子所謂「是心之存，苟得其養，勢豈能遏」之説合，第六、七、八書，意並同。

答陳才卿　六

新詩甚佳。康節胸懷未易窺測，須更於實地加工，若只就之乎者也上學他，恐無交涉也。

答陳才卿　七

熹碌碌如昨，但年老益衰，已分上自未有得力處，朋友工夫亦多間斷，方以爲憂，而忽此紛紛，遂皆不敢爲久留計，未知天意果何如也？

答陳才卿　八

傳簿赴部，何時可歸？待次之間且勉其讀書爲學，亦非細事也。熹今年足疾爲害甚於常年，氣全滿，凭几不得，緣此禮書不得整頓，且看向後病勢又如何。若有可奉煩者，即奉寄也。禮書是一大事，不可不講，然亦須看得義理分明，有餘力時及之乃佳。不然，徒弊精神，無補於學問之實也。

修禮書是最晚年事。然自謂「修書須餘力及之」，合於陸子之教矣。

答陳才卿　十二

正叔別後書來，復有疑問，已詳報之。託其轉寄才卿，可便依此作日用功夫，不須更生疑慮，空費談説，過却光陰也。

與才卿第七首已及黨禁。自此十二書以下四首，晚年無疑。戒空談，欲身心純一，皆合於陸子之教。

答陳才卿　十三

彼中相聚，子弟幾人，有可告語者否？此亦時有朋友往來，但難得身心純一、功夫不間斷者耳。

答陳才卿　十四

所喻誠意之説，只舊來所見爲是。昨來章句，却是思索過當，反失本旨，今已改之矣。

正叔、子融相聚累日，多得講論，甚恨才卿獨不在此也。諸書二兄處皆有本，歸日必同觀，有疑幸詳諭及。康節文字亦已見之，熹亦不能盡究其說。只啓蒙所載，爲有發於易，他則別成一家之學。季通近編出梗概，欲刊行，旦夕必見之，然亦不必深究也。

此書謂昨來誠意、章句失本旨，只舊來所見爲是。第十五書又謂「舊書太冗」，蓋朱子於學、庸直至晚年，尚無定見如此，而今人銖銖而守之，雖註疏古本，功令頒在學官者，俱不敢信，豈不過哉？謂康節書亦不必深究，蓋深知博雜之無益矣。

答陳才卿　十五

熹衰晚，甚幸復安外祠之禄，深以自慶，但使賢者爲亂夢，不無愧耳。大學章句、或問，比復略修，大旨不殊，但稍加精約耳。中庸亦更欲删定，大抵舊書太冗也。遇事固不當有所厭，然謂欲放令此心疏豁，無所執滯，此却恐硬差排不得，著意開放，却成病痛。但且守常程，久之純熟，自然疏豁乃佳耳。子融説得樂意生香處甚痛快，但恐又轉入舊腔裏也。

答余正叔大雅　一

示喻已悉。前日所論，正爲敬義工夫不可偏廢。彼專務集義而不知主敬者，固有虛驕急迫之病，而所謂義者，或非其義。然專言主敬，而不知就日用間念慮起處，分别其公私義利之所在，而決取舍之幾焉，則恐亦未免於昏憒雜擾。而所謂敬者，有非其敬矣。且所謂「集義」，正是要得看破那邊物欲之私，却來這下認得天理之正，事事物物，頭頭處處，無不如此體察，觸手便作兩片，則天理日見分明，所謂物欲之誘，亦不待痛加遏絶而自然破矣。若其本領，則固當以敬爲主，但更得集義之功，以祛利欲之蔽，則於敬益有助。蓋有不待著意安排，而無昏憒雜擾之病，上蔡所謂「去却不合做底事，則於用敬有功」，恐其意亦謂此也。正叔本有遲疑支蔓之病，今此所論，依舊障在此中，恐亦是當時鄙論不甚分明，致得如此。故今復如此剖析將去，使正叔知得鄙意，不是舍敬談義，去本逐末，正欲兩處用功，交相爲助，正如程子所謂「敬義夾持，直上達天德自此」者耳。今亦不須更生疑慮，别作商量，但請依此實下工夫，久遠純熟，便自見得也。前日三詩，首篇「計功程」字是大病根，而其下亦未見的實用功得力之處，後二篇亦未見踐言之效，只是成虚説，尤犯聖門大禁。大概皆是平日對塔説相輪慣了，意思致得如此，須是勇猛決烈，實下功夫，力捄此病，不可似前泛泛悠悠，虚度時日也。

此書所謂「不必疑慮，依此用功」語，見與才卿第十二書。彼爲朱子晚年，則此亦晚年矣。然重敬重本，深以虚説爲戒，與陸子意合。

答余正叔　二

示喻日用功夫，甚副所望。然前者所論，未嘗欲專求息念，但以爲不可一向專靠書册，故稍稍放教虚閒，務要親切自己。然其無事之時，尤是本根所在，不可昏惰雜擾。故又欲就此便加持養，立箇主宰，其實只是一箇提撕警策，通貫動静。但是無事時，只是一直如此持養，有事處，便有是非取舍，所以有直内方外之别，非以動静真爲判然二物也。上蔡之説，便是如此，亦甚要切。但如此警覺，久遠須得力爾。千萬且於日用間及論語中著力，令有箇會通處，即他書亦不難讀爾。

陸子答胡達材書云：「若動静異心，是有二心也。」此書所論切己近裹，通貫動静，與陸子説相合。惟正叔爲字與伊川同。伊川爲朱子所極尊奉者，乃門人犯其字而不教之改避，何也？正叔、方叔兄弟，俱以朱子赴南康任過鉛山時從學，其問學俱在朱子晚年。詳見答徐子融書跋尾。

答趙恭父師郯　一

惠書，得聞爲學之志，固已甚幸。又觀所論條目甚詳，皆學者通患，顧非親曾用力，不能知耳。大抵只是主敬工夫，不致得間斷，但日用間常自提撕，勿令昏惰，則久久自長進矣。

恭父第二書，即及修禮書，自是朱子晚年。日用間常自提撕，與陸子合。

答趙恭父 二

所示諸説，備見用意之精。然看得皆過高，不平穩，若一向如此説，即非唯令人解經不得，雖聖賢亦無開口處，凡有言語，皆爲剩物矣。又説「日用間似見光景，不覺喜悦」，此亦非好消息，且宜就平實明白處看道理是非，久之自然開明安穩，無凝滞也。儀禮文字却好，致道一篇已入注疏，他時諸篇，皆當放此，或所附之文，有難曉者，亦當附以注疏也。致道告歸，甚令人作惡。此間事渠能言之，更不縷縷。渠認得門路却不錯，但恐未有勤懇積累工夫，凡百更相勸勉爲佳耳。

胡達材自謂「若有神明在上、在左右」，陸子斥爲妄見，乃害心之大者，與朱子此書意同。

答朱朋孫

長書垂示，尤荷不鄙。所論爲學之意，又足以見雅志之所存也。夫學非讀書之謂，然不讀書，又無以知爲學之方，故讀之者貴專而不貴博。蓋惟專，爲能知其意而得其用，徒博，則反苦於雜亂淺略，而無所得也。今一旦而讀八書，則其茫然而不得其要也，豈足怪哉？願且致精一書，優柔厭飫，以求聖學功夫次第之實，俟其心通意解，書册之外，別有實下功夫處，然後更易而少進焉，則得尺得寸，雖少而皆爲吾有矣。欲爲沙隨程丈立祠，甚善。但衰病不堪思慮，曲折已報余正父矣，幸察之。

末云「衰病不堪」，自是晚年。然謂「書册之外，別有實下功夫處」，全與陸子合。

答周純仁　一

年來時論似亦漸平，昨日又聞廟堂一番除拜，固不足爲吾道之重輕，然於故舊或略能垂意，但在自己分上，只合閉門堅坐，聽其所爲，切不可因此便起妄念，徒爾紛紜，有損無益也。所欲買書，偶小兒赴銓未歸，已爲託相識置到，付之來人，數在別紙，可自檢點。閒中無事，固宜謹出，然想亦不能一併讀得許多，似此專人往來勞費，亦是未能省事。隨寓而安之病，又如多服熱藥，亦使人血氣偏勝，不得和平，不但非所以衛生，亦非所以養心。竊恐更須深自思省，收拾身心，漸令向裏，令寧靜閒退之意勝，而飛揚躁擾之氣消，則治心養氣，處世接物，自然安穩，一時長進，無復前日内外之患矣。

時論漸平，自是晚年黨禁之時。「收拾身心，漸令向裹」等語與陸子合。

答周南仲南　一

往歲湖寺雖嘗獲一面，而病冗不能款扣餘論，後乃得見廷對之文，切中時病，深以歎服，益恨相去之遠，不得會聚以講所聞也。兹辱惠書，又見季通，具道遊從切磋之益，深以爲慰。比日雪寒，德履佳福，熹鈍頑之學，晚方自信。每病當世道術分裂，上者入於佛、老，下者流於管、商，學者既各以其所近，便先入者爲主，而又驅之以其好高欲速之心，是以前者既以自誤，而遂以自欺，後者既爲所欺，而復以欺人。文字愈工，辨説愈巧，而其爲害愈甚，不有明者，孰能舍其舊而新是謀哉？

來喻許以所疑下詢，幸甚。大抵聖賢之言，已是明白真實，説盡道理。讀者但能虚心一意，循序致詳，使其句内無一字之不通，則其道理無一毫之不察矣。切不可爲人大言相誑，如九方臯相馬之説者，而妄意馳逐於言語之外也。方賓王每書説得道理儘有歸著，知與遊從，可謂得友，恐今已歸嘉禾也。周叔謹行，草草附此，不能究所言。政遠，切祈珍重。

自云「晚方自信」，自是晚年。周叔謹亦晚年從學者。「文字愈工」三句，與二陸鵝湖詩沈字二語合。

答周南仲　二

承喻教學相長之意，尤副所望，但爲學之序，必先成己，然後可以成物。反復來示，似於自己分上未免猶有所闕，恐不若且更向裏用工也。此心此理，元無間斷虧欠，聖賢遺訓，具在方册，若果有意，何用遲疑等待，何用準擬安排？只從今日爲始，隨處提撕，隨處收拾，隨時體究，隨事討論，但使一日之間整頓得三五次，理會得三五事，則日積月累，自然純熟，自然光明矣。若只如此立得個題目，頓在面前，又却低徊前却，不肯果決向前，真實下手，則悠悠歲月，豈肯待人？恐不免但爲自欺自誣之流，而終無得力可恃之地也。何、程二君，能招致之，甚善，甚善。來書已報之矣。

南仲，黄文叔之壻，文叔以慶元元年始通書朱子，則南仲尚在其後。朱子與南仲第一書，即云「晚方自信」，書末云「叔謹行附此」。叔謹晚事朱子於守漳時，故與南仲書亦皆晚年。而此又第二書也。中欲其向裏用功，隨處提撕收拾，全合於陸子所主求放心之旨。

答孟良夫 猷

示喻爲學之意，甚善。但伊、洛垂訓，以持敬爲先，此要切之語，若不於此處立得根本，即讀書應事，思惟計度，徒成紛擾，卒無歸宿之地。若能於此用力，則動静之間，無適而不爲學矣。有書數册，託茂實送學中，與諸生共之，能往一觀，當有益也。聞當路有奉薦者，足見公論之不泯，甚慰。然更深其本以須時用，乃所望耳。

書中及吴茂實送書學中，蓋守南康時事，亦五十二歲也。不以敬爲「根本」，即讀書應事「無歸宿」之所，與陸子「先立乎大」意同。

答許生 中應

去歲，薛象先過此，極道左右賢德，令聞之美，甚恨跧伏，無因緣相見。今者乃承惠書一通，反復讀之，益見所以求道鄉學之意，深以爲幸，至於稱引前輩，比擬非倫，則有所不敢當也。左右以應舉覓官、美名好事之學爲不足學，而欲講乎義理，以求修己治人之方，固已不謬於所趨矣。夫道之體用，盈於天地之間，古先聖人既深得之，而慮後世之不能以達此，於是立言垂教，自本至末，所以提撕誨飭於後人者，無所不備。學者正當熟讀其書，精求其義，考之吾心，以求其實，參之事物，以驗其歸，則日用之間，諷誦思存，應務接物，無一事之不切於己矣。來喻乃謂讀書逐於文義，玩索墮於意見，而非所以爲切己之實，則愚有所不知其説也。世衰道微，異論蠭起，近年以來，乃有假佛釋之似，以亂孔、孟之實者，其法首以讀書窮理爲大禁，常欲學者注其心於茫昧不可知之地，以僥倖一旦恍然獨見，然後爲得，蓋亦有自謂得之者矣。而察其容貌辭氣之間，修己治人之際，乃與聖賢之學有大不相似者，左右於此，無乃亦惑其説而未能忘耶？夫讀書不求文義，玩索都無意見，此正近年釋氏所謂看話頭者，世俗書有所謂大慧語録者，其説甚詳，試取一觀，則其來歷見矣。若曰儒、釋之妙，本自一同，則凡彼之所以賊恩害義，傷風壞教，聖賢之所大不安者，彼既悟道之後，乃益信其爲幻妄，而處之愈安，則亦不待他求，而邪正是非已判然於此矣。又如所謂「寧有人皆得見之過，無或有不睹不聞之欺」。夫中庸之言，正所謂道體流行，初無間斷，是以無所不致，其戒懼非謂獨戒懼乎隱微，而忽略其顯著。若如來喻，則人所共見之處，間斷多矣。而曰循是存養，不疾不徐，吾恐其未免爲好高欲速之尤者也。至如孟子所謂「非義，襲而取之」，文義本自分明，而今學者未嘗細考，但據口耳相承，以至施安失所者，蓋十人而二五也。既勤下問，不敢不盡其愚，然亦未暇詳究其曲折，幸深察之，當否俟報也。

近至富沙，見陳安舍人，説及建閣藏書事，欲以記文見委而未得其詳。今收張卿元善、蔡兄季通書，備見首末。偶數日脚氣發作，不能飲食，而右臂亦痛至不能親執筆，僫卧支離，口占布此。知代期不遠，他日病起，草得記成，當因薛卿轉達代者，或同官中必有能竟其事者，但恐文詞鄙俚，議論不同，未必可用耳。

許中應求作記，是作鄂州教授時，是時陸子已卒於荆門，故求記於朱子。書中所謂「以讀書窮理爲大禁」者，意指陸子。然陸子之教，講明、踐履二者並重，從未禁人讀書。惟包顯道有「不務實踐躬行，而專於讀書講論，必至充塞仁義」之語，然陸子已訶爲怪，不得以禁讀書疑陸子也。且中應現在買經買書，建稽古閣，乃謂其溺於禁讀書之教，毋乃與求記之意刺謬而不合乎？余故謂兩先生之所以相疑者，皆由其門人持論之過與傳聞之誤，而兩家之學與教，實不如彼此互譏之辭也。

答劉君房　二

所喻讀易，甚善。此書本爲卜筮而作，其言皆依象數以斷吉凶，今其法已不傳。諸儒之言象數者，例皆穿鑿，言義理者又太汗漫，故其書爲難讀，此本義、啓蒙所以作也。然本義未能成書，而爲人竊出，再行模印，有誤觀覽。啓蒙本欲學者且就大傳所言卦畫、蓍數推尋，不須過爲浮説。而自今觀之，如論河圖、洛書，亦未免有剩説〔三〕。要之，此書真是難讀，不若詩、書、論、孟之明白而易曉也。此是僞學見識，不審明者以爲如何？

自稱「僞學」，蓋黨禁之時，最晚年也。然尚云「本義未能成書，而爲人竊出」，啓蒙論河、洛猶有「剩語」，是朱子於己所著述，終身未嘗以爲定解，而後人遂欲一字不敢異同，豈善學朱子者哉？

答曾無擇

所示問條〔四〕，俱已報去，但覺得多是在外邊看，未有個入門處，須更虚心静慮，將聖賢言語從裏面親切處看出來，庶幾見得意味，不爲空言。不然，似此泛濫含糊，無益於事，終久不得力也。

無擇爲無疑群從，並因子約謫廬陵時，始各以書來問學，朱子最晚年也。答以「聖賢言語，須從裏面看出」，亦學問求放心之意。

答曾無疑

時承枉書，奉報草草，方以爲愧，忽辱再告，益荷眷勤！且審比日涼秋，起處佳福，足以爲慰。詩卷寵示，尤紉不鄙之意，三復以還。既歎其精麗警拔之不可及，又重歎其不爲大言險語，以投世俗之耳目也。然承諭及爲學之意，則似所志又有不止於此者，此尤區區所樂聞，但未知雅意，姑欲粗一闖其藩籬，而爲彼善於此之計耶？抑將勇革舊習，而真欲一蹴以至道也？如前之説，則非區區所敢知，如後之説，則如來喻之云，固非不善，然欲自是以求道，則恐亦未免爲空言也。大率人之爲學，當知其何所爲而爲學，又知其何所事而可以爲學，然後循其次第，勉勉而用力焉，必使此心之外更無異念，而舊習之能否，世俗之毁譽，身計之通塞，自無一毫入於其心，然後乃可幾耳。此固未易以毫楮，既而承見語，亦將有枉顧之期矣。儻得面論，庶竭鄙懷，顧此迂闊，干觸科禁，實非賢者進取之利，更冀審處於未動之前，毋使貽後日之悔焉，乃所願也。

「何所爲而爲學」，即陸子所謂「存心」、「求放心」也。「舊習能否，世俗毁譽，身計通塞」，一毫不入於心，即陸子白鹿講義喻義、喻利之辨也。末云「干觸科禁」，指僞學著籍言，是朱子六十八歲以後時。又朱子答無疑第八書云：「子約書來，必盛稱無疑。」蓋子約謫江西時，無疑因子約來問學也，時朱子年七十矣。

答曾無疑　四

辱書，良以爲慰，而反復來喻，已得雅志之所存，則區區所疑，亦不敢隱也。蓋嘗聞之孟子之言曰：「人之所以異於禽獸者幾希，庶民去之，君子存之。」此君子所爲而學也。然欲存此，則必有以識此之爲何物，而後有以存之。能識之〔五〕，則所以存之者，又必勉勉孜孜而不少懈焉，然後乃可幾也。此君子之所以爲學者，而終身勉焉，唯恐一毫之不盡，而不敢少貳其心者也。今足下自謂「學無本原，心常駁雜」，豈亦自覺其未嘗用力於此而然耶？此其自知亦明矣。然又欲因其固有而循習之，則亦可以殊塗而同歸，則未知足下所謂「固有者」爲何物，又如何而「循習之」？與何者爲殊塗，又同歸於何許也？又謂「雖舊習之未忘，而未嘗爲學之累」，則又未知今之新者爲何學。而昔之舊者，若何而能不爲之累也？凡此所云，竊恐非獨熹之愚有所不解意者，足下之心亦未必能别其孰爲同異，而孰爲是非也。足下幸試思之，其然乎？其不然乎？如其果然，則願姑以前者所引孟子之言爲主，而博考古昔聖賢之遺訓以參驗之，則夫人之何所爲而學，與其所以學者，不待外求而得之於我。向之所謂固有、所謂同歸者，始爲有以識之，而知昔之舊者真不足爲，而果有累乎今日之新矣。人之爲學，必其有以先識乎此，而知取舍之所定，然後其功夫利病可得而言。如其不然，徒爲論説，皆是空言，無下落處，無所補於事也。景陽、季章於此，皆嘗有聞，雖未知其後來所進如何，然苟善取之，亦當有以爲助矣。吾人既不見用於世，只有自己分上一段功夫，若見得門户分明端緒，正當實用得些子氣力，乃可以不負「降衷」、「秉彝」之重，此外瑣瑣，一知半解，正不足爲重輕也，不審明者亦有意乎？

「君子存之」，存此本然之良心而已，以孟子之言爲主，陸子之學也。朱子與無疑數書，並歸到心學，蓋晚年所見，實與陸子同。

答曾無疑　五

示喻爲學之方，固得其要，然若只如此便了，則論語只須存此兩條，其餘皆可以削去矣。聖人教人，博學、審問、謹思、明辨而篤行之。蓋於理之巨細精粗，無所不講，然後胸次光輝明徹，無所不通，踐履服行，無非真實，似不當如此先立界限，預設嫌疑自障礙也。

答曾無疑　六

謂聖人以喜怒動其志，固爲不可，若謂都無所動，則是聖人心如木石，而喜怒之見於外者，特爲僞耳，豈有是理哉？此等處須是有存養體驗，自做得些工夫，當自見之，難以淺識懸斷也。

答王才臣

來喻縷縷，備見雅志，然於讀書窮理，所得所疑，未有以見教者。而較短量長，非人是己之意實多，若果有得於義理之歸，恐不應更有此病也〔六〕。明者思之，以爲如何？苟有取焉，則願置此，而姑相與實講所疑，乃千萬之幸。無疑書來，其大指與左右亦相似，已詳報之。或因過目，併以一言論其得失可也。六詠之需，非敢忘也，實以年來纂次禮家文字，頭項頗多，衰病之餘，精力向盡，無暇可及，亦覺未是急務，故不敢以奉浼爾。「格齋」大字，此却好箇題目，顧未知所以充之者如何？寫字，亦非所難，適此兩日寒甚，衰病拘攣，不可輕動。向後晴暖，當試爲之，以奉寄也。承有枉顧之意，尤荷不鄙，若得會面，彼此傾倒，以判所疑，何幸如之！未間千萬，及時專力，使有箇端的用心處，庶幾合并之日，有可討論也。子直詩甚佳，南容之篇，尤有餘味，已輒爲題其後，因書幸以報之也。

無疑從學，及纂次禮書，並是最晚年。欲其及時專力，有端的用心處，皆近裏之言，趨易簡而去支離也。

答度周卿正

比來爲況如何？讀書探道，亦頗有新功否耶？歲月易得，義理難明，但於日用之間，隨時隨處，提撕此心，勿令放逸，而於其中，隨事觀理，講求思索，沈潛反復，庶於聖賢之教，漸有默相契處，則自然見得天道性命，真不外乎此身，而吾之所謂學者，舍是無有別用力處。因書信筆，不覺縷縷，切勿爲外人道也。

周卿以黨禁時，始來從學，見別集與劉德修書。而此書末句，囑以「勿爲外人道」，亦是僞學禁嚴時，蓋朱子最晚年也。而所論「隨時提醒此心，勿令放逸」數語，全與陸子專主求放心之法合。

答徐崇父僑

日用功夫，且得如此照管，莫令間斷，久之浹洽，自有見處，亦不須別立標的，便計工程也。「敖惰」之説，如所引孟子「隱几而卧」，而以爲當然，則已得之矣，何必疑其非本旨耶？不但孟子，如孔子取瑟而歌，亦是此類。但大學之意，却是恐人於此一向偏却，更不照管。今當看此重處，識取正意，受用省察，不必向閒慢處枉費思索也。子顔時時往來，甚佳。才卿得託門館，甚善。其人有立作，看得道理亦子細，儘好從容講論也。

徐文清舉淳熙十四年進士，朱子時已年五十八。又除官而後受業，必在六十歲以上。而所以教文清者，謂「不須别立標準」，又謂讀書「當看此重處，識取正意，受用省察」，并與陸子合。

【校勘記】

〔一〕當以存主爲先　「存」原作「爲」，據文集卷五十九改。

〔二〕又學問日淺　「學問」，文集卷五十九作「爲學」。

〔三〕亦未免有剩説　「説」，文集卷六十作「語」。

〔四〕所示問條　「問條」，文集卷六十作「疑義」。

〔五〕能識之　「能」，文集卷六十作「既」。

〔六〕恐不應更有此病也　「也」原作「之」，據文集卷六十改。

朱子晚年全論卷七

答潘子善　三

忌先立標準，如孟子所謂「勿正者」，學者固當以聖人爲標準，然豈可日日比並而較量之乎？觀顔子喟然之嘆，不於堅高瞻忽處用功，却就博文約禮進步則可見矣。

「忌先立標準」，即陸子所謂「不可先立定本」也。朱子至是始從其説。答子善第二書，即及告老，此第三，當更在後。

答潘子善　五

所論爲學之意，甚善。然欲專務静坐，又恐墮落那一邊去，只是虛著此心，隨動隨静，無時無處，不致其戒謹恐懼之力，則自然主宰分明，義理昭著矣。然著個「戒謹恐懼」四字，已是壓得重了。要之，只是略綽提撕，令自省覺，便是工夫也。所示數條，今各奉答，可更詳之。所論孟子、大學説正心處，不知敬仲如何説？如何是二説相似處？如何是有此四者，心便不正？可更扣之，須盡彼説，方可判斷，未可更以己意障斷他人話頭。純仁可念，此間方爲季通遠謫作惡。忽又聞此，其禍乃更甚於季通，使人不能忘懷。然此中近日改移新學，復爲僧坊，塑象摧毀，要膂斷折，令人痛心。彼聖賢者尤不免遭此厄會，況如我輩，何足道哉！精舍春間有朋友數人，近多散去，僅存一二，未有精進可望者，亦緣無長上在彼倡率，功夫殊無次第，諸友頗思董叔重也。

此書後半語及季通謫戍，蓋朱子最晚年也。然所論以「提撕」、「省覺」爲工夫，不及於章句。陸子與諸葛誠之書云：「古人不自滿假，克自抑畏，戒謹不覩，恐懼不聞，取善求益，如恐不及者，乃其踐履之常也。誠若此者，非如桎梏陷阱然也？中庸言恐『懼乎其所不聞』，而大學言『有所恐懼，則不得其正』，此其辨也。」説存心處即是踐履，視此書更覺親切，亦不但略綽提撕已也。然謂「省覺便是工夫」，則大指固已相合。

答潘子善　六

所論爲學工夫，亦甚穩密，尤以爲喜，更切勉力，乃所望也。楊敬仲其人簡淡誠慤，自可愛敬，而其論議見識，自是一般，又自信已篤，不可復與辨論，正不必徒爲嘵嘵也。

敬仲議論，有失之過高者，然朱子謂「其人自可愛敬」，彼陳建輩一無所知，乃敢肆無忌憚，何耶？

答潘子善　七

所喻主一功夫，甚善，千萬更加勉力爲佳。書説今宜報去，去歲卷子八月間已寄往黄巖矣，不知何故未到。然大抵看得似皆疏淺，更且玩索其間曲折意味，方有得力處也。學禮之意甚善，然此事頭緒頗多，恐精力短，包羅不得。今可且讀詩，俟他日所編書成，學之未晚。書雖讀了，亦更宜温習，如大學、語、孟、中庸，則須循環不住温習，令其爛熟爲佳。春秋一經，從前不敢容易令學者看，今恐亦可漸讀正經及三傳，且當看史功夫，未要便穿鑿説褒貶道理，久之却别商量，亦是一事也。公食禮至今未寄來，已報恭叔、致道趣之矣。子約之亡，深可傷痛，此間蔡季通亦死貶所，尤可惜，目前便覺無人説得話也。

呂、蔡之卒，朱子年已七十。此書重主一功夫，又謂學禮頭緒多，不令遽學，皆去支離而趨易簡，又謂學春秋未要穿鑿説道理，亦與從前專事訓詁之見不同。

答林德久　二

收斂之喻，足見信道之勇，然須博約相資，方有進步處。而讀書之法，又只是要專一，久自見功，難以歲月期速效也。大學歸來不暇整理，蓋此等多因朋友辨論間彼此切磨，説得細密，今無事時，自作文字，却有搜索不到處。因暇試爲追記前日所論，便中示及，或便可用也。昨在玉山學中與諸生説話，司馬宰令人録來，當時無人劇論，説得不痛快。歸來偶與一朋友説，因其未喻，反復曉譬，却説得詳盡，因并兩次所言録以報之。試取一觀，或有助於思索也。

玉山講義在紹熙五年作，朱子時年六十五歲。此書首取收斂之説，即所謂「求放心」也。又謂「讀書貴專，久自見功」，與陸子教朱濟道讀書謂「不可强探力索，久之自通」意正相同。

答林德久　三

殿記正以病思昏塞，不能有所發明爲愧。斯遠書來，疑一兩處，已報之矣。恐更有未安，且更商量，未可便入石也。彭書荷留意，此公之去，深爲可惜。今外廷尚得諸人扶持，未至甚有過事，但本根之慮，外間無由知其深淺，令人憂歎耳。所喻日用功夫，甚慰所望，但云「一著力便覺多事」，此恐未然。此心操舍存亡只在瞬息間，本不須大段著力，然又不可不著力，如此久之，自然見效。若如此論，竊恐非晚定，須别求捷徑矣。窮理亦無它法，只日間讀書應事處，每事理會便是。雖若無大頭段增益，然亦只是積累久後，不覺自浹洽貫通，正欲速不得也。

彭之去，指龜年，蓋慶元元年，朱子年六十六歲時也。存心之論親切，窮理就遇事理會言，亦與陸子所謂「人情事勢上用功」意相合，與從前專倚書册之見不同。

答林德久　五

新齋雖就，而竹木未成陰，學者居之多不安。然今歲適有科舉之累，來者亦無多人，又病中無氣力，不能與人劇論，甚覺負其來意也。疑義兩紙，各已奉報。鬼神之説，只且如此涵泳聖賢諸説，久自分明，不必穿鑿彊作見解也。持敬之云，誠如所喻，此是最緊切處。大病之餘，又苦目昏，讀書不得，兀坐終日，於此甚有味也。界限之説，亦是要見得五行之在性中，各有體段，要得分辨不雜，不可説未感時都無分别，感物後方有分别。觀程先生「沖漠無朕」一段可見矣。德脩王丈逝去，甚可惜，雖其所講未甚精到，然樸厚誠實，今亦難得此等人也。

新齋指竹林精舍也。「涵泳諸説，久自分明」，與陸子論讀書謂「優遊諷咏使之浹洽，則向來疑惑處，自當渙然冰釋」，意正相同。「讀書不得，兀坐有味」，即以求放心爲學問也。

答林德久　六

所示疑義，各附鄙説於其後。近覺向來所論，於本原上甚欠工夫，間爲福州學官作一記，發此意。欲寫奉寄，以斯遠亟欲附家報，未能辨〔二〕，俟後便也。中庸章句已刻成，尚欲脩一兩處。以或問未罷，亦未欲出，次第更一兩月可了。大抵日困應接，不得專一工夫，今又目盲，尤費力爾，不知天意如何？且留得一隻眼，了些文字，以遺後來，亦是一事。今左目已不可治，而又頗侵右目矣。

爲福州學官作一記，蓋福州學經史閣記也。記作於紹熙四年，朱子年六十四。其説與陸子之論全相合，信乎晚年定論之善也！記文見後。

德久問云：伊川曰：「心具天德，心有不盡處，便是天德處未能盡，何緣知性知天？」而先生盡心第一章以謂「知性而後能盡心」，與諸先生議論不同。如孟子教人，皆從心上用功,不知先自知性始,當從何處實下工夫?敢告指教。

答云:以文勢觀之,「盡其心者,知其性也」,言人之所以能盡其心者,以其知其性故也。蓋盡心與存心不同。存心,即操存求放之事,是學者初用力處。盡心,則窮理之至,廓然貫通之謂。所謂知性,即窮理之事也。須是窮理方能知性,性之盡,則能盡其心矣。

大全集所載,與林德久第四、第五書俱及「新齋竹木」,蓋與門人講學竹林精舍時,朱子年六十九矣。此第六書也。然以存心爲學者初用力處,與陽明先生之解同,而與今集註異。則集註定本,固有未及改正者也。其與德久第八書,即説到黨禁事,蓋確爲晚年之語。

答林德久　七

別紙所論敬爲求仁之要,此論甚善。所謂「心無私欲,即是仁之全體」,亦是也。但須識得此處,便有本來生意,融融洩洩氣象,乃爲得之耳。顔子不改其樂,是它功夫到後自有樂處,與貧富貴賤了不相關,自是改它不得。仁智壽樂,亦是功夫到此,自然有此効驗。來喻雖亦無病,然語意終未親切活絡,更宜涵養玩索,更於仁智實處下工夫,則久當自見矣。西室所聞未見全書,恐是陳長方所記。此只有震澤記善録,乃淮郡印本,想已有之,其間議論亦多可疑也。

自有樂處，亦説得不分明。孔、顔樂處，只是作德心逸日休，能樂天而知命耳。凡作含混語，徒生後學之疑。然教以涵養玩索，與治心之學相合。

答林德久　九

待次閑中，足得爲學，未爲失計。要之，仕宦只合從選部注擬，是家常茶飯。今人干堂慣了，不覺其非，故有志之士，亦不免俯首其間，爲人所前却，此可爲後來之戒也。無事静坐，有事應酬，隨時處無非自己身心運用，但常自提撕，不與俱往，便是功夫。事物之來，豈以漠然不應爲是耶？疑義已略用己意説釋其後，恐有未安，更望反復，大抵似用意未精，咬嚼可破也。漢卿甚不易得，想亦難得相聚也。齋中自去秋後，空無一人，亦幸省事，今復頗有來者，然亦不多，目前未見卓然可望也。唯江西吴必大伯豐者，相從累年，明敏過人，儘能思索，從事州縣，隨事有以及民，而自守勁正，不爲時勢所屈，甚不易得，今乃不幸短命而死，甚可傷悼耳。

所云「常自提撕，不與俱往，便是工夫」，與陸子教人求放心之説合。吴伯豐卒在慶元三年，朱子年六十八矣。

答嚴時亨　二

問目各已批出，請更詳之。禮書近方略成綱目，但疏義雜書中，功夫尚多，不知餘年能了此事否？當時若得時亨諸友在近相助，當亦汗青有期。浙中朋友數人，亦知首尾，亦苦不得相聚，未有見日，千萬自愛。更於義理切身處，著實進得一步，則所以守此身者，不待勉而固矣。

修禮書是最晚年事。而所以教時亨者，止令於義理切身處實進一步，已盡改從前務博之意矣。

答曾景建　一

辱書，文詞通暢，筆力快健，蔚然有先世遺法，三復令人亹亹不倦。所論讀書求道之意，亦爲不失其正，所詆近世空無簡便之弊，又皆中其要害，亦非常人見識所能到也。然文字之設，要以達吾之意而已。政使極其高妙，而於理無得焉，則亦何所益於吾身？而何所用於斯世？鄉來前輩，蓋其天資超異，偶自能之，未必專以是爲務也。故公家舍人謂王荆公曰〔二〕：「文字不必造語，及摹擬前人，孟、韓文雖高，不必似之也。」況又聖賢道統正傳，見於經傳者，初無一言之及此乎。至於讀書，則固吾事之不可已者。然觀古今聖賢立言垂訓，亦未始不以孝弟、忠信、收斂身心爲先務，然後即吾日用之間，參以往訓之指，反復推窮，以求其理之所在，使吾方寸之間虛明洞徹，無毫髮之不盡，然後意誠心正身修，而推以治人，無往而不得其正者。若但泛然博觀，而概論以爲如是而無非學，如是而無非道，則吾恐其無所歸宿，不得受用，而反爲彼之指本心、講端緒者所笑矣。鄙見如此，幸試思之，有所未安，復以見告，甚幸，甚幸。録示先大父司直公所記龜山先生語，前此所未見，然以其它語推之，知其誠出於龜山無疑也。所示佳篇，句法高簡，亦非世俗所及，然憤世太過，恐非遜言之道，千萬謹之，尤所願望。

此書所論，分明先德性而後問學，重簡易而戒支離，全用陸子之説。考其年歲，則書中及龜山語，與第四書同。而第三、第四、第五三書，皆及季通貶謫事，蓋朱子是年六十九歲矣。「指本心，講端緒」，有以此二語譏傅子淵者。然此乃孟子之説，不可議也。

答曾景建　二

便中辱書，備知向來徧參反求始末，而又深以主一、窮理得所歸宿爲喜。比日秋清，計所履益佳勝，從事於斯，亦當益有味矣。然二事知之甚易，而爲之實難，爲之甚易，而守之爲尤難。主一之功，固須常切提撕，不令間斷。窮理之事，又在細心耐煩，將聖賢遺書從頭循序，就平實明白處玩味，不須貪多，但要詳熟，自然見得意緒。若騖於高遠，涉獵領解，則又不免如向來之清話，欲求休歇而反成躁亂也。示及與柴君書，甚善。不知渠以爲如何？今人亦未説到此。異端之弊，自是己分上差却入路，欠却功夫，其迷溺者固無足道，其慨然以攘斥爲己任者，又未免有外貪内虚之患，亦徒爲譊譊而已，若之何而能喻諸人哉？幸更思之。若於己分上真實下得切己功夫，則於此等，亦有所不暇矣。

以知爲易，以行爲難，主一之功，常切提撕窮理之事，不須貪多，分明全合於陸子之説。

答曾景建　四

前此辱書，蔡季通行曾附數字奉報矣。所論主一之功甚善，但讀書須更量力，少看而熟復之，只依文意，尋箇明白處去，自然有味，不在極力苦思，轉求轉遠也。先德所抄龜山語，以它書考之，不妄。然却不及向來所記雜説數條，必是又有李蕭遠所定也。所問兩條三省事，鄙意正如此。後段之云，亦可謂怪論矣。今既知其繆，便直置之，不須與辨，且自理會己分功夫可也。科舉之學，在賢者爲餘事，但公家自有文章大宗師，何故不學，而學它人不好處？一向如此，不惟議論不正，當併與文章亦成澆薄無餘味矣。爾雅未暇細看，然此等亦未須閑費日力也。

以主一之功爲善，又謂讀書只依文義，尋明白處去，而戒其極力苦思，與陸子教人讀書「且精讀文義分明，事節易曉者，諷詠浹洽，久當渙然，不可强探力索」等語全相合。季通之行，即謫道州時也。

答張元德 洽　一

細讀來書，知進學之意不倦，甚慰。讀書切忌貪多，唯少則易以精熟，而學問得力處正在於此。「苟爲不熟，不如稊稗」，非虚語也。大學等書近多改定處，未暇録寄。亦有未及整頓者，如論、孟兩書，甚恨其出之早也。此間事雖不多，然亦終日擾擾，少得暇看文字，甚覺歲月之可惜也。通書太極之旨，更宜虚心熟玩，乃見鄙説一字不可易處。政使濂溪復生，亦必莞爾而笑也。若如所論，則所謂静者，别在四者之外，而不相管矣，而可乎？顔子所以發聖人之藴，恐不可以一事言。蓋聖人全體大用，無不一一於顔子身上發見也。

讀書務少不務多，已趨簡易之教矣。元德以己酉歲始從學，見别集與項伯元書，是年朱子年已六十。凡與元德書皆係晚年。謂大學近多改定，又恨論、孟出之太早，不知今之行世者是改本，抑是原本也？

答張元德　二

示喻欲來未能之意，此固無可如何。但日月侵尋，縱不得親師友，亦須自作工程，潛思默究，令胸中明徹，見得道理都無疑礙，方是於踐履功夫有進步處。若只如此悠悠閑過了，誠可惜耳。所示諸説，似未尋着縫罅，雖已各注其後，然只如此講學，恐未有深益也。名齋之意，甚善，然着實用功，不須如此安立標榜處。雖亦未有大害，然亦便見用心淺處，若實做得功夫，是當自無暇及此等不急之務也。大學近已刊行，今附去一本，雖未是定本，然亦稍勝於舊也。臨漳四子四經，各往一本，其後各有跋語，可見讀之之法，請詳之。所問易數，雖非講學所急，然亦見用意未精，且更推尋爲佳。若如此自見得一門户，決須自信得及，正不必問伊川、横渠説如何也。若前人説已分明，則此書不作矣，正爲説者太支離，不説者又太簡略，所以不得已而作。孔氏雜説寫了多時，今附還，其間多是抄出江鄰幾嘉祐雜志也。

着實用功，不須安立標榜，俱與陸子之教合。稱臨漳「四子」云云，蓋守漳舊刻之書。守漳時已六十一，此書則又在後。

答張元德　四

衡陽之訃，想已聞之，深足傷歎。然當路攻擊，意殊未已。今雖如此，亦恐更有追削禁錮之類，而一時善類，次第皆不可保。吾輩閑中講學，固爲美事，然亦恐有不可測者，此方深以爲懼，而賢者乃以勸彭丈，何也？熹幸已得祠，差可自安。近與學者講論，尤覺横渠成誦之説最爲徑捷，蓋未論看得義理如何，且是收得此心有歸著處，不至走作。然亦須是專一精研，使一書通透爛熟，都無記不起處，方可别换一書，乃爲有益。若但輪流通念，而覈之不精，則亦未免枉費工夫也。須是都透後，又却如此温習，乃爲佳耳。所説易傳極有難記當處，蓋經之文意，本自寬平，今傳却太詳密，便非本意，所以只舉經文，則傳之所言，提挈不起，穿貫不來，須是於易之外，别作一意思讀之，方得其極。尋常每欲將緊要處逐項抄出，别爲一書而未暇。大抵讀書求義，寧略毋詳，寧疏毋密，始有餘地也。詳故碎，密故拘。歐嚴譚君近來看得又如何？更望以此相勉。但於所讀之書，經文注脚記得首尾通貫浹洽，方有可玩繹處，如其不然，泛觀雜論，徒費日月，決無所益也。所論新法，大概亦是如此。然介甫所謂勝流俗者，亦非先立此意以壓諸賢，只是見理不明，用心不廣，故至於此。若得明道先生與一時諸賢向源頭與之商量，令其胸中見得義理分明，許多人欲客氣自無處著，亦不患其不改矣。若便以不可與有爲待之，而不察其所欲勝之流俗，亦真有未盡善處，則亦非所以爲天下之公，而自陷於一偏之説矣。頃見趙丞相所編諸公奏議論新法者，自有數卷。其言雖不爲不多，然真能識其病根，而中其要害者殊少，無惑乎彼之以爲流俗之浮言而不足恤也。至如祧廟一事，當時發言盈庭，多者累數千字，而無一言可以的當與介甫争是非者，但今人只見介甫所言，便以爲非，排介甫者，便以爲是，所以徒爲競辨，而不能使天下之論卒定於一也。此説甚長，非面論未易究。

衡陽之訃，爲趙丞相卒於永州，時朱子六十七歲矣。語重收心，而戒泛論雜觀，全合於陸子。其論荆公甚爲平允，與陸子荆公祠堂記無異。

答張元德　六

「配義與道」之説殊不可曉。大抵讀書須且虚心静慮，依傍文義，推尋句脉，看定此句指意是説何事，略用今人言語體貼替换一兩字〔三〕，説得古人意思出來。先教自家心裏分明歷落，如與古人對面説話，彼此對答，無一言一字不相肯可，此外都無閑雜説話，方是得個入處。怕見如此棄却本文，肆爲浮説，説得郎當，都忘了從初因甚話頭説得到此，此最學者之大病也。故程先生有「説書非古意，轉使人薄漢儒，下帷講誦，未必是説書」。又説「作論語解，已是剩了」。又以毛公説詩爲有「儒者氣象」，觀此等處，其意蓋可見。今説「配義與道」，却不就孟子上理會如何是義，如何是道，如何是氣，如何地配，便一鄉掉開了，只單説個「道」字，已是無捉摸處，又將「道」字訓作「行」字，尤無交涉，説得愈多，去理愈遠矣。今合且理會如何是義，却就「義」字上推如何是「道」，道與義同異如何，如何又要「氣」來配它，配字又是何意？適檢集註，説得儘分明了，不知曾子細看否？只此數字分明，即孟子意思分明可見，而程子所謂「沖漠氣象，亦在其中」，初非有二説也。子約所説，亦未免向別處去。如此支離，轉無交涉，却恐不免真爲擎拳竪拂者所笑矣。其他所論「時習」、「率性」、「鳶魚」等説，今皆未暇論，論得亦未有益，可且理會此「配義與道」，令分明，便中早報及也。

元德以朱子晚年從學，今又與吕子約説書，則子約謫江西時，朱子年六十九矣。此書以説書爲無益，與從前責陸子不講學之説判然不同。

答張元德　七

元德問云：語孟或問，乃丁酉本，不知後來改定如何？

答云：語孟集註，後來改定處多，遂與或問不甚相應，又無功夫修得或問，故不曾傳出。今莫若且就正經上玩味，有未適處，參考集註，更有思索爲佳，不可恃此未定之書，便以爲是也。

朱子自云「不可恃此未定之書，便以爲是」，而後人一字不敢致疑，何耶？

答甘吉甫

此間爲況幸亦如常，但朋友自不敢往，多已引去，亦隨時之義也。所示之説，今却附還。大抵看得未甚浹洽，言多窒礙，且宜少讀，而益加潛心反復玩味之功也。

「朋友不敢往」，自是黨禁之時。以少讀書爲宜，而益加潛心玩味，合於陸子。

答王晉輔峴 一

爲學大概，且以收拾身心爲本，更將聖賢之言從頭熟讀，逐字訓釋，逐句消詳，逐段反復，虚心量力，且要曉得句下文意，未可便肆己見，妄起浮論也。

晉輔從朱子學時，吕子約已没矣。子約先朱子一歲卒，蓋朱子最晚年也。然所與晉輔數書，俱與陸子之教合。

答王晉輔　三

自去秋冬，及此開正，三辱枉書，皆無便可報。無疑人來，又承惠問，尤以爲慰。訊後已復改歲，遠惟感時追慕，孝履支勝。熹病益深，無可言者。前書所論告子之説，此等議論，不須置意中，亦不須容易與之辨論。且只自家理會聖賢之所已言，而求其旨意之所在，久之精熟，自然見得是非，不著問人矣。大學已領，便中却欲更求十數本，可以分及同志也。太極、西銘切不須廣，蓋世間已自有本。爲此冗長，無益於事，或能相累耳。徐侍郎所欲鏤板之書，恨未之見，然此等亦不必看，徒亂人耳。且著實向裏，就切近明白實處理會，便不誤人也。此間諸書，南康板成後，亦無甚人修改處，不知有黑點者是何本也？只看其間有大同小異處，子細咨問季章，參考得失，便自見得，若有所疑，切冀見諭，當爲契勘奉報也。南軒之書多未斷手，而不幸即世，而或者不察，一例流傳，使人不能無遺恨，所以前此爲之刊削，别爲定本。蓋推本其遺意，非敢以私見輒有去取也，如大愚之説，兼看亦佳，但其規模亦太闊遠，不若且就本經文義上爛熟咀嚼之爲愈也。無疑人到多日，偶以雪寒不能作書，而其人不能久候，口占布此，殊不盡意，正遠，千萬節哀自愛。

曾無疑問學在朱子六十九歲，此書言「無疑人到」，自是晚年。戒其辨論，而勉其著實向裏，全與陸子之教合。

答王晉輔　四

荐承委喻，極荷不鄙，實以多病畏事，不敢作文字，以故前此不敢聞命。今不獲已，輒以數字附於行狀之末，少見鄙意。然已覺太露筋骨，切告勿以示人，恐彼此不穩便，非獨罪戾之蹤爲有害也。向來子約每言鄉學之意甚美，然於愚意，竊恐務實之意未若好名之多，學道之志未若爲文之力，此亦鄉黨習尚流風之弊，其所從來也遠，宜賢者之未免也。自今以往，更願反躬自省，以擇乎二者之間，察其孰緩孰急以爲先後。姑屏舊習，而取凡聖賢之言，若大學，若論、孟，若中庸者，朝夕讀之，精思力行，以序而廣，使道義之實，有以悦於心而充諸己，則將無慕於外，而所以顯親揚名者，必有以異乎前日之爲矣。若但以名位之爲尊，言語之爲麗，聞譽之爲誇，而汲汲乎伐石攻木以爲事，則是非獨老拙羞之，抑子約平生所望於賢者，亦將大不滿於泉下。所喻鄙文，何乃爲此曲折？已託劉季章言之，此豈止載禍相餉而已耶？

子約泉下，朱子已七十矣。所以教晉輔者，全與陸子説合。

答杜仁仲、良仲　一

自頃聞昆仲之名，而願得一見久矣。中間僅得識良仲之面，而於仁仲尚復差池，至今爲恨。兹者乃承不鄙致問，許以來辱，此意厚矣。然理義不外於吾身，但能反躬力索，毋使因循有所間斷，則無不得之理，孟子所謂「歸而求之有餘師者」，此也。願益勉旃，以副此望，異時有以自得之，則雖相望之遠，亦不異於合堂同席而居矣。

答杜仁仲　二

示喻爲學之意甚善，操存舍亡，此外無著力處，但常切提撕，勿計功效，久當自得力耳。理固不可以偏正通塞言，然氣稟既殊，則氣之偏者便只得理之偏，氣之塞者便自與理相隔，是理之在人，亦不能無偏塞也。横渠論受光有大小昏明，而照納不二，其説甚備，可試考之。人心、道心不能無異，亦是如此，然亦不須致疑，但惟精惟一是著力要切處耳。魂魄之説，極詳密矣。文叔書中亦論此，已答之，可取一觀，來喻得失亦已具其中也。

第一書謂「理義不外吾身」，即陸子所謂「目自明，耳自聰，事父自能孝，事兄自能弟」也。第二書謂「操存舍亡，外無著力處」，即陸子所主「求放心先立乎大」也。朱子與杜貫道書謂「致道歸，草草附此，但賢者與良仲、仁仲未得一見」，按趙致道爲朱子孫壻，事朱子最晚年。而致道歸時，尚未見三杜，則仁仲事朱子，必尤晚矣。

答杜仁仲　三

得文叔書，具道才質之美，恨未一見。茲辱惠書，喜聞比日所獲佳勝，示喻爲學之意，甚善。若果見得端緒，常切提撕，不少自恕，則氣質昏弱非所病矣。千萬勉旃，少副所望。

陸子謂「學問固無窮已，然端緒得失，則當早辨」，朱子初不然其説，至是乃合一矣。

文叔亦晚年問學者。

答杜仁仲　四

良仲示喻「敬」字工夫，甚善。凡聖賢之言，皆貫動静。如云求其放心，亦不是閉眉合眼，死守此心，不令放出也。只是要識得此心之正，如惻隱、羞惡之類，於動静間都無走失耳。所論氣稟有偏，而理之統體未嘗有異，亦得之。明道又謂「不可以濁者不爲水」，亦是此意也。但謂「神」即是「理」，却恐未然，更宜思之。仁仲所論「朝聞夕死」，則愚意見得二先生之説，初不甚異。蓋道即事物當然不易之理，若見得破，即隨生隨死，皆有所處。生固所欲，死亦無害也。

觀此書首一段，則知中庸章句分静存動察之誤，而慎獨之功，無時不然矣。如此解「朝聞夕死」甚是，不知集註何以只作「生順死安」説。

答杜仁仲　五

良仲前書所論數條，皆善。但更勉力研究玩味，久之自然見處明白，踐履從容，不費安排。仁仲蓋有意於切問近思之學者，然亦便如此不得，更須博之以文，始有進步處耳。

五書俱鞭迫向裏，與陸子合。惟此書有博文之訓，似乎小異。博文固不可廢，但不知以何者爲文，又如何博之耳。

答杜貫道

讀書課程甚善，但思慮亦不可過苦。但虚心游意，時時玩索，久之當自見縫罅意味。持守亦不著意安排，但亦只且如此從容，纔覺散漫，即便提撕，即自常在此矣。

貫道從學最晚，提撕之説，合於求放心。

答李晦叔　二

所論持敬讀書，表裏用力，切須實下功夫，不可徒爲虚説。然表裏亦非二事，但不可取此而舍彼耳，其實互相爲用，只是一事。纔説「性」字，便是以人所受而言，此理便與氣合了。但直指其性，則於氣中又須見得别是一物，始得不可混并説也。江掾所言「物性本惡」，安有是理？來諭已得之矣，更切涵養爲佳耳。

纔説性，便與氣合，講「性」字最透。明道所謂「纔説性，便已不是性也」，不爲虚説，更切涵養，合於陸子教人之法。

答李晦叔　三

持敬讀書，只是一事，而表裏各用力耳。若有所偏，便疑都不曾做工夫。今且逐日著實做將去，未須比量難易，計較得失，徒然紛擾，不濟事，反害事。要令日用之間，只見本心義理，都不見有它物，方有得力處耳。所問祭禮，各以所見報去，可更詳之。聞户曹多學禮，説唐人議論，可試扣之，可檢看也。江法掾清苦力學，不可多得，人之所見，要亦未能盡同，但偏執不通，輕於述作，此爲大不便耳。

持敬讀書只是一事，則尊德性、道問學不分爲二，合於陸子之説矣。晦叔，南康人，自是朱子作守時始從學，書問往來，又當在後，其爲晚年無疑。

答李晦叔　六

晦叔問云：輝曩者因舉「肌膚之會，筋骸之束」兩句，竊意謂與東萊所謂「操存則氣血循軌而不亂，收斂則精神内守而不浮」，正是此意。先生批誨云：「此説是也，然不必作兩句看。」輝因思之，未見有重疊處。

答云：此等處只是閑説，不須著力更下注脚，枉費心力。

又云：先生又批誨云：「此處只是放去收來頃刻間事，只一『操』字已是多了，不須如此著意安排也。」輝竊謂：心之存亡出入，特繫於人之操舍如何耳。但聖人則不操而常存，衆人則操之而後存也。先生云「只一『操』字已是多了」，輝久而未喻。近者看龜山解「七十而從心所欲」之義，謂「聖人從容中道，無事乎操」，然後始悟先生批誨之意，正是謂已存者設。若心不能無放，則固不可不操，但太著意安排，是助長也。未審先生以爲如何？

答云：此是至親切處。龜山之説亦不謂此，須反之於心，只就放去收來時體看。只此操時當處便存，只要功夫接續不令間斷耳。

又問云：輝竊嘗謂學者却須當常存此心於端莊静一之中，毋使一毫私意雜乎其間，則方寸之間，自有主宰，不致散漫走作。而虚靈洞徹之本體，則又須是日與義理相親，克去己私，然後心之本體，可得而識。

答云：罷却許多閑安排，除却許多閑言語，只看「操則存」一句是如何，亦不可重疊更下注脚。

「罷卻閑安排，除卻閑言語，只看『操則存』」一句，全是陸子之教。

答余國秀 宋傑 一

所謂貼裹者，但謂不可向外理會，不干己事及求知於人之類耳。若學問之功，則無内外身心之間，無粗細隱顯之分。初時且要大綱持守，勿令放逸，而常切提撕，漸加嚴密，更讀聖賢之書，逐句逐字，一一理會，從頭至尾不要揀擇，如此久之，自當見得分明，守得純熟矣。今看此册，大抵不曾著實持守，而遽責純熟之功，不曾循序講究，而務極精微之藴，正使説得相似，只與做舉業一般，於己分上全無干涉，此正不貼裹之病也。以下數段，皆是此病。

余、李同作問册，蓋國秀與李敬子同時從學也。敬子以紹熙二年從學，朱子年六十二矣。而此書所答，與陸子説全相同。

答李繼善孝述　一

前此雖未識面，然辱惠書，知託事契。而來書所喻，辭氣激昂，意象懇確，三復竦然。竊喜公家後來之秀，世不乏人也。所喻數條，已得用力之端，此事無它巧，但就已用力處更著功夫，反復純熟，自當別有見處，無假它求也。

文定事朱子最晚，繼善又文定從子，必尤晚矣。而所以告繼善者，與陸子之説合。「就已用力處更着功夫，自當有見，不待它求」，異於專事讀書講論者矣。

答李繼善　二

所示疑義，各以所見附於左方矣。來喻甚精到，但思之過苦，恐心勞而生疾，析之太繁，恐氣薄而少味，皆有害乎涵養踐行之功耳。其餘曲折，敬子、元思必能言。今日疾作，執筆甚艱，不容盡布。

戒思索之過，而重踐履涵養，合於陸子。

答李繼善　三

中間期慘，諒不易堪。所示條目，悉已奉報矣，幸更參考之。敬子每稱賢者志業之美，甚恨無由相見，然天所賦予，不外此心，而聖賢遺訓，具在方册。苟能厲志而悉力以從事焉，亦不異乎合堂同席而居矣，千萬勉旃！

敬子「每稱」云云，知繼善從學在文定之後，然所謂「天所賦予不外此心」，知心學之重矣。

答甘道士

所云築室藏書，此亦恐枉費心力，不如且學静坐，閑讀舊書，滌去世俗塵垢之心，始爲真有所歸宿耳。

此書雖係答道士之言，然略書册而重心學，甚爲切己，答陳道士亦然。

與晏亞夫淵　一

熹去歲到闕，不及五旬而罷。罷前一日，送范文叔於北闕，歸家未久，已聞劉德修亦罷歸矣。游判院相見，不及款而別，近亦聞其補外，不知今在何許？信蜀士之多奇也。亞夫別後進學如何？向見意氣頗多激昂，而心志未甚凝定，此須更於日用之間益加持敬工夫，直待於此見得本來明德之體，動静如一，方是有入頭處也。因夔州江教授便人附此，託趙守轉致，地遠不能多談，唯千萬修德自愛而已。

劉德修以黨禁罷官，此朱子最晚年事。書中所論，亦重心學，蓋晚年全合於陸子也。

答葉仁父　一

他喻已悉。但平生所聞，人有此身，便有所以爲人之理，與生俱生，乃天之所付，而非人力之所能爲也。所以凡爲人者，只合講明此理而謹守之，不可昏棄。若乃身外之事，榮悴休戚，即當一切聽天所爲，而無容心焉。其自至者，亦擇其可而受之，其不至者，則無求之之理也。此是終身立腳地位，不可分寸移易。孔、孟所説，極是分明，區區早從師友，幸見得此理，故嘗以此自勉，亦不敢不以此待人。所以平生未嘗求知於人，亦不欲爲朋友求知。唯其一二，或以貧老困厄不得其所，則嘗言之，然亦絶無而僅有也。如吾友者，於學尚可以勉，而亦未爲甚貧且老而困厄之久者，故前此累承喻及，皆非區區所欲聞，而以方有詭僞之禁，故不欲盡其言，亦意賢者當默曉也。而今所喻，雖若小異於前，似終未悉鄙意，故不得已而索言之，幸試思之。中夜以興，痛自省察，或能奮然一躍，盡脱從前三四十年見聞染習之陋，不亦快哉，不亦快哉！

禁僞是最晚之年，書中所云，合於陸子鹿洞義利之辯及答童伯虞書意。

答孫敬甫　三

熹歸來粗遣，但今夏一病，狼狽殊甚，辭職請老，皆未得如所欲，加以盲廢，不可觀書，頗以爲撓耳。示喻爲學之意，甚善，甚善。但「敬」之一字，乃學之綱領，須更於此加意，使有所據依，以爲致知力行之地乃佳耳。大學向來改處無甚緊要，今謾往一本，近看覺得亦多未親切處，乃知義理亡窮，未易以淺見窺測也。天台朋友有趙師郰主簿者尤佳，宣城亦有可與共學者否耶？

「辭職請老」，俱是最晚年事。所論重敬，甚爲切己。大學改本，仍自謂「多未親切」，不知今行事者是何本也？

答孫敬甫　四

熹衰病，年例春夏須一發，今年發遲者，此衰年老態，欲死之漸，亦不足怪也。祠官雖幸得請，然時論洶洶，未有寧息之期，賤迹蓋未可保，然姑使無愧於吾心則可已，他非智慮所能避也。所喻因胸次隱微之病，而知心之不可不存，此意甚善。要之，持敬致知，實交相發，而敬爲主。所居既廣，則所向坦然，無非大路。聖賢事業雖未易以一言盡，然其大概似恐不出此也。年來多病，杜門閒中見得此意頗端的，故樂以告朋友也。所論至善之意甚善，其終烈文一章尤有力，如陸氏之學，則在近年一種浮淺頗僻議論中，固自卓然，非其儔匹。其徒傳習，亦有能修其身、能治其家，以施之政事之間者，但其宗旨本自禪學中來，不可揜諱。當時若只如晁文元、陳忠肅諸人，分明招認，著實受用，亦自有得力處，不必如此隱諱遮藏，改名换姓，欲以欺人，而人不可欺，徒以自欺，而自陷於不誠之域也。然在吾輩，須但知其如此，而勿爲所惑。若於吾學果有所見，則彼之言，釘釘膠粘，一切假合處自然解拆破散，收拾不來矣。切勿與辨，以起其紛拏不遜之端，而反爲卞莊子所乘也。少時喜讀禪學文字，見杲老與張侍郎書云：「左右既得此欛柄入手，便可改頭换面，却用儒家言語説向士大夫，接引後來學者。」其大意如此，今不盡記其語矣。後見張公經解文字，一用此策，但其遮藏不密，漏露處多，故讀之者一見便知其所自來，難以純自託於儒者。若近年，則其爲術益精，爲説浸巧，抛閃出没，頃刻萬變，而幾不可辨矣。然自明者觀之，亦見其徒爾自勞，而卒不足以欺人也。但杲老之書，近見藏中印本，却無此語，疑是其徒已知此陋，而陰削去之。然人家必有舊本可考，偶未暇尋訪也。近得江西一後生書，有兩語云「瞋目扼腕而指本心，奮髯切齒而談端緒」，此亦甚中其鄉學之病。然亦已戒之，姑務自明，毋輕議彼矣。信筆不覺縷縷，切勿輕以示人，又如馬伏波之譏杜季良也〔四〕。所論太極之說，亦爲得之，然此意直是要得日用之間，厚自完養，方有實受用處。不然則只是空言，而反爲彼瞋目切齒者所笑矣。切宜深戒，不可忽也。南康語、孟是後來所定本，然比讀之，尚有合改定處，未及下手。義理無窮，玩之愈久，愈覺有説不到處。然又只是目前事，人自當面蹉過也。大學亦有删定數處，未暇録去。今只校得詩傳一本，并新刻中庸一本，印到程書祭禮并往〔五〕，所寄楮券適無餘。詩及中庸，乃買見成者，故紙不佳，然亦不閡翻閲也。毁板事近復差緩，未知何謂？然進卷之毁，不可謂無功，但已入人心深，所毁者抑其外耳。所詢蔭補事實難處。然官年實年之説，朝廷亦明知之，故近年有引實年乞休致者，而朝廷以官年未滿却之，不知亦可前期審之於省曹否耶？

朱子晚年爲學與所以教人，皆用陸子之説。而其議論，則詆之不已，蓋勝心之爲害如此。既云「其徒傳習，亦能修其身，齊其家，以施之政事之間」，又云「宗旨本自禪學」，吾不知吾儒之學，修身、齊家及政事之外更有何事？又不知禪學之外人倫者，亦能修身、齊家、施於政事否？此等議論，蓋不待辯析，而人人能知其得失者也。陸子存日，則服其表裏如一，實有以過人者。及其既殁，則詆其爲自欺欺人。以吾觀之，陸子毫無欺處。而用其言，而詆其人，正恐自欺欺人不在陸子也。朱子生平參妙喜、師惟可、奠黄檗，沈潛於禪學。陸子生平與僧道從不假借，亦從無沾染，乃必深文曲筆，坐以禪學，是誣娶寡女者撾婦翁也。此吾平心之論，學者第取兩家全集讀之，即可知其孰爲禪，孰爲非禪。至於「指本心、談端緒」，孟子之教也，此有何病？「瞋目扼腕、奮髯切齒」，特子淵輩言之過激耳。杲老語，在張子韶或用之未可知。若以譏陸子，則毫無干涉也。然教敬甫「日用之間，厚自涵養，不然則皆爲空言」，皆陸子所以爲學與所以教，非朱子從前所以教人先以讀書、講論爲窮理之法也。所謂其論則「冰炭不相入，其學則符節相合」，詎不信夫！

答孫仁甫自任　一

未見顔色，辱書甚寵，豈以賢兄嘗有講論之舊，而有取於其言耶？甚愧且感，不勝言也。所論今世講學之士愈衆，而聖人之道愈隳，此切至之論也。然又有謂「不必王道之行，而天下之治可立而待」者，則恐賢者所講之學，非聖人之學，亦無怪其講者愈衆而道愈隳也。大抵天之生物，便有常性，方寸之間，萬善皆足。聖人於此，不過教人保養發揮，先成諸己而後及於物耳。故聖人已遠，而萬世之下祖述其言，能出於此者，乃爲得其正統。其過之者，則爲墮於佛、老之空虛。其不及乎此者，則爲管晏，爲申商。又其每下者，則不自知其淪於盜賊之行，而猶欲自託於講學，其亦誤矣。道之隳也，不亦宜乎！賢兄近書所論，似有端緒，想暇日相與評之，固宜漸有定論，毋爲久此悵悵也。便還病倦草草。

仁甫爲敬甫之弟，敬甫諸書俱在黨禁時。仁甫因兄問學，必尤在晚年矣。然所論「方寸之間，萬善皆足，聖人教人不過保養發揮」，皆全用陸子之説也。

答孫仁甫　二

奉告反復其辭，又知賢者英邁之氣，有以過人〔六〕，而慮其不屑於下學，且將無以爲入德之階矣。夫人無英氣，固安於卑陋而不足以語上，其或有之而無以制之，則又反爲所使而不肯遜志於學，此學者之通患也。所以古人設教，自洒掃應對、進退之節、禮、樂、射、御、書、數之文，必皆使之抑心下首以從事於其間而不敢忽，然後可以消磨其飛揚倔强之氣，而爲入德之階。今既皆無此矣，則唯有讀書一事，尚可以爲攝伏身心之助。然不循序而致謹焉，則亦未有益也。故今爲賢者計，且當就日用間致其下學之功，讀書窮理，則細立課程，耐煩著實，而勿求速解，操存持守，則隨時隨處省覺收斂，而毋計近功。如此積累，做得三五年工夫，庶幾心意漸馴，根本粗立，而有可據之地。不然，終恐徒爲此氣所使，而不得有所就也。只如所問舜及東漢二事，想亦出於一時信筆之所及，非思之不得，積其憤悱而後發也。所與子約書，曾得其報否？不知其説云何？後便略報及也。

論讀書窮理及操存持守處，皆與陸子合。陸子全書具在，可考也。

答余正甫

辱書，相與之義甚厚，而陳義又甚高，三復感歎，不知所言。然嘗竊謂天下之理萬殊，然其歸則一而已矣，不容有二三也。知所謂一，則言行之間雖有不同，不害其爲一。不知其一而强同之，猶不免於二三，況遂以二三者，爲理之固然，而不必同，則其爲千里之謬，將不俟舉足而已，迷錯於庭户間矣。故明道先生有言：「解經有不同處不妨，但緊要處不可不同耳。」此言有味也。所示中庸、大學諸論，固足以見用功之勤者。然足下不以僕爲愚，方且千里移書，以開講學之端，而先有以脇之曰：「是不可同，同即且爲荆舒以禍天下。」則僕尚何言哉？姑誦其所聞如前者，足下儻有意而往復焉，則猶將繼此以進也。

孔子言「一以貫之」，孟子言「道一而已」，周子言「一爲要」，陸子言「心，一心也。理，一理也。至當歸一，精義無二，此心此理，實不容有二」，而朱子每譏陸子，謂「子静只要人求個一」，今此書乃謂「天下之理，其歸則一」，豈非至是而乃悟耶？答正甫第二、三書即及編禮書，第四書即云「無狀黜削」，皆最晚年也。

答鞏仲至 二

熹衰病拘攣，日甚一日，死生長短，本所不計，但未死之前轉動不得，亦令人無況耳。告老之章州郡未肯騰奏，雖荷其見憐，不欲便觸禍機，然鄙心已決，無所復顧，爲此宿留，令人腹煩耳。子約子弟近得書，云歲前明招大火，其柩幾不免，幸而獲全。却不知其厚葬之說，但得汪時發書，似頗有所不快意，不知曲折如何也？叔昌老不長進，亦是前日向外意多，脚根不牢實耳。「輕棄簞瓢」之句，令人深省。顧未知真樂所在，則欲不棄而不可得，此須別有個著力處，乃足恃耳。

「告老」之章，係六十九歲所上，七十歲始得請。今及子約柩，則七十歲矣。書中言叔昌「向外意多，脚根不牢」，蓋晚年之論，皆近裏着己也。

答李好古

向來見陸删定，所聞如何？若以爲然，當用其言專心致志，庶幾可以有得，不當復引他説，以分其志。若有所疑，亦當且就此處商量，不當遽舍所受而遠求也。東問西聽，以致惶惑，徒資口耳，空長枝葉，而無益於學問之實。不願賢者爲之，是以有問而未敢對也。

此書所論亦允。陸子以癸卯年冬還勑局删定官，至丙午冬始還監丞。此書稱「删定」，蓋甲辰乙巳年間書，朱子年五十五六歲。

與湖南諸公論中和第一書〔七〕

中庸未發已發之義，前此認得此心流行之體，又因程子凡言心者，皆指已發而言，遂目心爲已發。然觀程子之書，多所不合。因復思之，乃知前日之説非惟心、性之名命之不當，而日用功夫全無本領。蓋所失者，不但文義之間而已。按文集、遺書諸説，似皆以思慮未萌，事物未至之時，爲喜怒哀樂之未發。當此之時，即是此心寂然不動之體，而天命之性，當體具焉。以其無過不及，不偏不倚，故謂之中。及其感而遂通天下之故，則喜怒哀樂之性發焉，而心之用可見。以其無不中節，無所乖戾，故謂之和，此則人心之正，而情性之德然也。然未發之前，不可尋覓，已覺之後，不容安排。但平日莊敬涵養之功至，而無人欲之私以亂之，則其未發也，鏡明水止，而其發也，無不中節矣，此是日用本領工夫。至於隨事省察，即物推明，亦必以是爲本。而於已發之際觀之，則其具於未發之前者，固可嘿識。故程子之答蘇季明，反復論辨，極其詳密，而卒之不過以敬爲言。又曰：「敬而無失，即所以中。」又曰：「入道莫如敬，未有致知而不在敬者。」又曰：「涵養須是敬，進學則在致知。」蓋爲此也。向來講論思索，直以心爲已發，而日用功夫，亦止以察識端倪，爲最初下手處。以故闕却平日涵養一段工夫，使人胸中擾擾無深潛純一之味，而其發之言語事爲之間，亦嘗急迫浮露，無復雍容深厚之風。蓋所見一差，其害乃至於此，不可以不審也。程子所謂凡言心者，皆指已發而言，此乃指赤子之心而言。而謂凡言心者，則其爲説之誤，故又自以爲未當，而復正之，固不可以執其已改之言，而盡疑諸説之誤，又不可遂以爲未當，而不究所指之殊也。不審諸君子以爲如何？

湖南諸公蓋皆南軒門人。南軒既歿，而朱子與其門人講論，亦晚年事也。「平日涵養」，即所謂「先立乎大」，即所謂「求其放心」，然「進學在致知」，謂進之當知其有序耳。故不曰「爲學」曰「進學」，即大學所謂「知本即知之至」也。朱子誤以窮至事物之理爲致知，於程子「進」字未及分明。因自謂竊程子之意以作補傳，不知伊川之意並不如是。若明道先生，則明言不可將窮理作知之事矣。

答或人一云與余正甫

二先生所論「敬」字，須該貫動静看，方其無事而存主不懈者，固敬也。及其酬酢不亂者，亦敬也。故曰「毋不敬，儼若思」，又曰「事思敬，執事敬」，豈必以攝心坐禪而謂之敬哉？禮、樂固必相須，然所謂樂者，亦不過謂胸中無事而自和樂耳，非是著意放開一路，而欲其和樂也。然欲胸中無事，非敬不能，故程子曰「敬則自然和樂」，而周子亦以爲「禮先而樂後」，此可見也。「自得後須放開，不然却只是守」，此言既自得之，則自然心與理會，不爲禮法所拘，而自中節。若未能如此，則是未有所得。纔方是守法之人爾，亦非謂既自得之，又却須放開也。克己復禮，固非易事，然顔子用力，乃在於視聽言動，禮與非禮之間，未敢便道得其本心，而了無一事也。此其所以先難而後獲歟？今言之甚易，而苦其行之之難，亦不考諸此而已矣。

此書專論「敬」，亦心學也。孟子所謂「先立乎大」，何以立之？亦「敬」而已矣。題依小註作「與余正父」，則亦晚年之論，蓋正父乃同編禮書者也。

答或人　八

前賢之説雖或煩冗，反晦經旨，然其源流深遠，氣象從容，實與聖賢微意泯然默契。今雖務爲簡潔，然細觀之，覺得却有淺迫氣象，而玩索未精，涵養不熟，言句之間，粗率而礙理處却多有之。尹和靖嘗言：「經雖以誦説而傳，亦以講解而陋。」此言深有味也，近方見此意思。若更得數年閑放未死，當更於閑静中陶汰之，庶幾内外俱進，不負平日師友之訓，但恐無復此日耳！龜山立言，却似有意於含蓄而不盡，遂多假借寄託之語，殊不快人意。聖賢之言，則本是欲人易曉，而其中自然有含蓄耳。

欲得數年未死，又云「恐無此日」，自是晚年。引和靖言講解之陋，謂「近方見得此意」，已異於舊説，而合於陸子矣。

答或人　十

知得如此是病，即便不如此是藥，若更問何由得如此，則是騎驢覓驢，只成一塲閑説話矣。誠敬固非窮理不能，然一向如此牽連，説過前頭，却恐蹉過脚下工夫也。博文約禮，學者之初須作兩般理會，而各盡其力，則久之見得功效，却能交相爲助，而打成一片。若合下便要兩相倚靠，互相推託，則彼此擔閣，都不成次第矣。然所謂博，非泛然廣覽雜記，掇拾異聞，以讀多取勝之謂，此又不可不知。

謂一向牽連説窮理，「恐蹉過脚下功夫」，合於陸子踐履之教。謂「博文」非「讀多取勝」，合於陸子支離之戒。此或人十條，若依題註作答劉公度，則亦晚年之論。蓋公度爲子澄群從，因子澄而來學者也。

答劉公度

來書深以不得卒業於湖湘爲恨，此見志道之篤。然往者以銜鬻之嫌，而緩於請益，亦太不勇矣。彼自干名，我自講學，彼亦安能浼我耶？三千之徒，豈皆確然爲道而來？若以自附爲嫌，則顔、曾之流，亦且不屑於孔氏之門矣，豈不誤哉！所論「主敬」之説，固學者之切務，然此亦要得講學窮理之功，見得世間道理，歷歷分明，方肯如此著力。若於聖賢之言有所忽略，不曾逐句逐字子細理會，見得道理都未分明，却如何捺生硬做得成？如所謂齋心致敬於平旦之頃，以求理之所在者，亦恐徒勞而無補也。古人之學，欲其造次顛沛之不離，今乃獨求之平旦之頃，則其他時節是勾當甚事耶？所論濂溪見處，亦恐未然。濂溪所見，正爲與異端不同，故立言垂教，句句著實如此。若如此論，即是所見一般，但此公而彼私，此大而彼小耳。且既有公私、大小之不同，則其所同者又何事耶？凡此皆恐未易遽論。要當降心遜志，且就讀書講學上子細用功，久之自有見處也。義理細密，直是使麤心看不得，乍看極似繁碎，久之純熟貫通，則綱舉目張，有自然省力處。向見論事文字，綱領不甚分明，今乃知其病之在此也。僭易及之，千萬照亮。

來書以不得卒業於湖湘爲恨，自是南軒既卒，朱子五十歲以後之論。書中因公度專言主敬，故進之以窮理講學，然講明與踐履固亦陸子所並重也。

答或人

示喻爲學次第，甚慰所望，果能充此，聖賢門户真可策而進矣。近世學者多是向外走作，不知此心之妙，是爲萬事根本，其知之者，又只是撑眉努眼，喝罵將去，便謂只此是良心本性，無有不善，却不知道若不操存踐履，講究體驗，則只此撑眉努眼，便是私意人欲。自信愈篤，則其狂妄愈甚，此不可不深察而遠避之也。

以心爲萬事根本，已合於陸子之解。「撑眉」云云，似指傅子淵。然陸子之教，講明踐履，乃其兩大綱，正與此書所云相合。即其門下士，亦皆兢兢於此，故人人能自立，並非徒倚「撑眉」云云也，此亦五十六七歲時作。

玉山講義

先生曰：熹此來，得觀學校鼎新，又有靈芝之瑞，足見賢宰承流宣化，興學誨人之美意，不勝慰喜。又承特設講座，俾爲諸君誦説，雖不敢當，然區區所聞，亦不得不爲諸君言之。蓋聞「古之學者爲己，今之學者爲人」，故聖賢教人爲學，非是使人綴緝言語，造作文辭，但爲科名爵禄之計，須是格物、致知、誠意、正心、修身而推之以至於齊家治國，可以平治天下，方是正當學問。諸君肄業於此，朝夕講明於此，必已深有所得，不然，亦須有疑。今日幸得相會，正好商量，彼此之間，皆當有益。時有程珙起而請曰：論語多是説仁，孟子却兼説仁義意者，夫子説元氣，孟子説陰陽，仁恐是體，義恐是用。

先生曰：孔孟之言，有同有異，固所當講，然今且當理會何者爲仁，何者爲義，曉此兩字，義理分明，方於自己分上有用力處，然後孔孟之言有異同處，可得而論。如其不曉自己分上元無工夫，説得雖工，何益於事？且道如何説箇「仁義」二字底道理？大凡天之生物，各付一性，性非有物，只是一箇道理之在我者耳。故性之所以爲體，只是仁、義、禮、智、信五字，天下道理不出於此。韓文公云〔八〕：「人之所以爲性者五。」其説最爲得之。却爲後世之言性者多雜佛、老而言，所以將「性」字作知覺心意看了〔九〕，非聖賢所説「性」字本指也。

五者之中，所謂信者，是箇真實無妄底道理，如仁、義、禮、智，皆真實而無妄者也。故「信」字更不須説，只仁、義、禮、智四字，於中各有分别，不可不辨。蓋仁則是箇温和慈愛底道理，義則是箇斷制裁割底道理，禮則是箇恭敬撙節底道理，智則是箇分别是非底道理。凡此四者，具於人心，乃是性之本體。方其未發，漠然無形象之可見，及其發而爲用，則仁者爲惻隱，義者爲羞惡，禮者爲恭敬，智者爲是非，隨事發見，各有苗脈，不相殽亂，所謂情也。故孟子曰：「惻隱之心，仁之端也。羞惡之心，義之端也。恭敬之心，禮之端也。是非之心，智之端也。」謂之端者，猶有物在中而不可見，必因其端緒發見於外，然後可得而尋也。蓋一心之中，仁、義、禮、智各有界限，而其情性體用，又自各有分别，須是見得分明，然後就此四者之中，又自見得「仁」、「義」兩字是箇大界限。如天地造化，四序流行，而其實不過於一陰一陽而已。於此見得分明，然後就此又自見得「仁」字是箇生底意思，通貫周流於四者之中。仁固仁之本體也，義則仁之斷制也，禮則仁之節文也，智則仁之分别也，正如春之生氣，貫徹四時〔一〇〕，春則生之生也，夏則生之長也，秋則生之收也，冬則生之藏也。故程子謂「四德之元，猶五常之仁。偏言則一事〔一一〕，專言則包四者」，正謂此也。孔子只言仁，以其專言者言之也。故但言仁，而仁、義、禮、智皆在其中。孟子兼言義，以其偏言者言之也，然亦不是於孔子所言之外添入一箇「義」字，但於一理之中分别出來耳。其又兼言禮、智，亦是如此。蓋禮又是仁之著，智又是義之藏。而「仁」之一字，未嘗不流行乎四者之中也。若論體用，亦有兩説，蓋以仁存於心，而義形於外言之，則曰仁，人心也，義，人路也，而以仁、義相爲體用。若以仁對惻隱，義對羞惡而言，則就其一理之中，又以未發、已發相爲體用，若認得熟，看得透，則玲瓏穿穴，縱横顛倒，無處不通，而日用之間，行著習察，無不是著功夫處矣。

珙又請曰：三代以前，只是説中、説極，至孔門答問，説著便是仁，何也？

先生曰：説中、説極，今人多錯會了他文義，今亦未暇一一詳説。但至孔門方説「仁」字，則是列聖相傳，到此方漸次説親切處爾。夫子所以賢於堯舜，於此亦可見其一端也。然「仁」之一字，須更於自己分上實下功夫始得，若只如此草草説過，無益於事也。先生因舉孟子道性善，「言必稱堯舜」一章，而遂言曰：所謂性者，適固已言之矣。今復以一事譬之，天之生此人，如朝廷之命此官，人之有此性，如官之有此職。朝廷所命之職，無非使之行法治民，豈有不善？天之生此人，無不與之以仁、義、禮、智之理，亦何嘗有不善？但欲生此物，必須有氣，然後此物有以聚而成質。而氣之爲物，有清濁、昏明之不同，禀其清明之氣，而無物欲之累，則爲聖。禀其清明而未純全，則未免微有物欲之累，而能克以去之，則爲賢。禀其昏濁之氣，又爲物欲之所蔽，而不能去，則爲愚、爲不肖。是皆氣禀物慾之所爲，而性之善未嘗不同也。堯舜之生，所受之性亦如是耳。但以其氣禀清明，自無物欲之蔽，故爲堯舜，初非有所增益於性分之外也。故學者知性善，則知堯舜之聖非是强爲。識得堯舜做處，則便識得性善底規模樣子。而凡吾日用之間，所以去人慾、復天理者，皆吾分内當然之事，其勢至順而無難，此孟子所以首爲文公言之，而又稱堯舜以實之也。但當戰國之時，聖學不明，天下之人但知功利之可求，而不知己性之本善、聖賢之可學。聞是説者，非惟不信，往往亦不復致疑於其間，若文公則雖未能盡信，而已能有所疑矣，是其可與進善之萌芽也。孟子故於其去而復來，迎而謂之曰：「世子疑吾言乎？」而又告之曰：「夫道一而已矣。」蓋古今聖愚同此一性，則天下固不容有二道。但在篤信、力行，則天下之理，雖有至難，猶必可至，況善乃人之所本有，而爲之不難乎？然或氣禀昏愚，而物慾深固，則其勢雖順且易，亦須勇猛著力，痛切加功，然後可以復於其初。故孟子又引商書之言曰：「若藥弗瞑眩，厥疾弗瘳。」若但悠悠似做不做，則雖本甚易，而反爲至難矣。此章之言，雖甚簡約，然其反復曲折，開曉學者最爲深切。諸君更宜熟讀深思，反復玩味，就日用間著實下功夫始得，中庸所謂「尊德性」者，正謂此也。然聖賢教人，始於本末[一二]，循循有序，精粗巨細，無有或遺，故纔尊德性，便有箇道問學一段事，雖當各自加功，然亦不是判然兩事也。中庸曰：「大哉聖人之道，洋洋乎發育萬物，峻極于天，優優大哉，禮儀三百，威儀三千，待其人而後行。故曰苟不至德，至道不凝焉。是故君子尊德性而道問學，致廣大而盡精微，極高明而道中庸，温故而知新，敦厚以崇禮。」蓋道之爲體，其大無外，其小無内，無一物之不在焉。故君子之學，既能尊德性以全其大，便須道問學以盡其小，其曰「致廣大，極高明，温故而敦厚」，則皆尊德性之功也。其曰「盡精微，道中庸，知新而崇禮」，則皆道問學之事也。學者於此固當以尊德性爲主，然於道問學亦不可不盡其力，要當時時有以交相滋益〔一三〕，互相發明，則自然該貫通達，而於道體之全，無欠闕處矣。今時學者心量窄狹，不耐持久，故其爲學略有些少影響見聞，便自主張以爲至是，不能遍觀博考，反復參驗。其務爲簡約者，既蕩而爲異學之空虚。其急於功利者，又溺而爲流俗之卑近，此爲今日之大弊，學者尤不可以不戒。熹又記得，昔日曾參見端明汪公，見其自少即以文章冠多士，致通顯，而未嘗少有自滿之色，日以師友前輩多識前言往行爲事，及其晚年，德成行尊，則自近世名卿，鮮有能及之者。乃是此邦之人，諸君識之，丈人行耳，其遺風餘烈尚未遠也。又知縣大夫當代名家，自其先正温國文正公，以盛德大業爲百世師，所著資治通鑑等書，尤有補於學者。至忠潔公扈從北狩，固守臣節，不污僞命，又以忠義聞於當世，諸君蓋亦讀其書而聞其風矣。自今以往，儻能深察愚言於聖賢大學有用力處，則凡所見聞，寸長片善，皆可師法，而況於鄉之先達與當世賢人君子之道義風節乎？詩曰：「高山仰止，景行行止。」願諸君留意，以副賢大夫教誨作成之意，毋使今日之講徒爲空言，則區區之望也。

司馬忠潔之孫爲玉山令，據朱子跋忠潔公二帖，則紹熙五年也，是年朱子年六十五，以仲冬之月過玉山。蓋寧宗即位，由長沙被召而過此也。此講義確爲晚年，而歸重於道性善，尊德性，與陸子之教合。惟辭繁不殺，不及鹿洞講義之簡明親切耳。

【校勘記】

〔一〕未能辨　「辨」原作「辦」，據文集卷六十一改。

〔二〕故公家舍人謂王荆公曰　文集卷六十一「人」下有「公」字。

〔三〕略用今人言語體貼替換一兩字　「體」，文集卷六十二作「襯」。

〔四〕又如馬伏波之譏杜季良也　「良」字原脱，據文集卷六十三補。

〔五〕印到程書祭禮并往　文集卷六十三「印」上有「與」字。

〔六〕有以過人　「過」原作「告」，據文集卷六十三改。

〔七〕與湖南諸公論中和第一書　「書」原作「首」，據文集卷六十四改。

〔八〕韓文公云　「云」字原脱，據文集卷七十四補。

〔九〕所以將性字作知覺心意看了　「了」原作「之」，據文集卷七十四改。

〔一〇〕貫徹四時　「四」原作「日」，據文集卷七十四改。

〔一一〕偏言則一事　「偏」，文集卷七十四作「徧」。

〔一二〕始於本末　「於」，文集卷七十四作「終」。

〔一三〕要當時時有以交相滋益　「時時」，文集卷七十四作「使之」。

朱子晚年全論卷八

中庸章句序

中庸何爲而作也?子思子憂道學之失其傳而作也。蓋自上古聖神,繼天立極,而道統之傳,有自來矣。其見於經,則「允執厥中」者,堯之所以授舜也。「人心惟危,道心惟微,惟精惟一,允執厥中」者,舜之所以授禹也。堯之一言,至矣盡矣,而舜復益之以三言者,則所以明夫堯之一言,必如是而後可庶幾也。蓋嘗論之,心之虛靈知覺,一而已矣。而以爲人心、道心之異者,則以其或生於形氣之私,或原於性命之正,而所以爲知覺者不同,是以或危殆而不安,或微妙而難見耳。然莫不有是形,故雖上智不能無人心,亦莫不有是性,故雖下愚不能無道心,二者雜於方寸之間,而不知所以治之,則危者愈危,微者愈微,而天理之公卒無以勝夫人欲之私矣。精則察夫二者之間而不雜也,一則守其本心之正而不離也。從事於斯,無少間斷,必使道心常爲一身之主,而人心每聽命焉,則危者安,微者著,而動静云爲自無過不及之差矣。夫堯、舜、禹，天下之大聖也，以天下相傳，天下之大事也。以天下之大聖，行天下之大事，而其授受之際，丁寧告戒，不過如此，則天下之理豈有以加於此哉？自是以來，聖賢相承，若成湯、文武之爲君，皋陶、伊、傅、周、召之爲臣，既皆以此而接夫道統之傳。若吾夫子，則雖不得其位，而所以繼往聖，開來學，其功反有賢於堯、舜者。然當是時，見而知之者，惟顔氏、曾氏之傳得其宗。及曾氏之再傳，而復得夫子之孫子思，則去聖遠而異端起矣。子思懼夫愈久而愈失其真也，於是推本堯、舜以來相傳之意，質以平日所聞父師之言，更互演繹，作爲此書，以詔後之學者。蓋其憂之也深，故其言之也切；其慮之也遠，故其説之也詳。其曰「天命」、「率性」，則道心之謂也。其曰「擇善」、「固執」，則精一之謂也。其曰「君子」、「時中」，則執中之謂也。世之相後，千有餘年，而其言之不異，如合符節，歷選前聖之書，所以提挈綱維，開示藴奥，未有若是其明且盡者也。自是而又再傳以得孟氏，爲能推明是書，以承先聖之統，及其没而遂失其傳焉。則吾道之所寄，不越乎言語文字之間，而異端之説，日新月盛，以至於老、佛之徒出，則彌近理而大亂真矣。然而尚幸此書之不泯，故程夫子兄弟者出，得有所考，以續夫千載不傳之緒，得有所據，以斥夫二家似是之非。蓋子思之功，於是爲大，而微程夫子，則亦莫能因其説而得其心也。惜乎其所以爲説者不傳，而凡石氏之所輯録，僅出於其門人之所記，是以大義雖明，而微言末析，至其門人所自爲説，則雖頗詳盡，而多所發明，然倍其師説，而淫於老、佛者，亦有之矣。熹自蚤歲即嘗受讀而竊疑之，沉潛反復，蓋亦有年。一旦恍然似有以得其要領者，然後乃敢會衆説而折其中。既爲定著章句一篇，以俟後之君子，而一二同志，復取石氏書，删其繁亂，名以輯略，且記所嘗論辨取舍之意，别爲或問，以附其後。然後此書之旨，支分節解，脈絡貫通，詳略相因，巨細畢舉，而凡諸説之同異得失，亦得以曲暢旁通，而各極其趣。雖於道統之傳，不敢妄議，然初學之士，或有取焉，則亦庶乎行遠升高之一助云爾。淳熙己酉春三月戊申，新安朱熹序。

己酉歲，朱子年六十。而所以序中庸者，悉本於心學。然則以心學疑陸子者，可以悟矣。

瓊州學記

昔者聖王作民君師，設官分職，以長以治，而其教民之目，則曰「父子有親，君臣有義，夫婦有别，長幼有序，朋友有信」，五者而已。蓋民有是身，則必有是五者，而不能以一日離也。有是心，則必有是五者之理，而不可以一日離也。是以聖王之教，因其固有，還以導之，使不忘乎其初。然又慮其由而不知，無以久而不壞也，則爲擇其民之秀者，群之以學〔一〕，而聯之以師儒，開之以詩、書，而成之以禮、樂。凡所以使之明是理而守之不失，傳是教而施之無窮者，蓋亦莫非因其固有而發明之，而未始有所務於外也。夫如是，是以其教易明，其學易成，而其施之之博，至於無遠之不暨，而無微之不化，此先王教化之澤所以爲盛，而非後世所能及。淳熙九年，瓊管帥守長樂韓侯壁既新其州之學，而使以圖來請記，曰：「吾州在中國西南萬里，炎天漲海之外，其民之能爲士者既少，幸而有之，其記誦文詞之習，又不能有以先於北方之學者，故其功名事業，遂無以自白於當世，僕竊悲之。今其公堂序室，則既修矣，然尚懼其未能知所興起也，是以願有謁焉，吾子其有以振德之。」熹竊惟國家敷學之意，不爲不廣，斯人蒙化之日，不爲不深，然猶有如侯之所慮者，豈前日之所以教者，未嘗導之，以其身心之所固有，而徒强之以其外，是以若彼其難與！因爲之書其所聞於古者以告之，使瓊之士知夫所以爲學者，不外於身心之所固有，而用其一日之力焉。則其德成行修，而無所疑於天下之理，將無難者，而凡所謂功名事業云者，其本已在是矣。若彼記誦文詞之末，則非吾事之所急，而又何足爲輕重乎？嗚呼！瓊士勉旃！「天生蒸民，有物有則。民之秉彝，好是懿德」，是豈有古今之間、遠近之殊哉？侯於是邦，政多可紀，已具刻於池亭之石，因不復書，而是役之面執功程，又非侯所以屬筆之意也，亦略不論著云。是年歲在玄黓攝提格冬十月庚申，宣教郎直秘閣朱熹記。

此記以學爲身心固有，而記誦文辭則非所急，固已盡合於陸子之説矣。玄黙攝提格，歲在壬寅也。是歲朱子五十三歲。

漳州龍巖縣學記

漳州龍巖縣學，某年置，其後遷徙不常，遂以廢壞，蓋三十有餘年。而丞某君某始復營建，迫代去，不克就。温陵曾君祕來嗣其職，乃因其緒而成之。凡爲屋若干楹，殿堂門廡，師生之舍，無一不具。淳熙九年某月某日，既率其諸生以奠菜于先聖先師，而以書來求記，且曰「願有教也」。予聞龍巖爲縣斗辟，介於兩越之間，俗故窮陋。其爲士者，雖或負聰明樸茂之姿，而莫有開之以聖賢之學。是以自其爲縣以來，今數百年，未聞有以道義功業顯於時者，豈其材之不足哉？殆爲吏者，未有以興起之也。今二君相繼貳令於此，乃能深以興學化民爲己任，其志既美矣。而曾君又嘗從吾友石、許諸君遊，是必能誦其所聞以先後之者，此邑之士，其庶幾乎！乃爲之書其本末，而因以告其諸生曰：夫所謂聖賢之學者，非有難知難能之事也。孝弟忠信，禮義廉恥，以修其身，而求師取友，頌詩讀書，以窮事物之理而已。蓋二端者，豈二三子之所不知不能哉？特怵迫於俯仰衣食之資而不暇顧，誘奪於場屋雕篆之習而不及爲爾。夫狗區區目前近小之利，而忘其所貴於已者，固已悖矣，況其所狗又未必果可求也。二三子循己事而觀之，則曷若慨然反是心以求之，而一用其力於吾之所謂者乎？使吾孝弟忠信、禮義廉恥之行日篤，而身無不修也；求師取友、頌詩讀書之趣日深，而理無不得也。則自身而家，自家而國，以達於天下，將無所處而不當，固不必求道義功烈之顯於時，而根深末茂，實大聲閎，將有自然不可揜者矣。嗚呼！是說也，曾君蓋亦嘗爲二三子言之乎？二三子其益以吾言相與勉焉。而書所謂斅學半者，又曾君所宜深念也，其亦由是而勉旃哉！十年二月甲寅新安朱熹記。

若必欲窮事物之理，恐非人人所能，然謂聖賢之學，非有難知難行之事，則漸趨於易簡矣。先行後知，亦合於陸子重踐履之意。淳熙十年，朱子年五十四歲。蓋已聞陸子義利之説，而引伸言之也。

韶州州學濂溪先生祠記

秦漢以來，道不明於天下，而士不知所以爲學。言天者，遺人而無用。語人者，不及天而無本。專下學者，不知上達而滯於形器。必上達者，不務下學而溺于空虛。優於治己者，或不足以及人；而隨世以就功名者，又未必自其本而推之也。夫如是，是以天理不明而人欲熾，道學不傳而異端起，人挾其私智，以馳騖於一世者，不至於老死則不止，而終亦莫悟其非也。宋興，九疑之下，春陵之墟，有濂溪先生者作，然後天理明而道學之傳復續。蓋有以闡夫太極、陰陽、五行之奧，而天下之爲中正仁義者，得以知其所自來。言聖學之有要，而下學者知勝私復禮之可以馴致於上達。明天下之有本，而言治者知誠心端身之可以舉而措之於天下。其所以上接洙泗千歲之統，下啓河洛百世之傳者，脈絡分明，而規模宏遠矣。是以人欲自是有所制而不得肆，異端自是有所避而不得騁。蓋自孟氏既没，而歷選諸儒受授之次，以論其興復開創，汛掃平一之功，信未有高焉者也。先生熙寧中，嘗爲廣南東路提點刑獄公事，而治於韶，洗冤澤物，其兆足以行矣，而以疾去。乾道庚寅，知州事周侯舜元，仰止遺烈，慨然永懷，始作祠堂於州學講堂之東序，而以河南二程先生配焉。後十有三年，教授廖君德明至，視故祠頗已摧剥，而香火之奉亦惰弗供，乃謀增廣而作新之。明年即其故處，爲屋三楹，像設儼然，列坐有序。月旦望，率諸生拜謁。歲春秋，釋奠之明日，則以三獻之禮禮焉。而猶以爲未也，則又日取三先生之書，以授諸生曰：「熟讀精思而力行之，則其進而登此堂也。不異乎親炙之矣。」又明年，以書來告曰：「韶故名郡，士多原慤，少浮華，可與進於善者，蓋有張文獻、余襄公之遺風焉。然前賢既遠，而未有先生君子之教，以啓廸於其後，雖有名世大賢來官其地，亦未聞有能摳衣請業，而得其學之傳者。此周侯之所爲惓惓焉者，而德明所以奉承於後而不敢怠也。今既訖事，而德明亦將終更以去矣。夫子幸而予之一言，庶幾乎有以卒成周侯之志，是亦德明之願，而諸生之幸也！」廖君嘗以其學講於熹者，因不獲辭，而輒爲論著先生唱明道學之功，以視詔人使因是而知所以用力之方，又記其興作本末如此，使來者有考焉。淳熙十年癸卯歲五月丁卯，新安朱熹記。

此記論周子之學，平正通達，不規規於窮理格物之説，是年朱子五十四歲。

衡州石鼓書院記

衡州石鼓山據烝、湘之會，江流環帶，最爲一郡佳處。故有書院，起唐元和間，州人李寬之所爲。至國初時，嘗賜勅額，其後乃復稍徙，而東以爲州學，則書院之迹，於此遂廢而不復修矣。淳熙十二年，部使者東陽潘侯畤德鄜始因舊址，列屋數間，牓以故額，將以俟四方之士有志於學而不屑於課試之業者居之，未竟而去。今使者成都宋侯若水子淵，又因其故而益廣之。別建重屋，以奉先聖先師之象，且摹國子監及本道諸州印書若干種、若干卷，而俾縣郡擇遺修士以充入之。蓋連帥林侯栗，諸使者蘇侯詡、管侯鑑，衡守薛侯伯宣，皆奉金齎，割公田以佐其役，踰年而後，落其成焉。於是宋侯以書來曰：「願記其實，以詔後人。且有以幸教其學者，則所望也。」予惟前代庠序之教不修，士病無所於學，往往相與擇勝地，立精舍，以爲群居講習之所。而爲政者，乃或就而褒美之，若此山，若嶽麓，若白鹿洞之類是也。逮至本朝慶曆、熙寧之盛，學校之官，遂徧天下，而前日處士之廬無所用，則其舊迹之蕪廢，亦其勢然也。不有好古圖舊之賢，孰能謹而存之哉！抑今郡縣之學官，置博士弟子員，皆未嘗考其德行道藝之素，其所授受又皆世俗之書，進取之業，使人見利而不見義，士之有志於爲己者，蓋羞言之。是以常欲别求燕閒清曠之地，以共講其所聞而不可得，此二公所以慨然發憤於斯役，而不敢憚其煩，蓋非獨不忍其舊迹之蕪廢而已也。特爲之記其本末，以告來者，使知二公之志所以然者，而毋以今日學校科舉之意亂焉。又以風曉在位，使知今日學校科舉之教，其害將有不可勝言者，不可以是爲適然，而莫之救也。若諸生之所以學，而非若今人之所謂，則昔者吾友張子敬夫，所以記夫嶽麓者，語之詳矣。顧於下學之功，有所未究，是以誦其言者，不知所以從事之方，而無以蹈其實，然今亦何以他求爲哉！亦曰：養其全於未發之前，察其幾於將發之際，善則擴而充之，惡則克而去之，其如此而已矣，又何俟於予言哉！十四年丁未歲夏四月朔，新安朱熹記。

朱子論學，務必先以窮理格物。若此記末四語，得中庸本旨，無支離之病矣，是朱子年五十有八。其論學校科舉之弊，「使人見利而不見義」，亦因陸子白鹿洞講義而推言之也。

德安府應城縣上蔡謝先生祠記

應城縣學上蔡謝公先生之祠，今縣令建安劉炳之所爲也。先生名良佐，字顯道，學於河南程夫子兄弟之門。初頗以該洽自多，講貫之間，旁引傳記，至或終篇成誦。夫子笑曰：「子可謂玩物喪志矣。」先生聞之，爽然自失，面熱汗下，若無所容，乃盡棄其所學而學焉。然其爲人英果明決，强力不倦，克己復禮，日有程課。夫子蓋嘗許其有切問近思之功，所著論語説及門人所記遺語，皆行於世。如以生意論仁，以實理論誠，以常惺論敬，以求是論窮理，其命理皆精當，而直指窮理居敬爲入德之門，則於夫子教人之法，又最爲得其綱領。建中靖國中，詔對不合，得官書局。後復轉徙州縣，沈淪卑冗，以没其身，而處之浩然，未嘗少挫，中間嘗宰是邑。南陽胡文定公以典學使者行部，過之不敢問以職事，顧因紹介，請以弟子禮見。入門，見卒吏植直庭中，如土木偶，肅然起敬，遂稟學焉。其同時及門之士，亦皆稱其言論閎肆，善啓發人。今讀其書，尚可想見也。然先生之没，游公定夫先生實識其墓，而喪亂之餘，兩家文字皆不可見。應城寇暴尤劇，莽爲丘墟，其條教設施，固無復有傳者。劉君之來訪其遺跡，僅得題詠留，刻數十字而已，爲之慨然永歎，以爲先生之遺烈不建於此邦，後之君子不得不任其責。於是既新其學，乃即講堂之東偏，設位而祠焉。千里致書，求文以記。熹自少時妄意爲學，即賴先生之言以發其趣，而平生行事，又皆高邁卓絕，使人興起。衰病零落，凜然常懼其一旦泯滅而無傳也。劉君之請，乃適有會於予心者，於是不辭而記之如此，以示其學者云。紹熙辛亥冬十月丙子朔旦，新安朱熹記。

首提「玩物喪志」一段，將上蔡愧悔神情曲折寫出。朱子於是蓋深信博洽講貫之不足以言學矣。

常州宜興縣學記

紹熙五年十二月，宜興縣新修學成。明年，知縣事承議郎括蒼高君商老以書來請記，而其學之師生迪功郎孫庭詢、貢士邵機等數十人，又疏其事以來告曰：「吾邑之學，久廢不治，自今明府之來，即有意焉。而縣貧不能遽給其費，乃稍葺其所甚敝，亟補其所甚缺，且籍閒田五千畝以豐其廩，斥長橋僦金，歲入七十餘萬以附益之。爲置師弟子員課試如法，而又日往遊焉，躬爲講論，開之以道德性命之指，博之以詩、書、禮、樂之文，使其知士之所以學，蓋有卓然科舉文字之外者。於是縣人學子知所鄉慕，至於里居士大夫之賢者，亦攜子弟來聽，席下無不更相告語，更相勉勵，而自恨其聞之之晚也。退而相與出捐金齎以佐其役，合公私之力，得錢幾七百萬。而學之内外，煥然一新。堂涂門廡，靡不嚴備，象設禮器，皆應圖法。蓋高君之於是學，非獨其經理興築之緒爲可書，而其所以教者，則非今世之爲吏者所能及，而邑之人材風俗實有賴焉。幸夫子之悉書之，以告來者於無窮，則諸生之望也。」予頃得高君於會稽而知其賢〔二〕，今乃聞其政教之施於人者，又有成效如此，固已樂爲之書矣。而況邑之父兄子弟，能率高君之教，而有所興起，皆知從事於古人爲己之學，而不汲汲乎誇多鬭靡之習，以追時好而取世資，則又予之所深嘆，而尤樂取以告人者也。乃爲悉記其語，使後之君子有考焉。抑高君之於此邑，嘗新其社稷之位，而并作風雨雷師於其側，以嚴祀事。穿故瀆、疏積水以防旱潦，作社倉、儲羡粟以備凶荒。其所以事神治民者，類能行其所學，而皆出於至誠懇惻之意，是以言出而人信從之，蓋不待至於誦説之間，然後以言教也。嗚呼，賢哉！慶元元年春三月庚申，朝請郎提舉南京鴻慶宫新安朱熹記。

高商老爲陸子門人。朱子此記，乃亟稱其政與學，謂不待誦説言教。然則謂朱、陸之教有不合者，豈非謬哉？朱子作此記，年六十六矣。

建昌軍進士題名記

建昌之爲郡，據江西一道東南上游。其地山高而水清，其民剛而材武〔三〕，其士多以經術論議文章致大名，如直講李公、中書翰林曾公兄弟，尤所謂傑然者也。其他能以詞藝致身，取高科而登顯仕，名亦不絶於當世。前此，乃未有以著其名氏而傳於後世者。比年以來，鄉之先達始病其闕，乃率其徒，考自國初以至今日，得若干人，且將礱石刻之，寘諸郡學講堂之上，以俟來者之嗣書焉。而利君元吉、鄧君約禮以書來云：「今日教人取士之法，誠有異於古者，然其所以取之之意，則亦固有在也。顧士之由此而幸得之者，乃或不能刮磨奮勵以自見於斯世，則亦不必論其教法之是非，而吾之所以負其見取之意者，已不勝言矣。故今吾徒相率爲此，非敢以爲夸，乃欲以爲鑒。邦人士子，咸願得子之一言，冠其顛以發之，庶乎嗣而書者，相與讀之而知所警也。」予三復其書，而爲之喟然曰：二君子之言誠美矣，然不論夫教法之是非，則無以識其取士之意，不反身以自求，而得其有貴於己者，則又未足以議其教法之是非也。夫古之人，教民以德行道藝，而興其賢者能者，其法備而意深矣。今之爲法不然，其教之之詳，取之之審，反復澄汰，至於再三，而其具不越乎無用之空言而已。深求其意，雖或亦將有賴於其用，然彼知但爲無用之空言，而便足以要吾之爵禄，則又何暇復思吾之所以取彼者，其意爲如何哉？二君子蓋嘗有所受學，而得其所貴於己者矣。盍亦推其説以告夫鄉之後進，使之因是感發，以求古人之所以教者而盡心乎？誠盡其心而有得乎此，然後知今日取士之意，雖或不皆出此，而吾之所以副其意者，自當無日而不在乎此也。是則不惟無愧於今人，而且無愧乎古，不惟無愧於一官，而視彼文字聲名之盛者，猶將有所不屑，況乎不義而富且貴者，其又何足道哉！顧予不足以當其屬筆之意，姑記是説以復于二君子，幸與父兄子弟評之，以爲如何也？慶元元年秋八月丙寅，新安朱熹記。

利元吉，南城人，紹熙元年進士。鄧約禮，南城人，淳熙五年進士。二人皆陸子門人，故曰「有所受學」。是時陸子已卒四年，故屬筆於朱子。而朱子止欲二君推明所受之學之説，以告鄉之後進，未嘗駁其所受之學之誤而別立論。則陸、朱晚年之論，信乎其無不同也，是年朱子六十六歲。

福州州學經史閣記

福州之學，在東南爲最盛，弟子員常數百人。比年以來，教養無法，師生相視漠然如路人，以故風俗日衰，士氣不作，長老憂之，而不能有以救也。紹熙四年，今教授臨邛常君濬孫始至，既日進諸生，而告之以古昔聖賢教學之意，又爲之飭厨饌，葺齋館，以寧其居，然後謹其出入之防，嚴其課程之法，朝夕其間，訓誘不倦。於是學者兢勸，始知常君之爲吾師。而常君之視諸生，亦閔閔焉，唯恐其不能自勉以進於學也。故嘗慮其無書可讀，而業將病於不廣，則又爲益置書史，合舊爲若干卷，度故御書閣之後，更爲重屋以藏之，而以書來請記其事，且致其諸生之意曰：「願有以教之也。」予惟古之學者無他，明德新民，求各止於至善而已。夫其所明之德，所至之善，豈有待於外求哉？識其在我，而敬以存之，其亦可矣。其所以必曰讀書云者，則以天地、陰陽、事物之理，修身事親、齊家及國以至於平治天下之道，與凡聖賢之言行，古今之得失，禮樂之名數，下而至於食貨之源流，兵刑之法制，是亦莫非吾之度内，有不可得而精粗者。若非考諸載籍之文，沉潛參伍以求其故，則亦無以明夫明德體用之全，而止其至善精微之極也。然自聖學不傳，世之爲士者，不知學之有本而唯書之讀，則其所以求於書，不越乎記誦訓詁、文詞之間以釣聲名、干禄利而已。是以天下之書愈多，而理愈昧。學者之事愈勤，而心愈放。詞章愈麗，論議愈高，而其德業事功之實，愈無以逮乎古人。然非書之罪也，讀者不知學之有本，而無以爲之地也。今觀常君之爲教，既開之以古人教學之意，而後爲之儲書以博其問辨之趣，建閣以致其奉守之嚴，則亦庶乎本末之有序矣。予雖有言，又何以加於此哉？然無已而有一焉，則亦曰：「姑使二三子者知夫爲學之本，有無待於外求者，而因以致其操存、持守之力，使吾方寸之間清明純一，真有以爲讀書之地，而後宏其規，密其度，循其先後本末之序，以大玩乎閣中之藏，則夫天下之理，其必有以盡其纖悉，而一以貫之，異時所以措諸事業者，亦將有本而無窮矣。」因序其事，而并書以遺之，二三子其勉之哉！凡閣之役，始於慶元初元五月辛丑，而成於七月之戊戌。材甓傭食之費，爲錢四百萬有奇。則常君既率其屬，輸俸入以首事，而帥守詹侯體仁、使者趙侯像之、許侯知新咸有資之。至於旁郡之守趙侯伯璝、十二邑之長陳君珏等，亦以其力來助，而董其役者，學之選士楊誠中、張安仁、蕭孔昭也。是歲九月丁亥，朝奉大夫提舉南京鴻慶宫新安朱熹記。

慶元元年，朱子年六十六。其爲此記，乃不專爲記誦之末，而歸重於爲學之本，豈非晚年定論？朱子與林德久書云：「近覺向來所論，於本原上甚欠工夫，間爲福州學官作一記，發此意」，即此記也。此記所論，全與陸子説合。朱子之學，晚年合於陸子，惟此記尤爲確證，彼道聽而塗説者，可以息其喙矣！

跋金谿陸主簿白鹿洞書堂講義後

淳熙辛丑春二月，陸兄子静來自金谿，其徒朱克家、陸麟之、周清叟、熊鑑、路謙亨、胥訓實從。十月丁亥，熹率僚友諸生，與俱至於白鹿書堂，請得一言以警學者。子静既不鄙而惠許之，至其所以發明敷暢，則又懇到明白，而皆有以切中學者隱微深錮之病，蓋聽者莫不竦然動心焉。熹猶懼其久而或忘之也，復請子静筆之於簡而受藏之。凡我同志，於此反身而深察之，則庶乎其可以不迷於入德之方矣。新安朱熹識。

按：陸子年譜云：「時元晦爲南康守，與先生泛舟樂，曰：『自有宇宙以來，已有此溪山，還有此佳客否？」乃請先生登白鹿洞書院講席。先生講『君子喻於義，小人喻於利』一章畢，乃離席言曰：『熹當與諸生共守，以無忘陸先生之訓。』再三云：『熹在此，不曾説到這裏，負愧何言？』乃復請先生書其説，先生書講義授之，尋以此講義刻於石。先生云：『講義述於當時，發明精神不盡，當時説得來痛快，至有流涕者。元晦深感動。天氣微冷，而汗出揮扇。』」元晦又與楊道夫云：「曾見陸子静義利之説否？」曰：「未也。」曰：「這是子静來南康，熹請説書，卻説得義利分明，是説得好。如云：『今人只讀書便是利。如取解後，又要得官，得官後，又要改官，自少至老，自頂至踵，無非爲利。』説得來痛快，至有流涕者。」朱子之題跋如此，朱與道夫言又如此，亦可謂傾倒之至矣。自此會而後，朱子與人言學，必言立志，必言辨義利，反身深察，豈虚語哉！尋以無極之辨，致啓異同，而論學則悉依陸子，以求放心爲要訣，可謂非晚同哉！今之謬附於尊朱者，視陸子如水火，悖亦甚矣。

書劉子澄所編曾子後

右曾子書七篇，其内篇一，外篇、雜篇各三，吾友清江劉清之子澄所集録也。昔孔子殁，門人唯曾氏爲得其傳，其後孔子之孫子思、樂正子春、公明儀之徒皆從之學，而子思又得其傳以授孟軻。故其言行雜見於論語、孟氏書及他傳記者爲多，然皆散出，不成一家之言。而世傳曾子書者，乃獨取大戴禮之十篇以充之。其言語氣象，視論、孟、檀弓等篇所載相去遠甚。子澄蓋病其然，因輯此書以傳學者，而於其精粗純駁之際，尤致意焉。於戲！若子澄者，其可謂嗜學也已。然熹嘗考之，竊以爲曾子之爲人敦厚質實，而其學專以躬行爲主，故其真積力久，而得以聞乎一以貫之之妙。然其所以自守而終身者，則固未嘗離乎孝敬信讓之規，而其制行立身，又專以輕富貴、守貧賤，不求人知爲大。是以從之遊者，所聞雖或甚淺，亦不失爲謹厚修潔之人，所記雖或甚疏，亦必有以切於日用躬行之實。蓋雖或附而益之，要亦必爲如是之言，然後得以自託於其間也。然則是七篇者，等而別之，雖有内、外雜篇之殊，而其大致皆爲有益於學者，非他書所及也。讀者誠能志其大而必謹其小，歷其淺而徐望其深，則庶乎其無躐等之病，而有日新之功矣。淳熙八年九月丁丑，新安朱熹謹記。

專以躬行爲主，故得以聞一貫，則信乎行在知之先，而陸子專務踐履爲得其要矣。

淳熙八年，朱子年五十二。

書伊川先生與方道輔帖後

伊川先生德性嚴重，不輕與人接，今觀其與方公父子兄弟之間眷眷如此，則方公之賢可知矣。熹舊嘗得前數帖，刻之廬山白鹿洞。公之曾孫長泰主簿壬，又并其所藏數帖模刻於家，間以視熹，求書其後。雖先生之所以書者，有非熹之所敢知，然觀於「應舉耕田」之語，可以決内外取舍之輕重，察於買櫝還珠之諭，可以知讀書求道之要，在此而不在彼也。既以自厲，又書卷尾以屬方君，使與其族之父兄子弟相與勉焉。紹熙改元孟秋七日，新安朱熹。

語趨於近裡切己，時朱子年六十一也。

跋劉子澄與朱魯叔帖

觀亡友劉君子澄手墨，爲之隕涕。其言當看切己文字，分别義利之間，所以期吾魯叔者爲不淺矣，魯叔尚勉旃哉！丹陽朱熹仲晦父書于臨漳郡齋，紹熙庚戌中冬十一日。

「看切己文字，分别義利」，子澄所言，悉合於陸子，而朱子取之，是年年六十一矣。

跋徐來叔歸師堂詩

同安徐君來叔取孟子語曹交之言，名其堂曰「歸師」，某官戴君尹成既記之矣。來叔復以示予，曰：「願得一言以發明之。」予謂孟子之言，正爲不知反求諸身而專務求師於外者設耳。夫道雖若大路，然非上智生知之質，亦豈能不藉師友而獨得之哉？要當有以發其端倪，然後有餘師者，可得而求耳。來叔其以予言思之，庶乎其不虛爲此名也。紹熙壬子十月會慶節日，新安朱熹書。

「歸求有餘師」，即孟子所謂「萬物皆備於我」，陸子所謂「汝目自明，汝耳自聰」也。「發其端倪」，即陸子欲令先見大意之教也。紹熙壬子，朱子年六十三歲。

跋德本所藏南軒主一箴

「敬」之一字，學者若能實用其力，則雖程子兩言之訓，猶爲剩語。如其不然，則言愈多，心愈雜，而所以病乎敬者益深矣。誦敬夫之箴者，要當以識此意云。慶元己未初伏，雲谷老人書。

此朱子七十歲所題，謂言多心雜則病乎敬，乃悔支離而歸簡易，合於陸子。

祭陸子壽教授文

學匪私說，惟道是求，苟誠心而擇善，雖異序以同流。如我與兄，少不並遊。蓋一生而再見，遂傾倒以綢繆。念昔鵝湖之下，實云識面之初。兄命駕而鼎來，載季氏而與俱，出新篇以示我，意懇懇而無餘。厭世學之支離，新易簡之規模。顧予聞之淺陋，中獨疑而未安。始聽瑩於胸次，卒紛繳於談端。徐度兄之不可遽以辨屈，又知兄必將返而深觀，遂逡巡而旋返，悵猶豫而盤旋。別來幾時，兄以書來，審前説之未定，曰子言之可懷。逮予辭官而未獲，停驂道左之僧齋。兄乃枉車而來教，相與極論而無猜。自是以還，道合志同，何風流而雲散？乃一西而一東。蓋曠歲以索居，僅尺書之兩通。期杖屨之肯顧，或未滿乎予衷。屬者乃聞兄病在床，亟函書而問訊，并裹藥而攜將。曾往使之未返，何來音之不祥？驚失聲而隕涕，沾予袂以淋浪！嗚呼哀哉！今兹之歲，非龍非蛇，何獨賢人之不淑，屢興吾黨之深嗟？惟兄德之尤粹，儼中正而無邪。至其降心以從善，又豈有一毫驕吝之私耶？嗚呼哀哉！兄則已矣，此心實存。烱然參倚，可覺惰昏，孰泄予衷，一慟寢門，緘辭千里，侑此一尊。

復齋之卒，謂比來見得子静之學甚明，是兄弟之學同也。而朱子祭子壽文謂「道合志同」，既與子壽同，豈與子静異乎？今之改考亭淵源録者，不能因子壽之同以證子静，反因别子静之異，而併去子壽，謬亦甚矣！

曹立之墓表

淳熙乙未歲，予送吕伯恭至信之鵝湖，而江西陸子壽及弟子静與劉子澄諸人，皆來相與講其所聞，甚樂。子壽昆弟於學者少所稱許，間獨爲予道餘干曹立之之爲人，且曰：「立之多得君所爲書，甚欲一見君與張敬夫也。」後五年，予守南康，立之果來，目其貌，耳其言，知其嘗從事於爲己之學，而信子壽昆弟之不予欺也。欲留與居，而立之有宿諾，不果。及予受代以去，而所請白鹿洞書院賜額，有旨施行如章。郡守吴郡錢侯子言以予之惓惓於是也。亟以書來問孰可爲師者，予因以立之告，子言聞之，欣然具書禮授使者走餘干，踵立之之門以請，而立之病不能行矣。十年二月辛亥，竟不起，年方三十有七。子静以書來相弔，具道立之將死，其言炯然在道，不少異於平日，相與深歎惜之。嗚呼！吾道之衰久矣。比年以來，敬夫、子壽、伯恭皆以盛年相繼淪謝，而後進之可冀以嗣事於方來者，亦多夭殁，今又失吾立之，然則子静與予之相弔也，豈徒以遊好之私情也哉！

立之名建，其先自金陵來徙，至立之八世矣。立之父諱天明，始爲儒。立之幼穎悟，日誦數千言。少長，知自刻厲，學古今文，皆可觀。一日得河南程氏書讀之，始知聖賢之學爲有在也，則慨然盡棄其所爲者，而大覃思於諸經。歷訪當世儒先，有能明其道者，將就學焉。聞張敬夫講道湖湘，欲往見之，不能致。有告以沙隨程氏學古行高者，即往從之，得其指歸。既又聞陸氏兄弟獨以心之所得者爲學，其説有非文字言語之所及者，則又往受其學，久而若有得焉。子壽蓋深許之，而立之未敢以自足也。則又寓書以講於張氏，敬夫發書，亦喜曰：「是真可與共學矣！」然敬夫尋没，立之竟不得見。後至南康，乃盡得其遺文，以考其爲學始終之致，於是喟然歎曰：「吾平生於學，無所聞而不究其歸者，而今而後，乃有定論而不疑矣。」自是窮理益精，反躬益切，而於朋友講習之際，亦必以其所得者告之。蓋其書有曰：「學必貴於知道，而道非一聞可悟，一超可入也。循下學之則，加窮理之工，由淺而深，由近而遠，則庶乎其可矣。今必先期於一悟，而遂至於棄百事以趨之，則吾恐未悟之間，狼狽已甚，又況忽下趨高，未有幸而得之者耶！」此其晚歲用力之標的程度也。今歲元日，知病之不可爲矣，猶書其牖曰：「未死之前，不可自棄。」遷善改過，自是愈篤。死之日，起正衣冠，危坐如平日，語其弟廷曰：「吾雖甚病，而學益進，此心瑩潔，無復纖翳。如是而死，庶其可以言命矣。」語訖就枕未安而没。嗚呼！立之雖不幸蚤死，不卒其志，然所以自樹立者至此，亦豈他人所及哉？

立之事親孝，菽水之養驩如也。愛其弟甚至，與相切磋，如嚴師友。姊嫁而卒，撫其孤以有成。與人交，敬而忠。苟心所未安，雖師説不曲從，必反復以歸於是而後已，其於予規正尤切也。視人有急難，周之必盡其力，雖貧病不計。榜其齋曰「無妄」，杜門終日，里巷有不識其面者。日用間自省，小有過差，即書之册。其討論經學有得，亦悉記之。及爲他文甚衆，病中欲舉而焚之，廷弗忍。既没，而視諸篋，則已亡其半矣。乃裒自論定以來所作，得十餘卷，其他猶多可傳者，顧以立之遺意，弗敢出也。立之嘗娶婦〔四〕，不悦於姑，教之不從而去，故卒無子。至是，廷以母命，立宗人之子愿爲後，而葬立之萬春鄉栗田原先塋之右，且以立之遺文數篇，及其友成志郎趙君伯域之狀，不遠數百里來請銘。予於立之相得雖晚，而知之深，望之厚，哀其死，而屢出涕焉，豈可以無從乎？立之已葬，不及識於壙中，乃書其事，使以表於墓上。又系之曰：「胡子有言：『學欲博不欲雜，欲約不欲陋。』」信哉！如立之者，博而不雜，約而不陋，使天假之年以盡其力，則斯道之傳其庶幾乎〔五〕！嗚呼！今短命而死矣！豈不可哀也哉？是歲五月乙酉，新安朱熹述。

朱、陸異同之釁，立之墓表亦其一事，然皆門人之見耳，兩先生未嘗異也。朱子與陸子書謂立之墓表包顯道不以爲然，而陸子答書直以爲好。蓋顯道疑「先期、一悟」等語爲譏陸子而棄百事以趨之，則陸子之教，並不如是。陸子自謂在人情、事勢、物理上做工夫，故亦喜其語也。且「先期」、「一悟」等語，朱子晚歲蓋屢言之。如跋徐來叔歸師堂詩所云「發其端倪」，答建陽士人問學謂「須先見那物事，方能時習」，皆是此意。蓋陸子所謂「發明本心」，實本孟子，而朱子此時猶未之知耳。此表作於淳熙十年，朱子年五十四歲。是時未辯「無極」，意亦和平。故與諸葛誠之書謂「釁何由起」，而深怪門人之競辨者，所謂聞流言而不信也。

西山先生李公墓表

西山先生李公者，龜山先生楊文靖公之門人也。龜山既受學於河南程氏，歸以其説教授東南，一時學者翕然趨之。而龜山每告之曰：「唐虞以前，載籍未具，而當是之時，聖賢若彼其多也。晚周以來，下歷秦漢，以迄於今，文字之多，至不可以數計。然曠千百年，欲求一人如顏、曾者，而不可得。則是道之所以傳，固不在於文字，而古之聖賢所以爲聖賢者，其用心必有在矣。」及李公請見於餘杭，則其告之，亦曰：「學者當知古人之學何所用心，學之將以何用。若曰孔門之學仁而已，則何爲而謂之仁？若曰『仁，人心也』，則何者而謂之人心耶？」李公受言，退求其説以進，愈投而愈不合。於是獨取論語、孟子之書而伏讀之，蚤夜不懈，十有八年，然後涣然若有得也。

此文作於淳熙十二年，朱子時五十六歲。謂道之傳不在於文字，即陸子所謂「我即不識一字，亦須還我堂堂的一個人也」。朱子五十歲前，此等議論，必不入之文字矣。

答彭子壽龜年　一　以下别集

中間傳有召節，固疑其非美意，已乃不然，方以爲喜。及承惠書，又知開府以來，經理次第，尤以爲慰。然以時勢論之，亦決知其不能久，既而果聞已有奉祠之命矣。却不見有文字，想又從中而下也。此在高明，無所輕重，但嗚吠狺狺，日甚一日，其勢必須大有處分，其禍不止於搢紳而已也。想以此故，亦未能釋然，奈何，奈何！某今夏一病幾死，亟上挂冠之請，并辭近職。蒙上厚恩，未即聽許，將欲受之。而去歲曾議莪陵者，例皆獲罪，自惟狂妄，不應獨免，遂以自劾章上。計今已有行遣，顧地遠未即聞耳。閒中讀書却有味，但目已偏盲，其未盲者，亦日益昏，披閲頗艱耳。緣此閒坐，却有恬養功夫，始知前此文字上用力太多，亦是一病。蓋欲應事，先須窮理，而欲窮理，又須養得心地本原虚静明澈，方能察見幾微，剖析煩亂，而無所差錯。若只如此終日馳騖，何緣見得事理分明？程夫子所謂「學莫先於致知」，又謂「未有致知而不在敬者」，正爲此也。濂溪諸書，亦多是發此意。下問之意，但以此説推之，則其受病之原，與夫用藥之方，皆可見矣。雄附遠寄，良荷扶衰之意。

茶五十餅，漫附回使，以供粗用。背時可笑，大率如此也。薌林逝去，在渠高年固無憾，但後輩失此典型，亦自可恨也。舟御不經于越否？亦聞之否？度不免一南轅，得免踰嶠幸也。茂獻必相會，賤迹既不自保，又深爲諸賢憂之。夏中之病，由此增劇，中間幸小定，今又復作，人謀不可及矣。奈何，奈何？

以妄議山陵自劾，在慶元元年，是年六十六歲。書中謂「養得心地本原，虚静明澈，方能察見幾微」，與陸子則以學文程文意合。陸子文云：「物欲之蔽，豪據乎其中，而汲汲於明理，理果可以如是而明之乎？」

答彭子壽　二

得張元德書，竊聞大旆已次豫章，今當税駕里門矣。乍歸想一番接應，有不能免者。然自此杜門，少休神觀，益得玩心，卒究大業，安知天意不以是玉汝於成乎？願益勉旃，以慰期望。零陵經由，頗得從容否？復有一書，幸爲致遣，得不浮沉乃幸。

此子壽論韓侂胄罷歸豫章時也。「少休神觀，益得玩心」，語皆切己，時朱子六十六矣。

答孫季和

來喻諄悉，備詳爲學次第，甚慰所懷。大抵學者專務持守者，見理多不明，專務講學者，又無地以爲之本，能如賢者兼集衆善，不倚於一偏者或寡矣。更望虛心玩理，寬以居之，卒究遠大之業，幸甚。

季和以朱子提舉浙東茶鹽時從學，時朱子五十三歲。此書當更在後，與答項平甫書意同。

答孫季和

某衰老多病，益甚於前。今兩足拘重，不復能動，已兩三月矣。度氣血已衰，無完健之理，只得未死，且爾引日已爲幸矣。然世道如此，臭味凋落，日見稀少，亦何用久生爲也！久欲告老，今方及格。不敢自請，而外郡不爲保奏，只得一申省狀，亦且發去。或者恐觸禍機，然不暇顧也。紙尾「無可講説」之云，可爲慨歎，此固無復可以及人。但不知年來自己分上功夫又如何？頗似留意於詩文，此亦恐虛度光陰也。有如衰朽，至於今日，乃始追悔，恨向來之懶惰，今欲加功，而日子鋪排已不遍矣。此當以爲戒，而不可學也。

是年朱子六十九歲，故自註云「久欲告老，今方及格」也。勉季和用自己分上功夫，而以留意詩文爲虛度光陰，全合於陸子。

答丁仲澄

來書深以其學侵畔爲憂，自是而憂之，則有不勝其憂者。惟能於講學體驗處加工，使吾胸中洞然無疑，則彼自不能爲吾疾矣。若不求衆理之明，而徒恃片言之守，則雖蚤夜憂虞，僅能不爲所奪，而吾之胸中，終未免於憒憒，則是亦何足道？顧老兄專以聖賢之言，反求諸身，一一曉然無疑，積日既久，自當有見。但恐用意不精，或貪多務廣，或得少爲足，則無由明耳。某比來温習，略見日前所未到一二大節，自頗覺省力，但昏弱之資，執之不固，則似尤悔日積，訏有甚於吾友之所患者，乃承訪以所疑，使將何辭以對耶？然以所聞質之，則似不可不兩進也。程子曰〔六〕「涵養須是敬，進學則在致知」，此二言者，體用本末，無不該備。誠用一日之功，當得其趣。不然，空抱疑悔，不惟無益，反有害矣。夫涵養之功，則非他人所得與，在賢者加之意而已。若致知事，則正須朋友講習之助，庶有發明。不知今見讀何書，作何究索？與人論辨，惟無欲速，又無蓄疑，先後疾徐，適當其可，則日進而不窮矣。因書或有以見教，勿憚辭費，某亦不敢不盡愚也。向見前輩有志於學，而往往猶豫者，其内省甚深，下問甚切，然不肯沛然用力於日用間，是以終身抱不決之疑，此爲可戒而不可爲法也。

題注見臨漳語録，是在漳守時，年六十一歲。書中謂「以聖賢之言反求諸身，久當有見」，即陸子踐履之教。蓋天下之理，必行之而後知之也。

答黄直卿　十八　以下續集

爲學直是先要立本，文義却可且與説出正意，令其寬心玩味，未可便令考校同異，研究纖密，恐其意思促迫，難得長進。將來見得大意，略舉一二節目，漸次理會，蓋未晚也。此是向來定本之誤。今幸見得，却煩勇革，不可苟避譏笑，却誤人也。

續集與直卿書爲第一卷，大概皆晚年者。蓋第一篇即云「南軒之歿」，第六首即説到僞學之禁，此書第十八，其晚可知。論爲學之法俱與陸子之言合。「定本」二字，陳建以爲非指所著之書。然第十五書云：「大學向所寫者，自謂已是定本。近覺『絜矩』一章尚未細密。」然則「定本」二字，固指書本言之也。

答黄直卿　六十一

古之禪宿，有慮其學之無傳，而至於感泣流涕者，不謂今日乃親見此境界也。前書所説常惺惺，此是最切要處。諸朋友行持，亦頗見功効否？向來學者得此一番試過，虛實遂可辨，殊非小補。王子合前日過此，觀其俯仰，亦可憐也。普之却能如此，甚不易得。禮書病起亦怕看，却只看得少閑文字。元來世間文字，被人錯注解者，只前人做下，才隔一手，便看得別，而況此道之廣大精微也耶！諸生相從者，亦頗能有志否？近報時學小變，舉子輩往往相賀，然此豈足爲重輕耶？

以「常惺」爲切要，即求放心之道，此是僞學禁嚴時，豈非晚年定論？

答黃直卿　六十三

精舍諸友講論頗有緒，通老果如所論，甚慰人意。得渠如此，所助非細，非他人比也。但渠到此，適以病倦，又以諸幼疾患爲撓，不得甚與之款曲。以此知人之學所以不進，只緣從初無入處，不見其有可嗜之味。而所以無入處，又只是不肯虛心遜志，耐煩理會，更無他病也。所論「聟仲至」兩句，切中其病，前日與語，正怪其如此。渠苦心欲作詩，而所謂詩者，又只如此。大抵人若不透得上頭一關，則萬事皆低，此話卒乍説不得也。二孫久煩教誨，固不敢以向上望之，但得其漸次貼律，做得依本分舉業秀才，不至大段狼狽猖獗足矣。

朱子遺鉅、鈞二孫從直卿，在禁僞學時，蓋最晚年也。「透最上一關」，即陸子所謂

「發明其本心」也。

答黄直卿　七十六

目疾不觀書，緣此看得道理，亦漸省約不成，不讀書後，便都無道理也。所論氣稟之病固然，亦大段着力，乃能去之。近日爲朋友説滕文公首章，有些意思，他日相見面論之也。「目疾」云云，皆最晚年之事。不欲循尊德性之旨，而别尋一道性善標目，其實只一理也。

答黄直卿　七十九

示喻讀書次第，甚善。但所論先天太極之義，覺得大段局促。日用之間，只教此心常明，而隨事觀理，以培養之，自當有進。才覺如此狹隘拘迫，却恐不能得展拓也。

「此心常明，隨事觀理」，無不與陸子合。

答黄直卿　八十七

湖南初且以私計不便，未可往。今緣經界住罷，遂不可往矣。已草自劾之章，旦夕遣人，若且得祠禄，亦已幸矣。生計逼迫非常，但義命如此，只得堅忍耳。聞欲相訪，千萬速來，所欲言者非一。知彼中學徒甚盛，學業外亦須説令知有端的，合用心處及功夫次第乃佳。徐、葉至此已久，終是脱去舊習未得。近日看得後生，且是教他依本子認得訓詁文義分明爲急，自此反復不厭，日久月深，自然心與理會，有得力處。今人多是躐等妄作，誑誤後生，輾轉相欺，其實都不曉得也。此風永嘉爲甚。

「學業外須令知有合用心處」，此初覺支離之無益，而漸就切己之功也。「經界住罷」，蓋六十二歲，由漳守除荆湖運副也。

答蔡季通

春秋無理會處，不須枉費心力。吾人晚年只合愛養精神，做有益身心工夫。如此等事，便可一筆勾斷，不須起念，儘教它是魯史舊文，聖人筆削，又干我何事耶？易説俟取得即納去，然亦政自非急務也。

朱子亦用「愛養精神」之説，而陳建以精神之語詆陸子，豈不謬哉？至謂春秋「干我何事」，此言亦太過。果如所云，則孔子不必作春秋，而荆公不以進講，不爲過矣。朱子生平，專以讀書教人，晚年乃併春秋亦謂不必理會，所謂矯枉者必過正也。陸子在太學卻有春秋講義。

答蔡季通

所喻自省之意甚善，然恐病不在此，只合且於存心處事上痛自省察矯革也。某求去未獲，然賤迹終不能安，度更不報即以罪譴逐矣。此間詞訴，近日卻絶少，漸可讀書。但直卿既歸，復之又病，數日羸甚，無人商量，文字都不得下筆。此事未知終竟如何？萬一不就，恐爲千載之恨也。

「求去」，惟在南康與在臨漳二任内有之。然復之未嘗至南康，南康亦無不可就之事，在漳則欲行經界而卒不就，豈即此事耶？在漳時，年六十一歲。以存心處事上省察誨季通，合於陸子之教。

答蔡季通

樂説已領，尚有未深解處，須面扣乃悉耳。雅樂説後便幸示及。聞有安定鹿鳴譜，亦望録寄。偶得新都八陳石刻本納呈，看畢，卻告附還。其説與薛士龍者同異如何？并告喻及。需通鑑，方此修改未定，舊本太略，不成文字也。近覺讀書損耗心目，不如静坐省察自己爲有功。幸試爲之，當覺其效也。

與季通論樂在禁僞學時。季通被謫，猶論琴譜，蓋最晚年也。然謂「讀書不如靜坐省察有功」，正所謂學問之道在求放心也。

答蔡季通

公濟山頭日用功夫之問，見季通未有端的應答。彼説雖偏，然吾輩之所以自治者，如此之鹵莽，幾何其不爲不如稊稗之五穀耶？兩日欲奉扣，因循不暇，亦苦疲憊，無好意思，遂不能及。今請試加省察，果以何地爲進德之基也？歸來又得伯恭書，云「學者須是專心致志，絶利一源，凝聚停蓄，方始收拾得上」，此言甚當，不敢不以告也。

朱子教人一心只奔在書册上，日用之間如何得力？舍本根而尋枝葉，反以他人踐實之功爲荑稗，此陸子所謂「溺於意見，難與言也」。呂伯恭此書，在朱子守南康時所寄，是時朱子五十二歲。所取伯恭之言與陸子合。

答蔡季通

三日來發熱昏冒，不識何證。藥物雜進，殊未見效，良以爲撓。所喻朝聞夕死之意，不勝歎服。然老人之學，要當有要約處，恐非儀禮之所及也。費隱之説，非不欲剖析言之，但終覺費力，强説不行，不免且仍舊耳。二書修改想已了，幸早寄及。

自云「老人之學」，自是晚年。修禮書，則最晚年也。然謂「要約處非儀禮所及」，已合於「近裏之功。費隱費力，强説不行，不免且仍舊」，仍舊是矣。然今中庸章句與注疏不合，何耶？

與田侍郎子真

吾輩今日事事做不得，只有向裏存心窮理，與外人無交涉，然亦不免違條礙貫，看來無着力處，只有更攢向裏面，安身立命耳。不審比日何所用心？因書及之，深所欲聞也。看前日報行章疏，便要回面汙行，首身投免，亦不可得，只得守吾大元也。

此亦黨禁時語，然語皆近裏。

答余景思

閒中益得觀書，當有深趣，日月易得，願益勉旃。若但如拙者，既老而後有聞，則享用已不能久，而無復可力之望矣。直卿既歸，想時得從容，恐講論不能無異同，正當力究。有未決者，因來諭及，不敢不盡鄙懷也。

朱子自謂「既老而後得聞」，則從前議論，自爲未定，晚年定論，固當細考也。又自謂「享用已不能久」，則其爲最晚之年可知。陸子嘗月夜慨歎，謂「朱元晦泰山喬嶽，可惜不聞道」，人頗不以爲然。今朱子自以爲「既老而後有聞」，則陸子從前所歎，固非妄也。

答馮奇之椅

某衰晚疾病，待盡朝夕，無足言者。細讀來示，備詳别後進學不倦之意。世間萬事，須臾變滅，不足置胸中，惟有致知力行、修身俟死爲究竟法耳。余正父博學强志，亦不易得。禮書中間商量多未合處，近方見其成編，比舊無甚改易，所謂獨立無助者誠然。然渠亦豈容它人助也？此間所集諸家雜説，未能如彼之好，然儀禮正經段落注脚，却差明白，但功力頗多。而衰病耗昏，朋友星散，不能得了耳。商伯時時得書，講論精密，誠可嘉尚。李敬子堅苦有志，尤不易得。近與諸人皆已歸，只有建昌二吕在此，蚤晚講論，粗有條理，足慰岑寂也。

致知力行，修身俟死，晚年可見甚定，合於陸子之教。修禮書，最晚年事也。

答李孝述繼善問目 燔之姪

孝述云：嘗求夫心之爲物，竊見大學或問中論心處，每每言虚言靈，或言虚明，或言神明，孟子盡心注云：「心者，人之神明。」竊以爲此等專指心之本體而言。又見孟子舉心之存亡出入，集註以爲心之神明不測，竊以爲此兼言心之體用，而盡其始終，反復變態之神。夫其本體之通靈如此，而其變態之神妙又如此，則所以爲是物者，必不囿於形體，而非粗淺血氣之爲。竊疑是人之一身，神氣所聚，所以謂之神。舍人而無此，則身與偶人相似，必有此而後有精神知覺，做得箇活物，恐心又是身上精靈底物事，不知可以如此看否？孝述又嘗求所以存是心者，竊見伊川言「人心作主不定，如破屋中禦寇」，又云「如一箇翻車，每每教學者做箇主，或云立箇心」，又云「人心須要定，使他思時方思乃是」。明道亦云：「人有四百四病，皆不由自家，則是心須教由自家。」以此似見得心雖是活物，神明不測，然是自家身上物事，所主在我，收住後放去，放去後又復收回，自家可以自作主宰。但患不自做主，若自家主張着便在，不主張着便走去，及才尋求着又在，故學者須自爲之主，使此心常有管攝方得。又嘗求所以爲主之實，竊見伊川論如何爲主敬而已矣，又似見得要自做主宰須是敬。蓋敬便收束得來謹密，正是着力做主處。不敬，便掉放疏散，不復做主了。孝述於存心功夫，又粗見如此，不知是否？

答云：理固如此。須用其力，不可只做好話説過，又當有以培養之。然漸次純熟，向上有進步處。

孝述又云：按大學章句云：「明德者，人之所得乎天，而虛靈不昧，以具衆理而應萬事者也。」竊疑人得正且通之氣，故心體中虛，虛則靈，如水之清，火之明，鑑之光，皆是體虛，所以透明，心亦然。濂溪云：「静虛則明，明則通，似亦可見。近驗之於心，則日用間覺得一事累心，便有滯礙，更不通快。」是以竊恐虛故靈，心惟虛靈，所以方寸之内，體無不包，用無不通，能具衆理而應萬事。但以氣稟物欲之私有以昏之，而不得全其虛靈之本體。故理之在是者，遂有所蔽，而應事接物，亦皆雜以私欲，不盡出於義理之正，是無以具衆理而應萬事矣。學者之學，恐只是求去其氣稟物欲之昏，以復其虛靈之全體。蓋心既虛靈，則寂然不動，感而遂通，於所謂具衆理而應萬事者得矣。是以大學之教，以明明德爲主，章句、或問之言明德，必以虛靈爲質。其言明德功夫，又不過全其虛靈之體〔七〕。言存養，則曰聖人設教，使人嘿識此心之靈而存之於端莊静一之中。言格物致知，則曰人心之靈莫不有知，而欲其表裏洞然，無所不盡。言誠意，則曰人之本心至虛至靈，衆理畢具，而欲其應物，皆由此心以發而無所雜。言正心，則曰心之本體湛然虛明，而欲其順應事物而無所動。言修身，則曰隨事省察之，以審其當然之則，似亦主虛靈者爲説，徹頭徹尾，許多功夫，皆欲全此心之虛靈，以融會衆理，酬酢萬事而已。以此觀之，恐虛靈不昧，乃心之所以爲心，而聖學之基本也。不知是否？

答云：同上。

孝述又云：間嘗心存時，神氣清爽。是時視必明，聽必聰，言則有倫，動則有序，有思慮則必專一，若身無所事，則一身之内，如鼻息出入之麤細緩急，血脉流行間或凝滯者，而有纖微疾癢之處，無不分明，覺得當時别是一般精神，如醉醒寐覺，不知可以言存心否？

答云：理固如此，然亦不可如此屑屑計功效也。

孝述又云：自覺心放時，精神出外，更不自知，如夢然。才知得放時，即是心便不放了。如知得夢時，即是夢覺。孔子言「我欲仁，便是仁至」，似亦此意。故日用間覺得直須謹操持、勤檢點。蓋操持容有懈時，若不測地猛省起來，則其懈時之放自不得遠去，且不得久去。如此維繫之久，恐此心只得住裏面。如欲睡底人，須自家打起精神，不可放倒。間或精神倦時，不覺坐睡，又自家擺灑起來，不容睡著。每每如此，自是睡不得。愚見如此，不知是否？

答云：是，是。但説太多了。

繼善所問四條，若出於陸子，則整菴必以爲言心而近於禪，清瀾必以爲弄精魂而墮禪學矣，然朱子並許之。繼善在朱子六十歲後始從學，豈非晚年定論？

答李孝述

孝述竊謂：覺是人之本心，不容泯没。故乘間發見之時，直是昭著，不與物雜，於此而自識其本心之體，即得其真矣。上蔡謂「人須是識其真心」，竊恐謂此，然此恐亦隨在而有。蓋此心或昭著於燕閒静一之時，如孟子言「平旦之氣」。或發見於事物感動之際，如孟子言人「乍見孺子將入井，皆有怵惕惻隱之心」。或求之文字而怡然有得，如伊川先生所謂「有讀論語後，其中得一兩句喜者」。或索之講論而恍然有悟，如夷子聞孟子極論一本之説，遂憮然爲閒而受命。凡此恐皆是覺處。若素未有覺之前，但以爲已有是心，而求以存之，恐昏隔在此，不知實爲何物。必至覺時，方始識其所以爲心者。既嘗識之，則恐不肯甘心，以其虚明不昧之體，迷溺於卑污苟賤之中，此所以汲汲求明，益不能已，而其心路已開，亦自有可進步處，與夫茫然未識指趣者，大不侔矣。故孝述竊疑覺爲小學、大學相承之機，不知是否？

答云：所論甚精，但覺似少渾厚之意。

按朱子譏陸子只要人悟，此段亦言悟也。然朱子以爲所論甚精，蓋晚年定論如此。

陸子教人先發明其本心者，蓋仁、義、禮、智，吾心固有，非由外鑠，而本心爲利欲汩没。一旦教以聖賢之學，反似與本心相違，故孟子就寧死不受嘑蹴之食，指出本心之良，而以不辨禮義受萬鍾者，爲失其本心。蓋陸子全依孟子之教，故必以此爲先，使人人自識其本心，然後知仁義禮智爲天之所以與我，我固有之而不忍自棄。否則，浮慕爲學之名，勉强從事，毫無得心之樂，將苦其難而不爲，厭其迂而不屑，雖有嚴師益友，勸勉鞭策，俱無可施矣。朱子於此一段，初年未能分明，延平之教，又引而不發，故其師既没，乃遂别爲章句、訓詁之學，欲上擬孔子之删定纘修，至追悔延平行狀之作爲下筆太重，講喜怒哀樂未發，亦以爲向見李先生論此最詳。後來所見不同，遂不復致思。其在南康，年踰五十矣。然與吕伯恭書尚云：「大綱固未敢放倒，不免時有偷心，以爲何爲自苦如此？」蓋是時尚未能識其本心，而無有自得之樂，故爲此言。其明年，聞陸子義利之論，發明敷暢，竦然動心，率同志者反身深察，奉其語爲入德之方。嗣後與學者論學，必以「求放心」爲要訣，而曉然於書册、語言之外，别有用心之處。迨至老年，始自歎爲聞道已晚，惜其受用不久，知其爲受用，則不以爲自苦矣。凡載在是編者，皆可考也。蓋失其本心，則以學道爲苦，識其本心，則以學道爲受用。以爲苦，則必半塗而廢；以爲受用，則雖欲罷不能。此陸子教人，所以必發明其本心，固非如禪家之頓悟，亦非如朱子所謂「一旦豁然貫通，而衆物之表裏精粗無不到，吾心之全體大用無不明也」。李繼善此問，亦庶幾乎有覺，朱子稱爲「甚精」，固已純用陸子求放心之法矣。故因篇終而詳論之。

【校勘記】

〔一〕群之以學　「學」下，文集卷七十九有「校」字。

〔二〕子頃得高君於會稽而知其賢　「子」，文集卷八十作「予」。

〔三〕其民剛而材武　「剛」上，文集卷八十有「氣」字。

〔四〕立之嘗娶婦　「嘗」，原作「常」，據文集卷九十改。

〔五〕則斯道之傳其庶幾乎　「斯道之傳其」五字原脱，據文集卷九十補。

〔六〕程子曰　「曰」字原脱，據文集別集卷五補。

〔七〕又不過全其虚靈之體　「過」下，文集續集卷十有「欲」字。

附録一：序跋、著録

校刻朱子晚年全論序

［清］王士俊

道學之聚訟，唯朱、陸異同爲甚。考朱、陸之所以異，權輿於鵝湖之講，冰炭於「無極」之辨，兩家高第弟子因而成之。若鹿洞，則何不同之有？由宋入元，草廬一派尊陸，金華一派尊朱，然亦何嘗分門立户以争也？獨至明之中葉，如學蔀通辨、閑闢録諸書，攻擊不遺餘力。嗚呼！此固意不在陸也，肆三尺之喙，以陰行其狐媚權貴人之計，志亦憯矣。洎後涇陽、景逸輩亦各有牴牾，則在捄其流弊，非有他志耳。嗟乎！辨析在毫芒而分鑣同秦、越，此必岐出於道學之外而可也。若陸子言求放心而云不廢學問之道，朱子言習聞見而云必顧身心之内，是朱學何嘗支離？陸學何嘗空寂哉？善乎！明儒鹿乾嶽之論曰：「以爲異，則程氏兄弟何嘗不異？以爲同，則朱、陸何嘗不同？人知朱、陸之所以異，而不知朱、陸之所以同，此道之所以不明也。」然則吾師穆堂先生所訂朱子晚年全論，固有所不得已焉爾。或曰：「王陽明先生嘗裒集朱子晚年定論，先生何爲踵和之？」俊曰：「陽明之裒集多疏，先生之考校獨密；陽明之裒集多漏，先生之薈蕞獨完。非獨陸、王之嫡派，乃紫陽之功臣也，故曰『全』也。刪節繁蕪，鈎貫歲月，瞭如指掌，燦如列星，而朱子之論定，固有補乎姚江之書，而非襲其舊也。」或曰：「援朱於陸，先生得毋右陸而左朱乎？」俊曰：「不然也。先生之意不特尊陸，實以辨朱也。」蓋自朱、陸異同之辨起，謂朱子道問學，謂陸子尊德性，判若黔晳矣。詎知尊道之功不容偏廢，朱子註中庸，謂尊德性極乎道體之大，道問學盡乎道體之細。今回答項平甫一書而畫分塗徑，是朱子僅盡乎道體之細，而陸子方極乎道體之大也。尊朱者安乎哉！譬之兄弟析産，陸子所得者皆田宅鉅業，朱子所得者皆零星什器，其不足以服天下之人心而定儒林之公議也，決矣。觀先生自敘之言曰：「以全體大用無不兼該之朱子，文致周内，必歸于口耳章句之末而後止。」嗚呼！是可以見先生之心矣。得先生是編而存之，凡席文襄、盧正夫所傳，皆尊陸者之牙後慧也；陳清瀾、程啓曒所著，皆詆陸者之隔日瘧也。詎知鹿洞一會，固無參商，晚年論定，猶鹿洞之志也，何事呶呶聚訟爲哉？抑以俊之淺陋，于朱、陸之學不得其所以異，又烏測其所以同？且今先生編書之例，以朱子五十一歲爲率，俊之馬齒亦五十一歲矣，抑何讀是編而茫然無所得，漠然無所入也？

昔黄太沖有云：「朱子以庚戌生，某亦以庚戌生。某以庚戌名集，所以志愧。」由太沖之言思之，先生是編若牖俊較切而動，俊志愧矣，敢不勉乎哉！爰敢僭序數言于簡首。受業王士俊敬書，時雍正十有三年孟夏初吉。（録自清雍正十三年無怒軒刻本朱子晚年全論卷首）

四庫全書總目提要卷九八子部儒家類存目四　［清］永瑢

朱子晚年全論八卷　江西巡撫採進本

國朝李紱編。紱字巨來，號穆堂，臨川人，康熙己丑年進士。官至内閣學士兼禮部侍郎。朱、陸之徒自宋代即如水火，厥後各尊所聞，轉相詬厲，於是執學問之異同以争門户之勝負。其最著者，王守仁作朱子晚年定論，引朱以合陸；至萬曆中，東莞陳建作學蔀通辨，又尊朱以攻陸。程曈，朱子之鄉人也，因作閑闢録以申朱子之説。紱，陸氏之鄉人也，乃又作此書以尊陸氏之學。大旨謂陳建之書與朱子之論援據未全，且語録出門人所記，不足爲據，乃取朱子正、續、别三集所載自五十歲至七十一歲與人答問及講義題詞之類，排比編次，逐條各附考證論辨於下，以成是書。其説甚辨。案韓愈送王秀才序，稱孔子之道大而能博，學焉而各得其性之所近，故子貢之敏悟、曾子之篤實，皆得聞一貫之旨，而當時未嘗相非。後之儒者，各明一義，理亦如斯。惟其私見不除，人人欲希孔庭之俎豆，於是始於争名，終於分黨，遂尋仇報復而不已，實非聖賢立教之本旨。即以近代而論，陸隴其力尊程朱之學，湯斌遠紹陸王之緒，而蓋棺論定，均號名臣。蓋各有所得，即各足自立，亦何必强而同之，使之各失故步乎？紱此書皆以朱子悔悟爲言，又舉凡朱子所稱切實近理用功者，一概歸之心學。夫回也屢空，焦竑以心無罣礙，空諸所有解之矣，顔子其果受之乎？仍各尊所聞而已矣。

附録二：傳記、論述

閣學臨川李公神道碑銘

［清］全祖望

乾隆十有五年，閣學臨川李公卒於家。公以病退已十年，然海内士大夫猶時時探公起居，以爲斯道之重。公卒，而東南之宿德盡矣。嗚呼！公揚歷三朝，負重望者四十餘年，以爲不遇，則亦嘗受特達之知，荷非常之寵，内而槐棘，外而節旄，至再至三，有具臣所不敢望者；以爲遇，則乍前而遽卻，甫合而已離，磨蝎蒼蠅，旁午中之，何造物之顛倒斯人，一至此也！累蹶累起，卒不得志，終於骯髒以没，是則可謂痛心者矣。

公以己丑進士入詞館，授編修，即受聖祖不次之擢，超五階爲庶子，自來詞館所未有也。主試滇中、浙中，凡再遷而至閣學，攝吏部侍郎兼副都，且大用矣，以辛丑校士之役，被論罷官，視永定河工，蓋未及一年而已黜。世宗在潛藩雅知公，既嗣位，召還，盡復其官，時時賜獨對，參豫大議。時有密勿重臣二人，禮絶百僚，親王亦折節致敬，而公平揖之。重臣言公賦性剛愎，難共事，乃解閣部二官，但領副都。尋復以爲兵部侍郎，直講筵。視曹歸，稱旨，旋令填撫廣西。重臣終心忌之，因作四巡撫論，皆加醜詆，以爲亂政之魁。四巡撫者，江撫楊文定公，時爲滇撫，今大學士海寧陳公，時爲東撫，其一則公；而蔡尚書爲川撫，亦豫焉。重臣又令其私人污公以贓，卒不得。不二年，世宗思公，召爲直隸總督，眄睞倍隆。公力言河東總督田文鏡之殃民，既面奏之，漏三下猶未退，又連章糾之。河督亦劾公以朋黨袒護屬吏之出自科第者，且舉動乖張。世宗始頗直公言，將斥河督，已而稍猶豫，於是封事狎至，公雖互有所持而不勝。當是時，世宗方痛懲朝堂朋比之習，蔡尚書者，素負才而專己，顧獨傾心於公。會其失眷，忌公者因譖之，以爲是其死友，歷指其踪跡，公益詘。召入爲工部侍郎，其在事方九月也，則新任直督及廣撫交章劾公。初，公在廣撫任中，嘗安插一罪苗，至是逃去，新廣撫不自引咎，追劾公從前措置不善。詔使公隻身前往捕賊自贖，不得攜廣中一吏卒，人皆危之。公至，而判苗束身自歸，有司訊之，曰：「吾不可以負李公。」其事得解。時公已削奪官爵，既歸，下刑部聽訊。大臣議公罪應絞者十有七，應斬者六，共應得死罪二十有四；凡屬吏於官項有虧者，皆令公代賠。籍其家，取其夫人之簪釧，視之，皆銅器也。獄成，世益爲公危，顧公處之泰然，在囚中日讀書，晝飽啖，夜熟眠，若不知有憂患者。時故甘撫胡君期恒亦以事在繫，嘆曰：「真鐵漢也！」内外諸臣，方以全力羅織公，必欲置之死。世宗始終念公，特以其性剛，意欲痛有所摧折，而後湔洗之而復用之，乃大召廷臣，并召公親詰責之。公正色無所撓，但言臣罪當誅，乞即正法，以爲人臣不忠之戒，無乞憐語。是日也，天威甚厲，近臣皆驚悸，汗出浹背，恐有大處分，而公自若。鄭試講篔谷在班中，最爲予詳言之。尋奉詔恩赦公，令纂八旗志書，敝車羸馬，即日赴局，杜門不接賓客，重葺平生所著書，如是者八年。今上即位，召見，諭曰：「先帝固欲用汝。」即日授户部三庫侍郎，尋改左侍郎。時頗有阻公之起而不得者，顧不一年竟左遷詹事。

公平生以行道濟時爲急，用世之心最殷，故三黜而其志未嘗少衰，而浩然之氣亦未嘗少減，然而霜雪侵尋，日以剥落，菁華亦漸耗矣。會以丁太夫人憂歸，服除，又左遷光禄，尋遷閣學。時方主試江寧，一旦忽大病，神氣遂支離，與人語健忘，一飯之頃，重述其言，絮絮數十度不止。扶疾還朝，詔在京調治，竟不痊，許以原官致仕，賜詩以寵其行。歸而稍愈，優遊里社，曾一至黄山，蓋公先世自王父以上皆休寧産也，然非復前此之伉壯矣。

嗚呼！自釋褐時，新城王尚書稱其有萬夫之稟，及中年百鍊，芒彩愈出，豈知血肉之軀，終非金石，竟以是蕉萃殆盡，而要其耿耿賫志以終者，世人亦或未能盡知也。世之論公者，謂公之生平，良蹇於遇，顧亦頗咎公之不能善用其才。公以博聞强識之學，朝章國故，如肉貫弗，抵掌而談，如決潰隄而東注。不學之徒，已望風不敢前席。而公揚休山立，左顧右盼，千人皆廢，未嘗肯少接以温言。故不特同事者惡之，即班行者亦多畏之。嘗有中州一巨公，自負能昌明朱子之學，一日謂公曰：「陸氏之學，非不岸然，特返之吾心，兀兀多未安者，以是知其於聖人之道未合也。」公曰：「君方總督倉場，而進羨餘，不知於心安否？是在陸門，五尺童子且唾之矣！」其人失色而去，終身不復與公接。然其實公之虚懷善下，未嘗以我見自是。予以晚進，叨公宏奬，其在講座，每各持一説，與公力争，有時公亦竟舍其説以從予。即其終不合者，亦曰：「各尊所聞可矣。」故累語客，賞予之不阿。而世方以閉眉合眼，喔咿嚅唲，伺察廟堂意旨，隨聲附和，是爲不傳之秘，則公之道，宜其所往輒窮也。計公在九列共事者，曰年大將軍羹堯，曰隆太保科多，曰桐城、常熟二相公，及爲直督勷營田之役，曰和碩怡親王，公皆一無所附麗，而卒困於河督。然其終得保全者，則聖天子有以呵護之也。西崦暮齒，尚遭側目，可悲也夫！

公之好士，出自天性，故校士則蒙關節之謗，察吏則又遭鉤黨之誣，然而詞科之役，公方待罪書局，猶諄諄問予以天下才俊，各取其所長，登之簿録，是以丙辰復受薦舉過多之罰。偶取放翁詩題楹曰：「遠聞佳士輒心許，老見異書猶眼明。」蓋實録也。予之罷官也，徐相國言於朝曰：「今日李詹事必大作惡。」或問之，張尚書從旁答曰：「此乃具體而微之李詹事也。」嗚呼！予亦何足以望公，而辱諸君之推轂乎？其經術皆足以經世務，指揮所至，迎刃而解。曾一出視漕，即爲清運丁積年之害，至今遵行，而惜其所至，皆未有三年淹也。生平學道，宗旨在先立乎其大者，陸子之教也。間謂予曰：「吾苟内省不疚，生死且不足動其心，何況禍福？禍福且不足動其心，何況得失？以此處境不難矣。」予於諸生請業，多述公此言以告之，則泰山巖巖之氣象，如在目前，一念及之，足使頑廉而懦立。今老成徂謝，後學其安所依歸乎？

公諱紱，字巨來，學者稱爲穆堂先生。其居臨川僅二世。少貧甚，讀書五行並下，落筆滚滚數千言，而無以爲生，嘗自其家徒步負襆被之徽，又之吴。吴人或異其才，然未能振也。或言之江撫郎君，一見曰：「非凡人也！」始資給之，遂魁其曹。三世皆以公貴，累贈户部侍郎。娶某氏，封夫人。子四：孝源、孝泳、孝游、孝洋，並登鄉薦，而孝源爲縣令。孫友棠，進士，翰林，今改御史。公春秋七十有八，葬於某山之某原。所著有穆堂類稿五十卷，續稿五十卷，别稿五十卷，春秋一是二十卷，陸子學譜二十卷，朱子晚年全論二十卷，陽明學録若干卷，八旗志書若干卷，皆行於世。

公於雍正癸丑之冬，見予文而許之，遂召予同居，時萬學士孺廬亦寓焉，紫藤軒下，無日不奉明誨，諄諄於義利之戒。公以丁憂歸，予以罷官歸，學士亦以丁憂歸。是後，一見公於江寧，則公已病甚，猶倦倦以予出處爲念，既歸，不復相聞矣。公之歷官事迹，不能悉述，且亦有事秘不能直陳者，然而予苟不言，世且無知者，乃略陳其梗概，然終不能百一也。嘗謂公之生平盡得江西諸先生之裘冶，學術則文達、文安，經術則盱江，博物則道原、原父，好賢下士則兖公，文章高處逼南豐，下亦不失爲道園，而堯舜君民之志不下荆公，剛腸勁氣大類楊文節，所謂大而非夸者，吾言是也。其銘曰：

用則大受，否則卷懷，曰亨曰屯，我何有哉！所可惜者，用世之才，困頓而死，志士所哀。名山大川，千古昭回，英靈之氣，長表券臺。（録自續修四庫全書本鮚埼亭集卷十七）

李穆堂侍郎事略

［清］李元度

臨川李公，生有異稟。少時讀書，日可二十本，過目不忘。以康熙四十八年進士入翰林，自編修超五階爲庶子，遷侍講學士，典雲南、浙江鄉試，兩典武會試，擢内閣學士，兼副都御史，充辛丑會試副考官。榜發，下第舉子擁邸舍喧鬧，爲臺臣所劾，免官，發永定河效力。

世宗皇帝在潛邸，雅知公。雍正元年，召復職，署吏部侍郎，充經筵講官。屢奉獨對，預大議。時有密勿重臣，禮絶百僚，親王亦折節致敬，而公平揖之。重臣言公性剛愎，難共事。尋以兵部侍郎截漕天津，稱旨。

明年夏，授廣西巡撫。疏陳練兵事宜：「一、先定操地，次定操期，嚴賞罰；一、廣西多山谷，背山而戰，宜用一字陣，山曲用三才陣，夾溪用雙龍陣，八面受敵用八門陣，四圍合攻用圓陣，亦曰風雷掃地陣，羊腸鳥道用連環陣，均演習如式；一、馬步兵各佩腰刀，然馬上步下，宜知用法；一、土苗所用鳥槍，可及百五十步，惟炮足以制之，五子炮施放尤便利，宜增制。」得旨嘉勉。

先是，康熙五十三年，巡撫陳公元龍奏請開捐，共捐穀百十七萬八千餘石，納捐時，每石折銀一兩一錢，發州縣買貯，止給價三錢，不敷購買，率以價銀遞相交代。公抵任，嚴催，尚欠四萬餘石，疏請寬限一月補足，免各州縣罪。上以此項係陳元龍經手，命往廣西清理，嚴諭公毋許瞻徇。公請將管捐之布政使、今任閩撫黄國材等質問。詔許諸臣將分肥實情供奏，免其科罪，並令國材赴質。嗣審明督撫、司道、府廳共分銀八十二萬四千餘兩，勒限分償有差。論嘉公公正，而重臣心忌之，作四巡撫論，皆痛詆，以爲亂政之魁。四巡撫者，滇撫楊文定名時、東撫陳文勤世倌、川撫蔡尚書珽，其一則公也。

公署吏部時，因議敘年羹堯子富等捐造營房事，不肯從優，爲羹堯所嫉。及奉命天津截漕，估變米價，盈餘銀五千兩，交守道桑成鼎貯庫。公赴廣西，成鼎解原銀至。公因具疏送直隸巡撫李維鈞會奏，維鈞不以聞。會羹堯入覲，遂奏公巧取此項。三年二月，公據實陳明，上洞悉羹堯、維鈞等誣揑傾陷狀，諭曰：「伊等蓄意如此，爾若根基不牢，則已墮其術中矣。前項既經解粵西，朕又了然明白，可即留充公用。」尋以讞獄失出，經部駁，公仍前議具題，部臣改重。詔廷臣會議，僉議應如公指。是年，奏改賓州、鬱林州均爲直隸州，賓轄上林、來賓、遷江、武宣四縣，鬱林轄北流、博白、陸川、興業四縣。下部議行。又奏言：「猺、㑣頑梗，刼案累累。其修仁之十排，臣已捕獲渠魁，天河之三疃，發兵守隘，斷其收穫，投到者許免死，爲首八人，見俱投案。」諭奬其辦理得宜，擢直隸總督。

初，蔡尚書珽薦已革知縣黄振國起知河南信陽州，巡撫田文鏡劾振國貪劣不法。公由廣西入京陛見，奏振國無罪，文鏡所劾之汪諴、邵言綸均冤抑。文鏡以公與振國爲同年生，密劾公袒護。公疏辨。有旨訓飭。當是時，世宗方痛懲廟堂朋黨之習，會蔡尚書得罪，公曾面奏「蔡珽爲人粗莽則有之，若貪婪不法事，臣可保其必無」。忌公者因譖之，目爲死黨，而御史謝濟世疏劾文鏡，亦及振國等。上以濟世所言振國、言綸、諴等事，與從前李紱所奏一一吻合，明係結黨傾陷，宜嚴懲，乃發濟世軍前效力，召公爲工部右侍郎。忌者遂交章劾公矣。

五年，署廣西巡撫韓良輔奏，天河縣因莫東旺係公批飭責追之犯，遷延未發落，致峒蠻糾衆劫去。詔公隻身往捕，不許攜粤中一吏卒，人皆危之。及公至，罪苗東身自歸，曰：「吾不可負李公也。」土司羅文剛嘗因設立塘汛事糾衆抗官，至是，爲州判程旦所籲控。嚴旨責公撫粤時，彌縫掩飾。甘汝來時爲臬司，亦因循不能整頓。命公與甘公赴廣西擒文剛。會雲貴總督鄂爾泰公奏：「廣西泗城土司不法，請飭巡撫提督懲治。」上命韓良輔往雲南，與鄂公面議，并命公同往。公旋與鄂公面籌黔、粤分界及泗城改流等事，文剛尋緝獲。而直隸總督宜兆熊等疏劾知府曾逢聖、知縣王游虧空錢糧，又劾知縣李先枝私派累民。上以逢聖、游皆公所保薦，先枝曾經公題升知州，必有私受請托之處，諭責公營私欺罔。遂奪職，命來京質問。議政大臣等會議公罪，凡二十一款：私受李先枝請托，妄爲保題，罪一；與蔡珽固結黨援，罪二；袒護黄振國、邵言綸、汪誠。密奏被參冤抑，罪三；莫東旺一案不早結，致劫獄，罪四；將不應送部引見之天津道葉前，違旨送部，罪五；奉旨建造天津營房，任意遲延，罪六；將不應離任之通永道高鐮等題請離任另補，罪七；妄薦廣西庸劣知縣柏宏智，罪八；所解慶豐司羊毛等項，混行咨復，罪九；奏帶之都司岳浴縱兵通礦賊，奉旨詢問，並不認罪，罪十；土目王尚義等争寨各案，不早訊結，罪十一；明知王游虧空，不查參，反密奏爲直隸第一賢員，勒後任出結交代，罪十二；擅增直隸兵米價，罪十三；順義、静海等四十五州縣虧空，擅批豁抵，罪十四；妄奏曾逢聖操守尚優，罪十五；收守道桑成鼎銀五千、巡撫李維鈞銀千二百兩，罪十六；被參知縣姜仁修發審，並不嚴究，罪十七；上年見田文鏡報豫省糧艘正月出境，妄奏偶遇大水，僥倖出境，今年出境更早，又稱誤聽人言，罪十八；與布政使張適面奉諭旨，回奏时俱舛錯，罪十九；故出死囚楊四罪，妄引減等，罪二十；不早除羅文剛，反劾州判程旦浮躁，罪二十一。律應斬決，妻子財産入官。時内外諸臣方以全力羅織公，必欲置之死，而世宗知公深，特惡其崛强，欲痛有所摧折，仍湔洗而復用之。兩次決囚，命縛公與蔡尚書同至西市，兩手反接，刀置頸，問此時田文鏡好否。公對曰：「臣愚，雖死不知田文鏡好處。」乃宣旨赦還，仍置請室，爰書上。奉特旨：「李紱學問尚好，著免死。在八旗志書館效力行走。免妻子財産入官。」七年冬，謝濟世在阿爾泰軍前，供出昔年參田文鏡由李紱、蔡珽授意。世宗大集廷臣，命公隨人跪階下，親詰責之。天顔甚厲，聲震殿角，近臣皆股栗。公奏對如常，無乞憐語。尋廷臣遵旨訊公，請交刑部治罪。得旨寛免。十三年八月，高宗御極。召見曰：「先帝固欲用爾也。」即授户部侍郎，管理三庫事。乾隆元年，奏請增派翰詹科道磨勘試卷，從之。

公揚休山立，鬚眉偉岸。於古今事宜，朝常國故，口滔滔如決堤，千人皆廢。又絶少温顔曼辭，舉朝皆畏憚之。然愛才如命，以識一賢、拔一士爲生平大欲之所存，形迹嫌疑，坦然不計。辛丑會試，用唐人通榜法，名宿網羅殆盡。至以此奪職，公終不以爲非。會詔舉鴻博，公已薦六人矣，束於例，乃取夾袋中姓名，廣托九卿。有吴江王藻者尚無舉主，浼門下士孫副憲國璽薦之。孫有難色，公大怒，責其蔽賢。孫跪謝允薦，乃已。語聞，坐妄舉，鐫二級，補詹事。明年，奉命祭禹陵。母憂歸。六年，補光禄卿，典試江南，遷内閣學士。得離晌之疾，請告辭。陛辭，上問有所欲陳否，公以慎終如始對，賜詩寵行，有「尤喜臨辭闕，嘉謀實啓予」之句。家居是年，卒，年七十有八。

公憂國如家，勇於任事，不以攙越爲嫌。生平學道宗旨，在先立乎其大者，陸子之教也。嘗因奏對，謂朱子道問學之功居多，陸氏尊德性之見爲卓，上韙其言。有中州巨公，自附程朱，語公曰：「陸氏之學誠高明，然返之吾心，多未安。」公曰：「君督倉場時，邀寵進羨餘，不知於心安否！」其人失色去。公在九列時，同朝者曰大將軍年羹堯，曰太保隆科多，曰桐城、常熟二相國，及督直隸莅營田之役，爲怡賢親王，公皆無所附麗，而卒困於田督，幾死。在獄中日讀書，飽啖熟眠，故甘撫胡君期恒亦在係，嘆爲「鐵漢」。刑部郎楊某欲試公，於押赴曹市時，故問經史疑義，公應答如流。楊退語人曰：「李公真鐵胎人也。」公嘗言：「内省不疚，生死不足動其心，何況禍福！」又言：「得力在二語：處境則居易以俟命，處事則行法以俟命。」

生平博聞强識，下筆千言。釋褐時，安溪李相國光地許其與歐、曾代興，新城王尚書世禎稱其有萬夫之稟。論者謂公能盡集江西諸先正之長，學術則文達、文安，經術則盱江，博物則道原、原父，好賢下士則兖公，文章高處逼南豐，次亦不失爲道園，於命世之志取荆公，剛腸勁氣，大類楊文節，殆不出其鄉，而奄有千古云。所著穆堂類稿、續稿、别稿、春秋一是、陸子學譜、朱子晚年全論、陽明學録，皆行世。

姓李氏，名紱，字巨來，號穆堂。孫友棠，乾隆十年進士，由編修改御史，晋給事中，遷鴻臚太僕、少卿、通政司副使，擢光禄卿，除内閣學士。三十八年，授工部侍郎，典鄉試者再，分校順天應試，督學福建、浙江各一。會新昌舉人王錫侯妄作字貫，前載友棠古詩一，坐奪職。後以入京祝嘏，賞三品卿銜。嘉慶三年卒。（録自清同治五年李元度家刻本國朝先正事略卷十四）

清史稿李紱傳

〔民國〕趙爾巽

李紱，字巨來，江西臨川人。少孤貧，好學，讀書經目成誦。康熙四十八年，成進士，改庶吉士，散館授編修。累遷侍講學士。五十九年，擢内閣學士，尋遷左副都御史，仍兼學士。六十年，充會試副考官。出榜日，黄霧風霾，上語大學士等曰：「此榜或有亂臣賊子，否亦當有讀書積學之士不得中式，怨氣所致。」命默勘試卷，劣者停殿試。又賜滿洲舉人留保、直隸舉人王蘭生進士。下第舉子羣聚紱門，投瓦石喧鬨。御史舒庫疏劾，下部議，責紱匿不奏，奪官，發永定河工效力。雍正元年，特命復官，署吏部侍郎，赴山東催漕。尋授兵部侍郎。上令截留湖南等省漕糧於天津收貯，旋又命估價出糶。

二月四日，授廣西巡撫。奏言：「廣西賀縣大金、蕉木二山産礦砂，五十里外爲廣東梅峒汛，又數里爲宿塘寨，礦徒盤據，時時竊發。臣方擬嚴禁，聞總督孔毓珣條陳開採，因而中止。將來或恐滋事。」毓珣奏同時至，廷議寢其事。上命以諭毓珣者示紱，令協力禁止。紱疏陳練兵，列舉嚴賞罰、演陣法、習用槍炮、預備帳房鑼鍋諸事，上嘉其留心武備。康熙中，巡撫陳元龍奏請開捐，都計收穀百十七萬石有奇，石折銀一兩一錢，而發州縣買穀石止三錢，不足以糴。至紱上官，尚虧四萬餘石，紱奏請限一月補足。會提督韓良輔條奏墾荒，下紱議，紱請以桂林、柳州、梧州、南寧四府收貯捐穀動支爲開墾費。上曰：「朕觀紱意，不過借開墾以銷捐穀。當時陳元龍等首尾不清，朕知之甚詳。應令元龍等往廣西料理。」並諭紱詳察，毋隱諱瞻徇，自承虧空。尋紱奏察出督撫、司道、府廳分得羨餘銀八十二萬有奇，勒限分償，上嘉紱秉公執正。紱在吏部時，年羹堯子富等捐造營房，下部議敘，不肯從優，爲龔堯所嫉；及上命天津截漕估糶盈餘銀五千交守道桑成鼎貯庫，紱至廣西，成鼎使賫以畀紱。紱具摺送直隸巡撫李維鈞會奏。維鈞匿不上，紱乃奏聞。先是，龔堯朝京師，入對，舉此訐紱，謂紱乾没。上以問維鈞，維鈞言紱取數百金治裝，餘尚貯庫。紱奏至，上謂維鈞與龔堯比，欲陷紱。諭獎紱，命留充公用。

三年六月，紱奏言：「太平、思恩府界流言安南内亂。有潘騰龍者，自言爲莫姓後，其黨黄把勢、陳亂彈等煽誘爲亂。嚴飭將吏捕治。」上諭曰：「封疆之内，宜整理振作。至於安邊柔遠，最忌貪利圖功，當慎之又慎！」九月，奏：「猺、僮頑梗，修仁十排、天河三疃爲尤甚，常出劫掠。臣遣吏入十排，捕得其渠。三疃阻萬山中，所種田在隘外。臣發兵守隘，斷其收穫。其渠今亦出自歸。」上獎其辦理得宜。

旋授直隸總督。四年，紱入覲。初，左都御史蔡珽薦其故吏知縣黄振國授河南信陽知州，忤巡撫田文鏡。文鏡馭吏嚴，尤惡科目，劾振國貪劣。紱過河南，詰文鏡胡爲，有意蹂踐士人。入對，因極言文鏡貪虐，且謂文鏡所劾屬吏，如振國及邵言綸、汪諴皆枉，振國已死獄中。文鏡因紱語，先密疏聞，謂紱與振國同年袒護。紱疏辨，上不直紱，而振國實未死，逮至京師，上更謂紱妄語。良輔奏雲南、廣西所屬土司與貴州接壤者，皆改歸貴州，安籠鎮節制，命紱往與雲貴總督高其倬會勘，疏請循舊制，從之。

紱還直隸，時上譴責諸弟允禩、允禟等，更允禟名塞思黑，幽諸西寧，復移置保定，命胡什禮監送。紱語胡什禮：「塞思黑至，當便宜行事。」胡什禮以聞，上以爲不可，命諭紱，紱奏初無此語。塞思黑至保定，未幾，紱以病聞，尋遂死。是冬，御史謝濟世劾文鏡貪虐，仍及誣劾振國等。上奪濟世官，下大學士九卿會鞫，戍濟世阿爾泰軍前。上以濟世奏與紱語同，疑紱與爲黨，召紱授工部侍郎。紱在廣西捕亂苗莫東旺置天河縣獄，獄未竟，紱移督直隸去。久之，蠻、僮集衆破獄，劫東旺去。五年春，良輔署廣西巡撫，奏聞。上以詰紱，下部察議。會督察院奏廣西州判程旦詣院訴土司羅文剛掠村落抗官兵，上責紱與繼任巡撫甘汝來逡巡貽害，命紱與汝來至廣西捕治，不獲，當重譴。紱至廣西，東旺聞而自歸，文剛亦捕得。直隸總督宜兆熊劾知府曾逢聖、知縣王游虧空錢糧，上以逢聖、游皆紱所薦，命詰紱。户部議覆，紱在直隸奏報懷來倉圮，穀爲小民竊食，當下直隸總督詳察。上曰：「穀至六千餘石，豈能竊食至盡？明係紱市恩，爲縣吏脱罪。當責紱償補，以成其市恩。」兆熊又劾知縣李先枝私派累民，上以先枝亦紱所薦，責紱欺罔，奪官；下刑部、議政大臣等會鞫，紱罪凡二十一事，當斬。上諭曰：「紱既知悔過，情詞懇切，且其學問尚優，命免死，纂修八旗通志效力。」

七年，又以順承郡王錫保奏濟世在阿爾泰供言劾文鏡實受紱及珽指，下紱等刑部。會曾静、張熙獄起，上召王大臣宣諭，並命紱入，諭曰：「朕在藩邸，初不知斑、紱姓名。有馬爾濟哈者，能醫。朕問：『更有能醫者否？』以斑對。召斑來見，斑謂不當與諸王往來，辭不至，以是朕重之。年羹堯來京，亟稱斑，朕告以嘗召之不來，羹堯以語斑，斑復辭不至，以是朕益重之。及出爲四川巡撫，詣熱河行在，始與相見，爲朕言李紱，朕知紱自此始。既即位，延訪人才，起紱原官。旋自侍郎出撫廣西，至爲直隸總督，徇私廢公，沽名邀譽，致吏治廢弛，人心玩愒。又如塞思黑自西大通調回，今暫住保定。未幾，紱奏言遘病，不數日即死。姦黨遂謂朕授意於紱，使之戕害。今紱在此，試問朕嘗授意否乎？塞思黑罪本無可赦，豈料其遽死？紱不將其病死明白於衆，致生疑議，紱能辭其過乎？田文鏡公忠，而紱與斑極力陷害，使濟世誣劾，必欲遂其私怨。此風何可長也？」復下紱刑部嚴鞫，獄上，請治罪，上寬之。

高宗即位，賜侍郎銜，管户部三庫，尋授户部侍郎。乾隆元年，方開博學鴻詞科，紱所舉已衆，又以所知囑副都御史孫國璽薦舉，事聞上，上詰紱，紱自承妄言，上謂：「紱乃妄舉，非止妄言，避重就輕。」降授詹事。二年，以母憂歸。六年，補光禄寺卿，遷内閣學士。紱偉岸自喜。其論學大旨，謂朱子道問學、陸九淵尊德性不可偏廢，上聞而韙之。八年，以病致仕，入辭，上問：「有欲所陳否？」紱以慎終如始對，賜詩獎及之。十五年，卒。

孫友棠，乾隆十年進士，自編修累遷至工部侍郎。新昌舉人王錫侯撰字貫，坐悖逆死。友棠有題詩，並奪官，賜三品卿銜。卒。（録自清史稿列傳八十）

穆堂學案

［民國］徐世昌

康熙中葉以後，爲程朱極盛之時，朝廷之意指，士大夫之趨嚮，皆定於一尊。穆堂獨尋陸王之遺緒，持論無所絀。雖其説較偏，信從者少，要亦申其所見，不害其爲偉岸自喜也。述穆堂學案。

李先生紱

李紱字巨來，號穆堂，臨川人。康熙己丑進士，改庶吉士，授編修，累遷左副都御使兼内閣學士。六十年，充會試考官，榜發，下第舉子鬨於門，坐未陳奏奪官，發永定河效力。雍正初，世宗召攝吏部侍郎，尋真除兵部侍郎，出爲廣西巡撫，擢直隸總督。河南巡撫田文鏡方承上寵，有能名，疏劾之，不當上意。會御史謝濟世復劾文鏡，所言有與先生奏相應者，上疑與濟世比而傾文鏡，召授工部侍郎。前在廣西捕亂苗下獄，既移督直隸，亂苗破獄逸去。事聞，命復往捕治，亂苗聞而自歸。直隸總督宜北熊屢糾先生庇屬吏欺罔，奪官，下刑部論重辟。上貸其死，命纂修八旗通志。尋復以濟世在戍所自承劾文鏡實授指，召入詰責，復下刑部論死，仍命貸之。高宗即位，命以侍郎銜領户部三庫，尋真除侍郎。時方開博學鴻詞科，坐强副都御使孫國璽薦舉吴江王藻，左遷詹事。以母憂歸。服闋，起授光禄寺卿，遷内閣學士。以病乞歸，十五年卒。先生論學主象山，謂「當先立乎其大」，並力申陽明「致良知」之説。嘗謂：「朱子道問學之功居多，陸子尊德性之見爲卓。」高宗聞其語而韙之。及辭歸，問有所陳否，以「慎終如始」對，賜詩奬之。所著有穆堂初稿、續稿、别稿、春秋一是、陸子學譜、年譜、朱子晚年全論、朱子不惑録、陽明學録。參史傳、先正事略、穆堂初稿。（録自中華書局二〇〇八年版清儒學案卷五十五）

陽明學派之餘波及其修正（節録）

［民國］梁啓超

陽明雖浙人，而在贛服官講學最久，故當時門下以江右爲最盛。其後中絶殆將百年了，及康熙末而有臨川李穆堂紱出，乾隆十五年卒，年七十八。穆堂並未嘗以講學自居，然其氣象俊偉，純從王學得來。他歷仕康、雍、乾三朝，内而卿貳，外而督撫，皆經屢任。他辦事極風烈而又條理縝密，但賦性伉直，常觸忤權貴。所以一生風波極多，暮年卒以錮廢終，而其氣不稍挫。全謝山所作臨川李公神道碑銘說：

公以博聞强識之學，朝章國故，如肉貫弗，抵掌而談，如決潰隄而東注。不學之徒，已望風不敢前席。而公揚休山立，左顧右盼，千人皆廢，未嘗肯少接以温言。故不特同事者惡之，即班行者亦多畏之。嘗有中州一巨公，自負能昌明朱子之學，一日謂公曰：「陸氏之學，非不岸然，特返之吾心，兀兀多未安者，以是知其於聖人之道未合也。」公曰：「君方總督倉場而進羨餘，不知於心安否？是在陸門，五尺童子且唾之矣！」其人失色而去，終身不復與公接。［略］世方以閉眉合眼、喔咿嚅唲、伺察廟堂意旨、隨聲附和爲不傳之秘，則公之道宜其所往輒窮也。鮚埼亭集卷十七。

凡豪傑之士，往往反抗時代潮流，終身挫折而不悔，若一味揣摩風氣，隨人毁譽，還有什麽學問的獨立。明末王學全盛時，依附王學的人，我們很覺得可厭。清康熙間，王學爲衆矢之的，有毅然以王學自任者，我們卻不能不崇拜到極地。並非有意立異，實則個人品格，要在這種地方才看出來。清代「朱學者流」——所謂以名臣兼名儒者，從我們眼中看來，真是一文不值！據我個人的批評，敢説：清代理學家，陸王學派還有人物，程朱學派絶無人物！參看第九講：程朱學派。李穆堂卻算是陸王學派之最後一人了。他所著書有穆堂類稿五十卷、續稿五十卷、別稿五十卷，春秋一是二十卷，陸子學譜二十卷，陽明學録若干卷。除類稿外，今不傳。

邵念魯、全謝山結浙中王學之局，李穆堂結江右王學之局。這個偉大學派，自此以後，便僅成爲歷史上名詞了。（録自商務印書館二〇一一年版中國近三百年學術史第五講）

中國近三百年學術史第七章（節録）

錢　穆

李穆堂傳略

李紱，字巨來，學者稱穆堂先生。生康熙十二年，卒乾隆十五年（一六七三——一七五〇），年七十八。籍江西臨川。少甚貧，讀書五行竝下，落筆數千言，而無以爲生。嘗自其家徒步負襆被之徽，又之吴，吴人或異其才，而未能振也。以康熙四十八年進士入翰林，益勵於學。自言：「小時看書，日可二十本，字版細密者，猶不下十本；今來館務分心，餘力無幾，或一二本而止。七閲月中，看三國志、晉書、南北史及李白、子美、義山、飛卿、子瞻、放翁詩各二遍；爾雅、孝經、儀禮、論、孟諸註疏，史記、前後漢、隋唐書、五代史各一遍；

宋、齊、梁、陳、後魏、北齊、後周諸書及宋、遼、金、元史不及一遍。」其强力如此。先生既博窺，於朝章國故，抵掌而談，如決潰隄。不學之徒，望風不敢前席。先生又未嘗肯少接以温言，舉朝皆畏憚。然愛才如不及，以識一賢、拔一士，爲生平大欲所存，行迹嫌疑，坦然不計。辛丑會試充副考官，用唐人通榜法，知名士網羅殆盡。榜發，下第舉子擁邸舍喧鬧，被論罷官，發永定河效力。雍正元年，召復職。時隆克多、年羹堯貴顯用事，先生抗禮不屈，竟以言河南總督田文鏡被譖。初，雍正三年，先生署廣西巡撫，安插一罪苗，至是逃去，新廣撫追劾先生措置不善，詔使前往捕賊自贖。事既解，仍以排擠下獄，當死，並籍其家，取及夫人之簪釧，視之皆銅器也。獄成，世益爲先生危，先生處之泰然，在囚中日讀書，晝飽啖，夜熟眠，同囚甘撫胡期恒歎爲鐵漢。時内外諸臣方以全力羅織，必置之死。曾兩決囚，先生縛之西市，刑部郎楊某欲試之，於押赴市曹時，故問經史疑義，先生應答流利如平常。楊退語人曰：「李公真鐵胎人也。」特旨免死，在八旗志書館效力行走。先生弊車羸馬，即日赴館，閉門葺平生所著書，如是者八年。及乾隆即位，召見，即日授户部侍郎。會舉博學鴻詞，先生已推薦六人，束於例，乃揭所知廣託九卿。吴江王藻無舉主，浼門下士孫國璽薦之，孫有難色，先生大怒責，孫跪謝允薦乃已。語聞，坐左遷。然先生雖屢絀，義氣如故不少衰。嘗曰：「内省不疚，生死不足動吾心，何況禍福？禍福不足動，何況得失？以此處境不難矣。」又言得力在二語：處境則居易以俟命，處事則行法以俟命也。會以丁憂歸，嗣得大病，乃致仕。先生故剛大，生平學道，以陸子爲宗。及卒，全謝山爲碑銘曰：「世方以閉眉合眼，喔咿嚅唲，伺察廟堂意旨，隨聲附和，是爲不傳之秘，則公之道，宜其所往輒窮也。」所著書有穆堂類稿五十卷、别稿五十卷、春秋一是二十卷、陸子學譜二十卷、朱子晚年全論八卷、陽明學録若干卷。章炳麟書李巨來事，（文見華國月刊一卷十期）謂：「穆堂獲譴，由雍正四年督直，胤禛欲其希旨殺塞思黑，穆堂不肯。胤禛既殺塞思黑，欲殺穆堂滅口，又恐怕臨刑宣泄，故不得不赦。彈擊田文鏡事，特借以發端，謝山以事關皇室，故碑文不能正其辭。」並謂：「處胡虜之朝而果於用世，遇賊害之主而不能先幾引避，使周程陸楊處之必不然。」事雖隱昧，章氏歷引東華録説之，恐或然也。

穆堂之朱陸異同論

穆堂生平不以理學家自居，而好辨朱、陸異同，其意亦有激而發也。穆堂論學，極重人倫實務，謂：

教莫古於唐虞，……契爲司徒，敬敷五教。亦曰父子，……君臣，……夫婦，……長幼，……朋友，……而已。……魯論稱子以四教，文行忠信。……周禮大司徒以鄉三物教萬民而賓興之，一曰六德，……二曰六行，……三曰六藝，皆五倫之所有事，所以相治相養……者也。聖人繼作，其教遞詳。教之以佃以漁，教之以耒耨，教之以懋遷交易。教之以衣裳，教之以舟楫，服牛乘馬，斷木爲杵，掘地爲臼。教之以重門擊柝，以待暴客，弧矢之利以威天下。教之以上棟下宇，教之以葬以封以樹，喪期有數。教之以書契，百官治，萬民察。……皆五倫之所有事而已。其人之等，雖有君卿大夫士庶人之分，其人之業雖有士農工商賈之別，而總其人之類，則皆五倫之所綴屬而已。是故天下無倫外之道，……無道外之人，……無人外之教。初稿卷十八又原教。

故曰：

聖賢爲學，雖不廢書，實不專在於書。……子路「何必讀書」之對，夫子雖惡其佞，亦未有以折其非也。……尋章摘句，……是明道程子所呵爲玩物喪志而已。別稿卷九古訓考。

穆堂不喜專以讀書講論、尋章摘句爲學，而謂其事由於朱子，故曰：

古未有以學爲知之事者，至朱子始以學、問、思、辨俱屬知，因以窮致事物之理爲格物。又以大學未詳，……爲傳以補之，於是古人爲學之法乃一變。尋章摘句之弊，流爲玩物喪志。斷斷口耳之間，舉古人實踐之學，不得而見之矣。初稿卷十八原學上。

又曰：

朱子門人，平日專以讀書講論爲工夫，……不知聖賢之學，不如是也。初稿卷四十五書朱子語類後。

朱子中年，亦以讀書教弟子，至於晚年，則專以求放心、敦踐履爲主，而深以徙倚書册爲戒，……惟語類有勸人讀書之説，則皆門人以意爲記録者耳。……善學朱子者，勿惑于門人譌誤之詞，而細觀之晚年所著述，庶不爲世俗爛時文、破講章所誤也。別稿卷九古訓考。

穆堂以此斥朱子，亦即以此推象山、陽明，謂：

陸子謂道外無事，事外無道，真得聖賢爲學之法者。初稿卷四十五書朱子語類後。

自象山陸子之教不明，士墮於章句訓詁者三百餘年，洎王陽明先生倡明絶學，然後士知有躬行實踐之功。初稿卷二十六文學劉先生墓志銘。

而穆堂謂躬行實踐則本一心，故曰：

聖人之學，内聖外王，皆不過一心。或乃分心性爲二，疑心學爲近禪，不知心即性，性即心也。……舍心學又烏有所謂聖學哉？……象山陸子專以求放心教人，蓋直接孟氏之傳者，……世之人以訓詁章句爲學，失心久矣。別稿卷二十四過浩齋先生訓語序。

然穆堂之所重於心者，亦不過曰躬行心得而已。故曰：

學必躬行而後心得，得於心而後推之家國天下，無所施而不當。而揚子所謂入乎耳出乎口者，不足與於斯。別稿卷二十四學言稿序。

至於空談心性，則爲穆堂所深戒。故曰：

義理與氣質爲定名，心與性爲虛位。……學者苟有志於聖賢之學，躬行實踐可已，何必言心性？孔子之自勉者，在子臣弟友，若命與仁則罕言之。子貢亦謂：「性與天道，不可得而聞也。」孟子因告子論性而誤，故反覆與辨耳，其教門人則止曰孝弟而已，義利而已，未嘗言性。今之教人者，不敢望孔孟，從學者不敢望子貢，實行不修，而空言心性，妄也甚矣！初稿卷十八心體無善惡説。

此其言極似亭林，然亭林極斥心學，而穆堂乃謂「舍心學又烏有所謂聖學哉」，與亭林「舍經學安所得理學」一語，正相照映。穆堂斥朱子以讀書講論爲學，其論極似習齋。然穆堂固又是博聞强識，絶非束書不觀，游談無根者流也。學者觀於三氏立言之異同，知論學各有本末，可勿爲古人争門户耳。而穆堂辨朱、陸，尤每以言有依據，能抉本真自喜，頗有似於此後乾嘉考證派之所爲者。羅有高謂「穆堂議論偏激，好以記問勝，豪者也」，其評頗中穆堂之失。見尊聞居士集卷三答楊邁公書二。故嘗謂：

六七年來細閱周、程、朱、陸、陽明六子之書，各不下十數過。初稿卷四十三答徐編修書堂書。

而遂以辨朱、陸之非頓悟，其言曰：

朱子因陸子教人有發明本心之説，遂以頓悟目之，而其實非也。陸子全集二十八卷，余家所藏宋本，與明朝荆門州儒學藏本、撫州家祠本並相同，無片言增減，嘗繙閱數十過，絶無「頓悟」二字。其生平教人，好舉木升川至，專以循序爲主。……即鵝湖之詩，必曰「涓流積至蒼溟海，卷石崇成泰華岑」，此天下所共見聞者。……至於發明本心，並非頓悟。孟子論乍見孺子入井，即所以發明惻隱之心；論嘑蹴之與不受，即所以發明羞惡之心。……陸子發明之義不過如此，非如朱子所謂「一旦豁然貫通，而衆物之表裏精粗無不到」也。……自聖賢之學，變而爲科舉之業，剽竊口耳，不復以身心體認。陸子之書未嘗經目，而道聽塗説，隨聲附和，咸曰陸氏爲頓悟之禪。……學者試取陸子全書讀之，則知娶寡女者不可誣以撾婦翁矣。同上卷十八發明本心説。

又象山語録有「家有壬癸神，日供千斛水」二語，陳建學蔀通辨謂出佛書，穆堂謂：「余嘗盡閲全藏經、律、論，並無此語。見陸子學譜卷十一「章從軒節夫」條。其後全謝山謂二語大略當在道經，今巫祝家禳火，嘗用此語。」見鮚埼亭集外編卷四十七答臨川先生雜問。又如陽明傳習録有

「照心」二字，或疑爲禪語，穆堂謂：「佛書余嘗遍閱，並無此二字。」見初稿卷四十三答雷庶常閱傳習録問目。世之譏陸王者，率謂其近禪，謂其尚頓悟，病其游談無根，束書不觀，自穆堂言之，彼之所以斥陸王者，正坐游談無根、束書不觀之病，皆未嘗細讀陸王書而姑意測之如是也。雷鋐翠庭經笥堂文鈔象山禪學攷謂：「世目象山爲禪學，以象山教人閉目静坐不讀書者，非也。象山語録多近禪，然未嘗言不讀書，亦罕静坐。文集中並『静坐』二字無之。與劉深甫書云：『開卷讀書時整冠肅容，平心定氣，訓詁章句，苟能從容不迫而諷詠之，其理當自有彰彰者。』與傅聖謨云：『已知者力行以終之，未知者學、問、思、辨以求之。』此與朱子教人無以異。」今按：雷氏力主朱陸之辨，至此等處則亦受穆堂影響也。然何以陸王常受世俗譏摘？穆堂則謂一由陸王之有傳而失真者〔一〕，如黄梨洲謂象山以「覺」爲入門，慈湖以「覺」爲究竟，此慈湖之失其傳也。見初稿卷十八發明本心説。謝山淳熙四先生祠堂碑文並謂「慈湖亦不以一悟爲究竟」。又跋袁正獻公與舒和仲帖（外編卷三十三）謂：「陸學流弊，乃傅子淵、包顯道之徒有以致之，而楊、袁不爾。」又謂：「臨川先生昌明陸學，然其病則言陸學絶無流弊，如此便成矯枉阿私。」今觀穆堂集亦並不主「陸學絶無流弊」之説，疑謝山自據當時相從談論言之也。陽明良知之教，如鄒文莊、東廓。羅文恭念庵皆粹然無疵；而龍谿王畿首爲狂論，純任自然，心齋王艮亦多怪異，二王之學數傳益甚，此二王之失其傳也。見初稿卷十八致良知説下。學術之傳有得有失，固不可以末流一二人之失，上累其立教之師。

而世俗所以好謗陸王，則由於元、明以來，朝廷科舉，以朱子書取士，俗士習於時文講章，有道學之美名，有富貴之實利，而又熟於章句訓詁之先入。故攻陸王者每不讀陸王書，則又安從得陸王之真？穆堂於此尤慨乎言之，曰：

> 世上有摘陸王之疵者，未聞有摘朱子之疵者，非陸王之多疵，而朱子獨無疵也，勢也。自有明以朱註取士，應科舉者，共守一家之言，爲富貴利達之資，大全、講章而外，束書不觀，道聽塗説成爲風俗。大學改本，雖棄孔子以從朱子而不遑恤，孰敢爲陸王而議朱子哉？吴文正公澄生平信奉朱子，晚始略舉尊德性、道問學爲調停之説，其言本出朱子，而論者已譁然攻之矣。南宋至今六百餘年，止有一陽明先生，追尋古本大學，而攻之者至今未已。初稿卷四十三答雷庶常閔傳習録問目。孔尚任湖海集卷九廣陵郡學會講序（戊辰）謂：「今制舉家皆知尊朱，問其所以尊者，曰：『朱子有註解也。』皆知攻陸王，問其所以攻者，曰：『陸王無註解也。』夫朱子豈註解之可盡，陸王豈無註解之足累？其所謂尊與攻者，皆不過爲制舉言耳。」

故穆堂於凡攻陸王者，率致非難，嘗曰：

> 陳建、吕留良輩，妄附朱子，著爲謬書，詆譏陸王，至不可堪忍。引同上節。

穆堂有學蔀通辨辯，於陳氏書條析其説。見初稿卷十八心性説，其書未見。其論孫承澤云：

孫北海承澤作考正朱子晚年定論，蓋從未讀陸子、陽明子之書，亦未嘗細讀朱子之書，徒欲鈔竊世俗唾餘以附於講學者也。所載朱子之語，止取其詆諆陸子之言，其論學之合於陸子者，則概不之及。其所辨年歲亦不甚確，如鵝湖之會，謂各賦一詩見志，是全未見陸子語録者也。初稿卷四十五書孫承澤考正朱子晚年定論後。又謂：「孫承澤在明朝，官至九卿，家居京師，親見闖賊之亂，國破君亡，偷生忍死，晚年沉酣於富貴利達之場，耆而不止，蓋患得患失之鄙夫，本不足與論學。」

其論張烈云：

王學質疑，……不惟不知王學，亦從未讀朱子之書，特剽竊講章訓詁之俗説，而妄有著述，以求附於講學之末者。初稿卷四十五書王學質疑後。

時人争朱陸公案，自穆堂言之，不徒未讀陸王書，抑又未細讀朱子書，特剽竊世俗講章、科舉訓詁爲之也。穆堂既一一斥其空疏淺陋，而自出手眼以辨朱陸之異同者，則在即就朱陸著述全部以求其真相。其著作之重要者有二：一爲朱子晚年全論，一則陸子學譜也。其爲全論也，曰：

余嘗盡録朱子五十一歲至七十一歲論學之語見於文集者，一字不遺，共得三百七十餘篇，名曰朱子晚年全論，其言無不合於陸子。初稿卷七十五書孫氏考正朱子晚年定論後。

又曰：

朱子與陸子之學，早年異同參半；中年異者少，同者多；至晚年則符節之相合也。朱子論陸子之學，陸子論朱子之學，早年疑信參半；中年疑者少，信者多；至晚年則冰炭之不相入也。陸子之學，自始至終，確守孔子義利之辨，與孟子求放心之旨；而朱子早徘徊於佛、老，中鑽研於章句，晚始求之一心。故早年、中年猶有異同，而晚乃符節相合。……早年二君子未相見，故學有異同而論有疑信；中年屢相見，故所學漸同而論亦漸合。朱子與項平甫書欲兼取兩長，陸子與朱子書，謂「康廬之集，加款於鵝湖」，此其證也。考康廬之集，朱子年五十二歲，陸子年四十三歲，自是以往，又十一年而陸子下世。此十一年中，兩先生不及再見，始啓争「無極」不急之辨，繼附益以門人各守師説，趨一偏而甚之。其兼學於兩家者，往來傳述，不得先生之意而矯枉過正。如包顯道有「讀書講學充塞仁義」之語，而朱子教劉敬夫考索周禮，陸子頗不然之。於是朱子指陸子爲頓悟之禪宗，而陸子指朱子爲支離之俗學，而實則兩先生之學皆不爾也。朱子晚年定論，陸子既不及聞其説，陽明先生抄爲一編，凡三十四條，中間因詞語相類而誤入中年之語者，特何叔京三書耳。羅整菴摘以相辨，而無知之陳建，遂肆狂詆，其實晚年所論皆然，雖百條不能盡也。……今詳考朱子大全集，凡晚年論學之書，確有年月可據者，得三百五十七條，其論與陸子相合；而年月無可考者，又幾十幾條，附贅於後，共爲一編。……論學之書，片紙不遺，名曰朱子晚年全論。曰「晚」，則論之定可知；曰「全」，則無所舍取以遷就他人之意。庶陳建之徒，無所置喙；而天下之有志於學者，恍然知兩先生所學之同而識所從事，不終墮於章句口耳之末，或亦有小補乎！初稿卷三十二朱子晚年全論序。

穆堂此書，蓋爲陽明朱子晚年定論之擴大。穆堂又有朱子不惑録，謂：

朱子生平之學凡四變：自言十六歲時在劉病翁所，會僧妙喜，始爲禪學；十九歲應禮部試，依妙喜説作文，説動試官，得中進士；二十二歲築室修煉，讀道書，手定牧初凈稿，始辛未，止乙亥。蓋三十歲以前，專爲二氏之學者也。至三十歲，爲紹興三十年，……師事李延平先生，屢以其所言爲不是，始將禪學權時倚閣，三十三歲才往就教，於是學益純正，一變至道；三十五歲時，延平先生卒，謹守師説猶四、五年。故自三十一以至四十，此十年中，粹然儒者，與林澤之、何叔京等書可考也。四十歲以後，始棄延平之教，如與林澤之書論中和，謂「舊聞李先生論此最詳，後來所見不同，遂不復致思」之類是也。專意著述，欲擬孔子删定纂修之業，偏重於語言訓詁，此又一變也。四十六歲爲鵝湖之會，陸子指其學爲支離，而朱子守其説不變；又六年，五十二歲，陸子相訪於南康軍，講義利之章，始有悔心，親題講義之末，欲守陸子所講爲入德之方；五十四歲答項平甫書，自謂持守不得力，當兼取陸子所長，漸有向裏切己之意；五十九歲與陸子論「無極」不合，因力詆陸子之學；然自六十歲以後，至於終身，所以爲學與所以教人者，悉依陸子尊德性、求放心之説，故雖詆陸子，而詆浙學之務末者爲尤切，其詳見答吕子約、鄭子上諸人之書，至終身不改。此一變，則朱子之定論也。余……抄其三十一歲至四十歲恪遵延平之教者，别爲一卷，名曰不惑録。初稿卷三十二朱子不惑録序。其書今不傳。

凡朱子學説自身之轉變與其晚年之定論，穆堂所以條理抉發之者如此，而後世所以誤會朱學之真相者，穆堂則以爲皆出元、明之陋儒與夫科舉之俗見。其言曰：

自宋南渡之後，學者不務其所當務，而疑其所不必疑，不汲汲然患其知之而不行，而鰓鰓然患其行之而不知，溺其志於章句訓詁之煩，而駕其説於意見議論之末，置其身於日用彝常之外，而勞其心於名物象數之中，未嘗一日躬行實踐，而詡詡然自以爲講學。……蓋自大學補格致傳文，而孔孟之學乃失傳矣。雖然，朱子晚年固已盡覺其悮，……而元、明陋儒，專取其中年未定之書，用以取士；明初附益之，編爲大全。科舉之學，因陋就簡，朱子全書未嘗寓目，遂以講章訓詁之學爲足以師承朱子，此亦朱子所不欲受也。初稿卷十八原學下。

又曰：

自科舉取士，世俗之人，富貴利達之外，無所用心。稍有志者，沉没於明人大全所撮語録陋書，傲然講學，自謂尊朱，不知其於聖賢之學，毫無所見，即朱子之學，亦百未知一也。穆堂别稿卷三十五復濟東道陳副使書。

然穆堂所言，亦有激而然耳，未足以服真爲朱學者之心。當塗夏炘嘗論之云：晚年全論一書，……不過爲學蔀通辨報仇，無他意也。……所引朱子之書凡三百五十餘條，但見書中有一「心」字，有一「涵養」字，有一「静坐收斂」等字，便謂之同於陸氏，不顧上下之文理，前後之語氣，自來説書者所未有也。述朱質疑卷十與詹小澗茂才論朱子晚年全論書。

且穆堂不徒於朱、陸異同懇懇力辨，又於朱子言行，多所掎摭。今集中如書東見録後，譏朱子爲焕章閣待制，趙汝愚謫永州，朝權悉歸韓侂胄，朱子草書萬言，爲趙明冤，筮之，遇遯之同人，朱子退焚諫稿，自號「遯翁」。（按：焦里堂易餘籥録卷九辨無其事）而吕伯恭弟祖儉、象山門人楊簡，皆以訟汝愚罷詘。朱子平生痛詆江西、浙江之學，此事反逡巡，貽書祖儉，深表愧歎。又書靈寶畢法後，言朱子少築鍊室，老註參同，自稱「空同道士」，題篔簹壁詩，以「金丹歲晚，此志不就」爲嘆恨。靈寶畢法乃世俗方士陋書，而序文首引朱子詩「刀圭以入口，白日生羽翰」，謂：「晦翁紫陽朱先生必不我欺」。因譏

「朱子平時詆韓子爲文人，試取謝自然詩較之，識量何其相遠！」又書贋作昌黎與大顛三書後，譏朱子作考異，附會世俗僞譔歐公題跋，反疑子瞻未見歐陽跋語，曲爲緣飾。又書真西山文集後三則，謂朱子爲禪，而自於佛學極推崇，乃至稱「佛爲大事因緣出世，聖人繼天立極意亦如此」。捐館之前，以香茶奠黄蘗僧，稱「爲悟公故人，固宜西山等於釋氏歡喜讚歎」。又跋朱子再定太極通書後序，以朱子爲濂溪事狀，削去蒲氏所爲墓碣載濂溪稱頌新政語。而如邵氏聞見録所記「荆公居鍾山，恍惚見其子雱枷杻」云云，生死輪迴之説，至妄陋，而名臣言行録備載之，不免好惡之偏，爲世俗轉移。（以上均見初稿卷四十五）則其事已出乎異同之外，所謂「楚固失之，齊亦未爲得」矣。穆堂又爲王荆公辨誣，爲吴草廬持平。（初稿卷二十四吴文正公從祠記）要之，豪氣俠情，一入門户，未能超然。

穆堂於朱學議論，具如上述。其治陸學，則備見於陸子學譜，謂：

昔朱文公與吕成公作近思録，記濂、洛諸先生之言者也；文公又獨爲伊洛淵源録，記諸先生之行者也，言與行分而爲二，視論、孟所記若有間矣。……陸子學譜，蓋兼用近思、淵源二録之體。……俾有志於希聖者，門徑可循，歸宿有所，不沉溺於利慾，不泛濫於章句，不參錯於佛、老，庶幾斯道有絶而復新之日。初稿卷三十二陸子學譜序。

又爲陸子年譜，謂：

明陳建等道聽塗説，剿襲舊聞，詆陸子爲禪學，實未究觀二家之書。不知朱子晚年之教盡合於陸子。凡朱子所以致疑者,特以其弟子包顯道、傅子淵等,過爲高論,而未及盡見陸子所以爲學與所以教人之説。故其所疑爲禪者,皆懸空立論,未嘗實有所指。其實指而出之者,惟輪對五劄與答胡季隨一書耳。季隨書之駁,出於語類,門人所記,容有譌舛;而五劄之譏,則屢見於筆札,所宜備載,俾天下後世得公聽而並觀,且亦陸子經國之大猷,不可略也。初稿卷三十二陸子年譜序。

蓋就其遺教全體,合之於行事之實,以考其學説之真意,而若有以想見乎其人。此已與世之徒守科舉俗學,嘵嘵浮辨,而目不覩朱、陸全書者不同;亦與牢守道學字頭,專以訓詁家法争心性、理氣之辨者有異。其路徑之直捷,意趣之真切,誠可謂得陸學之真傳也。穆堂自言:「早歲爲學,略去疏節,止守大綱,全用力於經濟文章。……二十四歲復思向上。」初稿卷四十三答徐編修畫堂書。其治學路徑如此,故得有體有用,不與專治訓詁講誦者同科。又嘗謂:

載之空言,不如見諸行事。自程子有「堯舜事業浮雲太虚」之語,世儒藉口,輒欲以空言傲實績。……内聖外王之學,一變而爲迂疏無用,至令天下以儒相訾謷,皆此等謬説啓之也。……自漢以來,惟諸葛武侯始著儒者之效,唐韓子、宋歐陽子用之不盡,濂溪、明道十未用一,象山亦然;其餘則雖欲用之,未必有用。直至有明王文成公出,始大著儒者之效，……而世俗無知小人謬附講學者，輒以空言詆之，不知此輩何所用於天地間也！人極之不立，豈可徒咎溺於嗜慾之人也哉！初稿卷四十五書程山遺書後。

又曰：

自陽明先生倡道東南，天下之士靡然從之，名臣修士不可勝計。其道聽塗説，起而議之者，率皆誦習爛時文、舊講章，以求富貴利達之鄙夫耳。間有一二修謹之士，闇然媚世，而自託於道學者，稍相辨論，不知其未嘗躬行，自無心得，不足以與於斯事，而考見其是非之所在也。當時首與陽明辨者爲羅整菴，然……當時親炙如鄒文莊、東廓。私淑如羅文恭，念菴。皆粹然無疵，一出於正。……若徐文貞、存齋，聶雙江弟子。李襄敏、見羅父遂。魏莊靖、時亮，字工甫。郭青螺子章，字相奎。諸公之勳業，陳明水、江右王門。舒文節、國裳，江右王門。劉晴川、江右王門。趙忠毅、南星，字夢白。周恭節、用，字行之。鄒忠介南皋，歐陽南野弟子。諸公之風節，鄧文潔、定宇，王龍溪弟子。張陽和、王龍溪弟子。楊復所、羅近溪弟子。鄧潛谷、東廓弟子。萬思默念庵弟子。諸先生之清修，其因致良知之説，躬行心得，發名而成業者，未易更僕數，豈不猶賢於整菴輩訓詁章句，闇然媚世而一無所建立者乎！初稿卷十八致良知説下。

又曰：

平心論之，整菴與陽明，同在武宗之時，天下多故，身爲大臣，離事自全而已。能抗劉瑾乎？能誅宸濠乎？能靖粤西之亂乎？此實學與虚説之辨。初稿卷十八心性説。

又曰：

陽明先生勳業塞穹壤，名聲貫古今，世豈知有所謂大興張者？人雖自絶，何傷日月？初稿卷四十五書王學質疑後。

蓋陸王之學，既以躬行實踐爲主，而躬行實踐，必歸鵠於功業濟世，乃爲内聖外王，有體有用，足以證其踐行之圓滿而庶幾於無憾。此與從事章句訓詁，即於文字講論争是非者絶不同。故穆堂盛推陽明，以其功業之發見，徵學説之虚實，此正陸王言本心、言良知最精最高之詣，絶非陷溺功利，偏心雜霸，空爲此畔援之勢論也。余嘗謂顔、李講學，深斥程朱，謂書生紙筆講誦之無益於天地，而力唱「六藝、六德、六行」之説，以實用爲本，其意趣路徑實近陸王，以穆堂證之，可益信矣。惟顔、李尚有習工存心之學，而穆堂無之，是顔、李守舊規，而穆堂已入新趨也。厥後章實齋論學頗采穆堂，故亦與顔、李近，而自謂推本於陽明。此爲清學一伏流，要之與尚訓詁考訂書本之學判然不同，而清初程朱正學，轉與乾嘉吴、皖攻朱者同爲以讀書訓説爲學也。然躬行實踐，固以功業濟世爲歸，而不必展功利，偏心於雜霸者之所與知；而内省不疚，實爲真血脈所關，又非章句訓詁之所能争也。相傳：

有中州一巨公，自負能昌明朱子之學。一日謂公穆堂。曰：「陸氏之學，非不岸然，特返之吾心兀兀多未安者。」公曰：「君方總督倉場而進羨餘，不知於心安否？是在陸門，五尺童子唾之矣。」其人失色而去。全祖望閣學臨川李公紱神道碑銘。

此即發明本心致良知之實例，穆堂所謂陸王之躬行實踐，所由與章句訓詁講誦虚説者不同也。故穆堂又言之，曰：

吾非敢言心性也，吾嫉夫世之實行不修，於陽明子無能爲役，而高言心性者也。初稿卷十八心體無善惡説。

此真穆堂論學真背景，亦穆堂論學真動機矣。故擴之爲功業，約之爲踐履，穆堂之所謂躬行實踐，所以修之己而責之人者，惟問實事，不争虚辨。此固陸王講學精神之一端，而穆堂則特以爲當時之箴砭也。故穆堂所以評騭朱陸之異同者，其事是非當别論；而穆堂爲人之俊偉，以博聞强記之學爲陸王本心良知作發明，以考史論世爲心性義理作裁判，學術、經濟、文章冶於一鑪，其在當時，雖意有所激，語有所偏，然磊落俊偉，光明兼切，以有清一代陸王學者第一重鎮推之，當無愧矣。

雖然，當穆堂世而言踐履功業，談何容易？先是，雍正四年，謝濟世石霖以翰林改御史，露章面奏河南巡撫田文鏡不法狀，雍正擲還其疏，石霖伏地不肯起，争益力。命九卿科道集刑部訊之，並加刑，問：「指使何人？」曰：「孔孟。」問：「何故？」曰：「讀孔孟書，自當忠諫；見奸勿擊，非忠也。」奏上，議大辟。得旨免死，發往阿爾泰軍前效力。邊臣希旨搜其書，得古本大學注，劾以毀謗程朱，廷議坐諷刺朝政，復下獄。將刑，縛之市曹，諸受學者皆哭送，且受祭邸舍中。已而宣旨得赦，歸舍，炷香未燼，酒尚温也。在戍九年，及乾隆朝始召復原官。而穆堂亦以論奏田文鏡坐朋黨獲罪，論旨煌煌，屢受顯斥，鉤黨排陷，鑽營行私，穆堂固不免爲聖朝負恩一小人。以雍正四年，詔使隻身往廣西，捕前署巡撫時安插罪苗後在逃者，不得攜廣中一吏卒，並降旨：「若不能拏獲，即將李紱在廣西正法。」穆堂至，叛苗束身自歸，曰：「吾不可以負李公。」事幸解。旨令：「李紱在廣西無可辦理，著令來京，現在應行質問案件甚多。」遂下刑部聽訊，廷臣議穆堂大罪二十一款，律應斬決，兩縛往西市，手反接，刀置頸，問：「此時知田文鏡好否？」曰：「臣愚，雖死不知田文鏡好處。」卒以天子聖明，宣旨赦還，仍置請室。嗣奉特旨：「李紱學問尚好，著免死。」時在雍正五年。越年，雍正七年冬。或追供前穆堂參田文鏡事，又大集廷臣，召穆堂，親詰責，色甚厲。穆堂不吐乞憐語，惟言：「臣罪當誅，乞即正法，以爲人臣不忠者戒。」廷臣遵旨訊，請交刑部治罪，又以天子聖明得寬免。然則穆堂之在聖朝，得保首領已萬幸，尚何高言踐履功業！謝山深悲之，曰：「公平生以行道濟時爲急，用世之心最殷，故三黜而其志未嘗少衰，浩然之氣亦未嘗少減；然而霜雪侵尋，日以剥落，菁華已漸耗。」又曰：「公有萬夫之稟，及中年百鍊，芒彩愈出，豈知血肉之軀，終非金石，竟以是蕉萃殆盡。」嗟乎！是可謂深識穆堂之志氣遭遇者矣。湯潛菴、全謝山遭遇皆至酷。如是而言義理、經濟，幾何其不折入於訓詁考據之業者！聖天子在上，惟有尊聖旨，守聖法，努力報稱，尚何紛紛辨朱、陸異同爲！（録自商務印書館一九九七年版中國近三百年學術史第七章）

【校勘記】

〔一〕然何以陸王常受世俗譏摘穆堂則謂一由陸王之有傳而失真者「王常」二字原誤在「穆堂」上，據九州出版社（二〇一一年版）錢穆中國近三百年學術史乙正。

朱子晚年定論評述

[明]王陽明 輯
[清]費 熙 評述
任莉莉 校點

目録

校點説明

朱子晚年定論評述一書，乃清費熙對王陽明所輯朱子晚年定論進行批註、評述的成果。費熙，生卒年不詳，字養和，號少房，歸安烏程諸生，曾師承青田端木國瑚，交遊者有姚文川、閔希濂等，門人有周一菴等，再傳弟子如周文桂等。

據其友人閔希濂云：「竊憶君長余九歲，始遇於金蓋山之古梅花館，時爲道光乙未（一八三五年）。後聚首於淮南，時爲辛丑（一八四一年）以迄甲辰（一八四四年）。君所輯爲己編及朱子晚年定論（校者按，此處略去「評述」二字），蓋在甲午（一八三四年）以前，是君聞道甚蚤。」（見讀書隨筆序，閔希濂一瀛作於咸豐五年四月。）閔希濂評價費熙曰：「於所讀儒先之語，擇其最切於己者，或參注，或評述，或講習，或演爲直指，而統歸於體驗。苟其有切於己，雖二氏亦有取焉。」由此可見費熙治學切己與不拘之特點。

費熙對陽明之學的理論貢獻深深認同，大力推崇。他在序言中指出：「自明中葉後，高者流於空寂，卑者溺於詞章，分理分心，幾不可問。幸吾浙姚江王子起而振之，提掇靈根，開示來學，識者稱爲濂溪之聞，知非妄語也。」又云：「王子之志，非徒欲自明其學之無異於朱子，實欲使孔孟以來相傳之正學不絶於天下也。然則王子之心即朱子之心也。」而坊間對朱子晚年定論所作評本「大都沿王學流弊，非朱子所以立説與王子所以表章之意」，鑒於此，爲「表先賢因時立教之心於萬一」，費熙特加以評述，略發己見，其闡揚先正、開示來學之功顯矣。

除朱子晚年定論評述一書外，費熙撰有曾子節要、讀書隨筆、爲己編、書劄雜著等，可據以瞭解其學術思想概略。據閔希濂讀書隨筆序稱：「然則學以治己之身心，而善學者又當察我身心之所累，而以前哲之言之行之切於己者，以則傚而克治之。余友費君少房之爲學也，則於此見之真而言之切，嘗云：『學以變化氣質，氣質未化，是則我之病痛。聖賢千言萬語自我取之，則必對症下藥，然後足以治我之病痛。』」這一段論述，可證費氏「以躬行實踐爲歸，不尚徒騰口説」（書劄雜著跋）的學術理念與宗旨。

朱子晚年定論評述一書，爲光緒十九年（一八九三年）刻本，爲陶聽泉所刻。半葉八行，行二十字，朱子晚年定論語作大字，費熙批語書於行間，按語低一格，小字雙行，多係於每節段末。費熙識語題曰「道光辛卯春正月」，卷端有大長方木記，書「光緒癸巳七月歸安周氏藏版」十二字，正文前附有王文成公示弟立志説，末有孫廷翰、周文桂跋語。「是本爲友人周君萊仙所手録」（朱子晚年定論評述跋），屬孫廷翰校刊付梓。今國家圖書館、上海圖書館、吉林圖書館、吉林大學圖書館、浙江圖書館等處有藏，經核，諸本當係同一版本。

此次整理，以光緒十九年刻本爲底本，凡涉及朱子晚年定論之文字，以四部叢刊初編本王文成公全書（簡稱四部叢刊初編本）作校本。費熙於行間所作批語，俱於相應文字下以楷體字標明，其於段末所作按語，亦作楷體。

校點畢，是爲記。

校點者　任莉莉　二〇一七年四月

朱子晚年定論評述序

或有問於熙曰：朱子云：「聖賢之言，學者不可執一以爲定。」今姚江所集定論一書，獨執其晚年病後之説以爲定見，得非朱子之心乎？曰：是不然。蓋朱子或問、集註諸書，久已垂爲定本，比及晚年所論，一則曰支離，再則曰支離，其所以大悔乎中年之説者，非無故也。考朱子教人，其言以時而異，要其拳拳於來學者，莫不望其有所依據持守，以蘄至於聖賢之域。學者讀其書，果能立志研求，反身實踐，吾知朱子於或問、集註外，必不復贅一詞矣。不圖末流之弊，徒成説話，此所以有晚年之悔也。自明中葉後，高者流於空寂，卑者溺於詞章，分理分心，幾不可問。幸吾浙姚江王子起而振之，提掇靈根，開示來學，識者稱爲濂溪之聞，知非妄語也。無如當日信從者固多，而攻擊者亦復不少，故在留都，又採朱子晚年悔悟之説，輯爲定論。其與安之書云：「今但取朱子所自言者表章之，不加一詞，雖有褊心無所施其怒。」推斯言也，王子之志，非徒欲自明其學之無異於朱子，實欲使孔孟以來相傳之正學不絶於天下也。然則王子之心即朱子之心也，定論一書，誠非後學所可妄議矣。坊間舊有評本，係震川某氏所訂，惜其評語與前後所附見者，徒沿王學流弊，於朱子所以立説與王子所以表章之故，俱未有見及。熙因不揣譾陋，取坊本而重校之，僭參管見，前後易以立志説、應試語等篇，非好翻前案也，亦欲表先賢因時立教之心於萬一云爾。道光辛卯春正月望日，初學人烏程費熙謹識於道峰繡谷草堂。

王文成公示弟立志説

予弟守文來學，告之以立志。守文因請次第其語，使得時時觀省，且請淺近其辭，則易於通曉也。因書以與之。

夫學莫先於立志。志之不立，猶不種其根而徒事培壅灌溉，勞苦無成矣。世之所以因循苟且，隨俗習非，而卒歸于汙下者，凡以志之弗立也。故程子曰：「有求爲聖人之志，然後可與共學。」人苟誠有求爲聖人之志，則必思聖人之所以爲聖人者安在，非以其心之純乎天理而無人欲之私歟？聖人之所以爲聖人，惟以其心之純乎天理而無人欲，則我之欲爲聖人，亦惟在於此心之純乎天理而無人欲耳。欲此心之純乎天理而無人欲，則必去人欲而存天理。務去人欲而存天理，則必求所以去人欲而存天理之方。求所以去人欲而存天理之方，則必正之先覺，考之古訓，而凡所謂學問之功者，然後可得而講，而亦有所不容已矣。

夫所謂正之先覺者，既以其人爲先覺而師之矣，則當專心致志，惟先覺之爲聽。言有不合，不得棄置，必從而思之；思之不得，又從而辨之，務求了釋，不敢輒生疑惑。故記曰：「師嚴然後道尊，道尊然後民知敬學。」苟無尊崇篤信之心，則必有輕忽謾易之意。言之而聽之不審，猶不聽也；聽之而思之不慎，猶不思也。是則雖曰師之，猶不師也。

夫所謂考之古訓者，聖賢垂訓，莫非教人去人欲而存天理之方，若五經四書是已。吾惟欲去吾之人欲，存吾之天理，而不得其方，是以求之於此，則其展卷之際，真如飢者之於食，求飽而已；病者之於藥，求愈而已；暗者之於燈，求照而已；跛者之於杖，求行而已。曾有徒事記誦講説，以資口耳之弊哉！

夫立志亦不易矣。孔子，聖人也，猶曰：「吾十有五而志于學，三十而立。」立者，志立也。雖至於「不踰矩」，亦志之不踰矩也，志豈可易而視哉？夫志，氣之帥也，人之命也，木之根也，水之源也。源不濬則流息，根不植則木枯，命不續則人死，志不立則氣昏。是以君子之學，無時無處而不以立志爲事。正目而視之，無他見也；傾耳而聽之，無他聞也。如猫捕鼠，如鷄覆卵，精神心思凝聚融結，而不復知有其他，然後此志常立，神氣精明，義理昭著。一有私欲，即便知覺，自然容住不得矣。故凡一毫私欲之萌，只責此志不立，即私欲便退；聽一毫客氣之動，只責此志不立，即客氣便消除。或怠心生，責此志即不怠；忽心生，責此志即不忽；懆心生，責此志即不懆；妬心生，責此志即不妬；忿心生，責此志即不忿；貪心生，責此志即不貪；傲心生，責此志即不傲；吝心生，責此志即不吝。蓋無一息而非立志責志之時，無一事而非立志責志之地。故責志之功，其於去人欲，有如烈火之燎毛，太陽一出而魍魎潛消也。

自古聖賢因時立教，雖若不同，其用功大指無或少異。書謂「惟精惟一」，易謂「敬以直內，義以方外」，孔子謂「格致誠正，博文約禮」，曾子謂「忠恕」，子思謂「尊德性而道問學」，孟子謂「集義養氣」、「求其放心」，雖若人自爲説，説有不可强同者，而求其要領歸宿，合若符契，何者？夫道一而已。道同則心同，心同則學同。其卒不同者，皆邪説也。

後世大患尤在無志，故今以立志爲説，中間字字句句，莫非立志。蓋終身問學之功，只是立得志而已。若以是説而合「精一」，則字字句句皆「精一」之功；以是説而合「敬義」，則字字句句皆「敬義」之功。其諸「格致」、「博約」、「忠恕」等説，無不脗合。但能實心體之，然後信予言之非妄也。

此説以聖人爲標的，而功夫要歸于去人欲、存天理，在異學既無能假託，吾人亦當知所言反矣，所示立志功訣，視孫石臺定志編所採先傳諸説，更爲簡切，讀定論而不讀此説，終難免爲見聞所惑，故録冠卷端以自警。熙謹識。

朱子晚年定論原序

定論首刻於南贛。朱子病目静久，忽悟聖學之淵微，乃大悔中年註述誤己誤人，徧告同志。師閲之，喜己學與晦翁同，手録一卷，門人刊行之，自是爲朱子論異同者寡矣。師曰：「無意中得此一助！」隆慶壬申，虬峰謝君廷傑刻師全書，命刻定論於語録後〔一〕，見師之學與朱子無相繆戾，則千古正學同一源矣。并師首叙與袁慶麟跋凡若干條，洪僭引其説。

陽明子序曰：洙泗之傳，至孟子而息；千五百餘年，濂溪、明道始復追尋其緒；自後辨析日詳，然亦日就支離決裂，旋復湮晦。吾嘗深求其故，大抵皆世儒之多言有以亂之。一語道盡末流之弊。守仁早歲業舉，溺志詞章之習，既乃稍從事正學，而苦於衆説之紛撓疲𤸁，茫無可入，因求諸老、釋，欣然有會於心，以爲聖人之學在此矣！然於孔子之教間相出入，而措之日用，往往闕漏無歸，依違往返，且信且疑。其後謫官龍場，居夷處困，動心忍性之餘，恍若有悟，體驗驗，一作念。深求〔二〕，再更寒暑，證諸六經四子〔三〕，沛然若決江河而放之海也。然後歎聖人之道坦如大路，而世之儒者妄開竇逕，蹈荆棘，墮坑塹，究其爲説，反出二氏之下。宜乎世之高明之士厭此而趨彼也，此豈二氏之罪哉？間嘗以此語同志，而聞者競相非議，目以爲立異好奇。雖每痛反深抑，務使搜剔斑瑕，而愈益精明的確，洞然無復可疑。得力在此，後人徒執門户之見，猖狂叫呶，而卒無所得，正少此一節功夫。獨於朱子之説有相牴牾，恒疚於心，竊疑朱子之賢，而豈其於此尚有未察？及官留都，復取朱子之書而檢求之，古人虚心求道如此。然後知其晚歲固已大悟舊説之非，痛悔極艾，至以爲自誑誑人之罪，不可勝贖。世之所傳集註、或問之類，乃其中年未定之説，自咎以爲舊本之誤，思改正而未及，而其諸語類之屬，又其門人挾勝心以附己見，固於朱子平日之説猶有大相繆戾者，而世之學者局於見聞，不過持循講習於此。其於悟後之論，概乎其未有聞，則亦何怪乎予言之不信，而朱子之心無以自暴於後世也乎？

予既自幸其説之不謬於朱子，又喜朱子先得我心之同然，且慨夫世之學者徒守朱子中年未定之説，而不復知求其晚歲既悟之論，競相呶呶，以亂正學，不自知其已入於異端，雄論破俗。輒採録而裒敘之〔四〕，私以示夫同志，庶幾無疑於吾説，而聖學之明可冀矣。

時正德乙亥冬十一月朔，後學餘姚王守仁序。

【校勘記】

〔一〕命刻定論於語録後　「後」，原作「復」，據四部叢刊初編本改。

〔二〕體驗深求　「深」，四部叢刊初編本作「探」。

〔三〕證諸六經四子　「六」，四部叢刊初編本作「五」。

〔四〕輒採録而裒敘之　「敘」，四部叢刊初編本作「集」。

朱子晚年定論評述

答黄直卿書

爲學直是先要立本。文義却可且與説出正意，補意亦不可略。令其寬心玩味，未可便令考校同異，即是躐等。研究纖悉[一]，恐其意思促迫，難得長進。將來見得大意，略舉一二節目，漸次理會，蓋未晚也。此是向來差誤[二]。今幸見得，却須勇革，不可苟避譏笑，却誤人也。

謹按：書中向來定本之誤句，一語翻盡前案，識者謂是朱子因時救弊不得已之變例而不但此也。蓋古人學與年進，原有始是而卒非者，王子取以爲全書之冠，旨深哉。竊聞朱子少有存齋記，其説以存心爲本，蓋謂學者必先存得此心，不使放失，方有把握耳。自二十九歲以後，始極泛觀博覽而歸諸約，此聖學之序也。乃世儒不察，反謂朱子二十九歲以前是禪學，此泥於大學章句「致知格物」之説，未嘗究心於或問「成始成終」之義故也。今苟從事於晚年定論而有得焉，在初學不徒以襲取爲功而積學有素者，庶有反約之日乎。用參管見，俟正高明。熙附識。

答吕子約書

日用工夫，比復何如？文字雖不可廢，然涵養本原而察於天理人欲之判，動察如此，方是爲己。此是日用動静之間，不可頃刻間斷底事。若於此處見得分明，是然不到得流入世俗功利權謀裏去矣〔三〕。熹亦近日方實見得向日支離之病，雖與彼中證候不同，然其忘己逐物、貪外虚内之失，則一而已。程子説：「不得以天下萬物撓己，己立後自能了得天下萬物。」聖人所以只説「修己以敬」。今自家一箇身心不知安頓去處，而談王説霸，王臨川之誤在此。將經世事業别作一箇伎倆商量講究，不亦誤乎！相去遠，不得面論，書問間終説不盡〔四〕，臨風嘆息而已。

按：朱子或問云：吕氏爲己爲人之編如何：曰：爲人者，程子以爲欲見知於人者是也。吕氏以志於功名言之，而謂今之學者未及乎此，則是以爲人爲及物之事，而涉獵僥倖以求濟其私者，又下此一等也。殊不知夫子所謂爲人者，正指此下等人耳。若曰未能成己而遽欲成物，此特可坐以不能知所先後之罪，原其設心猶愛而公，視彼欲求人知以濟一己之私而後學，不可同日語矣。或問之説如此，今直云雖與彼中證候不同，然忘己逐物，貪外虛内之説，則一而已。鞭辟愈進，掃盡支離，此所以爲定論也。中晚之論，大率如此，舉此以例其餘。熙附識。

答何叔京書

前此僭易拜禀博觀之弊，誠不自揆。乃蒙見是，何幸如此！然觀來諭，似有未能遽舍之意，何耶？此理甚明，何疑之有？若使道可以多聞博觀而得，則世之知道者爲不少矣。確論不獨可救一偏之弊。熹近日因事方有少省發處，如「鳶飛魚躍」，明道以爲與「必有事焉勿正」之意同者，乃今曉然無疑。日用之間，觀此流行之體，初無間斷處，有下工夫處，乃知日前自誑誑人之罪，蓋不可勝贖也。此與守書册、泥言語，全無交涉，幸於日用間察之，知此則知仁矣。

按：論語「君子博學於文」節，語氣一滚説下，正是聖人教人讀書窮理而要歸於踐履處。集註將博約平講而外，註特用程子説，則知行合一之義自存乎其中，自學者不察，致起末流之弊，豈朱子之誑人乎？嘗言之，博約之功，原自有序，而學者要不可判分爲兩候。孟子曰：「孩提之童，無不知愛其親也，及其長也，無不知敬其兄也。」博學而詳説之，正欲人發明愛敬之理，即以保住而擴充之也。若判分兩候，謂爲弟子者博學了孝弟儀節，然後去祇父恭兄，有是理乎？今書中所論，語警省而意嚴密，足以藥支離之病，異學亦無從假託，是之爲定論。

答潘叔昌書

示喻「天上無不識字底神仙」，此論甚中一偏之弊。然亦恐只學得識字，却不曾學得上天，即不如且學上天耳。上得天了，却旋學天上天上，一作上天。人，亦不妨也。解此或有上天日子，否則天門不開，亦將如何哉？中年以後，氣血精神能有幾何？不是記故事時節。熹以目昏〔五〕，不敢著力讀書。閒中静坐，收斂身心，頗覺得力。間起看書，聊復遮眼，遇有會心處，時一喟然耳。

少時偶見謝康樂昇天得道之説，殊不滿意。歲戊子，養拙於古清和洞時，有一人諷余曰：「三天門下無不識字底神仙。」余即應聲曰：「曾聞地下有個修文郎，不聞天上亦有宏詞科，即有之，若不能上天，不審何從去與那班神仙會考？」其人默然無以答，既自悔語涉謔浪，不復記憶。今讀此書所論，始知實有此理，故附識於此。

答潘叔度書

熹衰病，今歲幸不至劇，但精力益衰，目力全短，看文字不得。瞑目閒坐〔六〕，却得收拾放心，覺得日前外面走作不少，頗恨盲廢之不早也。看書鮮識之喻，誠然。然嚴霜大凍之中，豈無些小風和日煖意思？要是多者勝耳！

静坐求放心，此箇功訣徹上徹下、徹始徹終，不論知愚，不分老少，皆宜學之，格物窮理方有把握，有安放處。乃前哲有以朱子見身説法專爲晚年，則誤矣。

與吕子約書

孟子言：「學問之道，惟在求其放心。」而程子亦言：「心要在腔子裏。」今一向耽著文字，令此心全體都奔在册子上，更不知有己，便是箇無知覺不識痛癢之人，雖讀得書，亦何益於吾事邪？

與周叔謹書

應之甚恨未得相見，其爲學規模次第如何？近來呂、陸門人互相排斥，此由各徇所見之偏，而不能公天下之心以觀天下之理，甚覺不滿人意。應之蓋嘗學於兩家，不知其於此看得果何如，因話叩之，因書諭及爲幸也。熹近日亦覺向來說話有太支離處〔七〕，反身以求，正坐自己用功亦未切耳。因此減去文字工夫，覺得閑中氣象甚適。每勸學者亦且看孟子「道性善」、「求放心」兩章，著實體察收拾爲要，其餘文字，且大概諷誦涵養，未須大段著力考索也。

答陸子靜書

熹衰病日侵，去年災患亦不少，此數日來病軀方似略可支吾〔八〕。然精神耗減，日甚一日，恐終非能久於世者。所幸邇來日用功夫頗覺有力，無復向來支離之病。甚恨未得從容面論。未知異時相見，尚復有異同否耳？

朱、陸之學本是一家，其所以不能無所異同者，由兩賢自任之重故也。蓋三代以下小學不行，陸子教人先立其大，而後使之博覽，是正爲失小學者説也。朱子恐其流入於禪學，故以太簡斥之。朱子承大學之統，知小學不可缺，特於或問補一「敬」字。然其教法雖是爲大學者設，而陸子恐其流入於俗學，故以支離非之。自任重顧慮愈周，好辯有不得已也。明黄石齋先生調停之論，似未及推見至隱，熙故附參一説焉。

答符復仲書

聞向道之意甚勤。向所諭義利之間誠有難擇者，但意所疑以爲近利者，即便舍去可也。此即是集義之學。向後見得親切，却看舊事，只有見未盡舍未盡者〔九〕，不解有過當也。見陸丈回書，其言明當，且就此持守，自見功效，不須多疑多問，却轉迷惑也。

答呂子約書

日用工夫，不敢以老病而自懈。覺得此心操存舍亡，只在反掌之間，鄉來誠是太涉支離。蓋無本以自立，則事事皆病耳。又聞講授亦頗勤勞，此恐或有未便。講授亦不可廢，但世變無常，其間有多少未便處，學之不講，聖人所以憂之也。今日正要清源正本，以察事變之幾微，豈可一向汩溺於故紙堆中，使精神昏蔽，失後忘前，而可以謂之學乎？

與吴茂實書

近來自覺向時工夫，止是講論文義，以爲積集義理，久當自有得力處，却於日用工夫全少點檢。諸朋友往往亦只如此做工夫，所以多不得力。今方深省而痛懲之，亦願與諸同志勉焉〔一〇〕。幸老兄徧以告之也。

竊聞象山陸子嘗分別「集義所生，非義襲而取之」兩句，朱子盡力詆之，此中年之見也。比見末流之弊，專以講論文義爲積集，而日用工夫不復用力，故又見身指點佈告同志，若非王子表章之，朱子濟時宏道之心亦晦矣，可勝悚然。

熙謂集義功夫大要在一「行」字，故曰「行有不慊於心則餒矣」，學者從事於此，既以文義爲考信，即當以力行爲體驗，久之方有得力處。若徒以講論文義爲積集，即是求之於外，是「義襲而取之也」。僭附臆測，即以自警。

答張敬夫書

熹窮居如昨，無足言者。自遠去師友之益，兀兀度日。讀書反己，固不無警省處，終是旁無彊輔，因循汩没，尋復失之。近日一種向外走作，心悦之而不能自已者，皆準止酒例，戒而絶之，似覺省事。此前輩所謂「下士晚聞道，聊以拙自修」者，若擴充不已，補復前非，庶其有日。舊讀中庸「慎獨」、大學「誠意」、「毋自欺」處，常苦求之太過，措詞煩猥，（此對學、庸白文言。）近日乃覺其非，此正是最切近處、最分明處。乃舍之而談空於冥漠之間，其亦誤矣。方竊以此意痛自檢勒，懔然度日，惟恐有怠而失之也。至於文字之間，亦覺向來病痛不少。蓋平日解經最爲守章句者，然亦多是推衍文義，自做一片文字，非惟屋下架屋，説得意味淡薄，且是使人看者將注與經作兩項工夫，做了下稍，看得支離，至於本旨全不相照。末流之弊大概坐此。以此方知漢儒可謂善説經者，不過只説訓詁，使人以此訓詁玩索經文。訓詁經文不相離異，只做一道看了，直是意味深長也。

朱子説中庸「慎獨」、大學「毋自欺」，多分層折，幾似頭上安頭，然文義精密，其有功於修道之教無疑也。乃書中自悔其非如此，大抵當日只就書册上説得如此，未嘗於日用間做得如此耳。此等處，讀者要善會，不可以此而疑彼也。

答吕伯恭書

道間與季通講論，因悟向來涵養工夫全少，而講説又多，彊探必取尋流逐末之弊。推類以求，衆病非一，而其源皆在此，怳然自失，似有頓進之功。若保此不懈，庶有望於將來。然非如近日諸賢所謂頓悟之機也。此句亦是定論，舊評斥爲舊習未忘，謬也。向來所聞誨諭諸説之未契者，今日細思，脗合無疑。大抵前日之病，皆是氣質躁妄之偏，不曾涵養克治，任意直前之弊耳。

按：頓漸之説，起於禪門頓宗，至曹溪而愈盛。自宋以後，吾儒亦有崇尚之者。熙嘗反覆以求，始知所謂頓悟者，原有真僞之别。其真悟者不惟天性高明，亦實於平日漸積所致，其他不過襲知解爲湊泊，假聞見以承當，非真有得於心而與道大適也。書中「非如近日諸賢頓悟之機」句，正是醒世語。如舊評云：「我不知其何以免迷真逐妄之患？」

答周純仁書

閑中無事，固宜謹出，然想亦不能一併讀得許多。似此專人來往勞費，亦是未能省事隨寓而安之病。又如多服燥熱藥，亦使人血氣偏勝，不得和平，不但非所以衛生，亦非所以養心。竊恐更須深自思省，收拾身心，漸令向裏，令寧静閑退之意勝，是一帖平穩散，人人可服，服之終身無患。而飛揚躁擾之氣消，則治心養氣、處世接物，自然安穩，一時長進，無復前日内外之患矣。

答竇文卿書

爲學之要，只在著實操存，密切體認，自己身心上理會。其功無盡。切忌輕自表襮，引惹外人辯論，枉費酬應，其類無窮，一勸一懲，當銘心版。分却向裏工夫。

答呂子約書

聞欲與二友俱來而復不果，深以爲恨。年來覺得日前爲學不得要領，自做身主不起，反爲文字奪却精神，不是小病。每一念之，惕然自懼，且爲朋友憂之。而每得子約書，輒復恍然，尤不知所以爲賢者謀也。且如臨事遲回，瞻前顧後，只此亦可見得心術影子。當時若得相聚一番，彼此極論，庶幾或有剖決之助。今又失此機會，極令人悵恨也。訓導後生，若説得是，當極有可自警省處，不會減人氣力。若只如此支離，漫無統紀，則雖不教後生，亦只見得展轉迷惑，無出頭處也。

答林擇之書

熹哀苦之餘，無他外誘，日用之間，痛自斂飭，乃知「敬」字之功親切要妙乃如此。而前日不知於此用力，徒以口耳浪費光陰，人欲横流，天理幾滅。今而思之，怛然震悚，蓋不知所以措其躬也。

又

此中見有朋友數人講學，其間亦難得朴實頭負荷得者。因思日前講論，只是口説，不曾實體於身，故在己在人，都不得力。今方欲與朋友説日用之間，常切點檢氣習偏處、意欲萌處，與平日所講相似與不相似，必如此檢點著講學工夫，乃有益。就此痛著工夫，庶幾有益。陸子壽兄弟近日議論，却肯向講學上理會。其門人有相訪者，氣象皆好，但其間亦有舊病。

此間學者却是與渠相反，初謂只如此講學，漸涵自能入德，不謂末流之弊只成説話，至於人倫日用最切近處，亦都不得毫毛氣力。此不可不深懲而痛警也！

書中指點處，所謂「中道而立，能者從之」也。

蓋聞聖學之傳，鄒、魯以降，續以濂、洛，濂溪、明道，斯其至矣。自朱、陸起，遂以儒門開兩大局，善學之，朱、陸皆正學也。若不自審其分量之何如，徒執門户之見，希望登堂而入室，無論學陸者流入於禪學，即學朱者未有不陷於俗學也。今觀書中後半所論，在當日已不能無弊如此，而况源遠流長之後也。甚矣，爲學之難也。

答梁文叔書

近看孟子見人即道性善，稱堯舜，此是第一義。若於此看得透，信得及，直下便是聖賢，更無一毫人欲之私做得病痛。若信不及〔一〕，孟子又説箇第二節工夫，又只引成覸、顔淵、公明儀三段説話，教人如此發憤勇猛向前，日用之間，不得存留一毫人欲之私在這裏，此外更無别法。若於此有箇奮迅興起處，方有田地可下工夫。不然，即是畫脂鏤冰，無真實得力處也。近日見得如此，自覺頗得力，與前日不同，故此奉報。

答潘恭叔書

學問根本在日用間，持敬集義工夫，直是要得念念省察。讀書求義，乃其間之一事耳。舊來雖知此意，然於緩急先後之間〔一二〕，終是不覺有倒置處，誤人不少。今方自悔耳！

從來學者，資禀學力各有高下不同，唯聖人教人因物付物，如化工然，故無躐等不切之弊。下此大率以自己性之所近而施之，是以緩急之間不無倒置。朱子猶有此失，況世人乎？爲人師者，最宜慎之。

答林充之書

充之近讀何書？恐更當於日用之間爲仁之本者深加省察，而去其有害於此者爲佳。不然，誦説雖精，而不踐其實，君子蓋深恥之。此固充之平日所講聞也。

讀聖賢書所當講求者，莫如「仁」、「義」二字。然徒記得些仁義説話，以爲談柄，非獨無益於己，而欺世盜名、長傲遂非之弊，大都由此。今觀朱子答符復仲曰：「但意所疑以爲近利者，而即去之可也。」至與林充之論爲仁之本，亦曰「去其有害於此者爲佳」，功夫亦切實，亦簡易，解得如此著力，則誦説愈精，而踐行愈密，開卷有益，非虛説矣。愚柔之質，習染已深，僭附數言，藉以自警。

答何叔京書

李先生教人，大抵令於静中體認大本未發時氣象分明，即處事應物，自然中節。此乃龜山門下相傳指訣，然當時親炙之時，貪聽講論，又方竊好章句訓詁之習，不得盡心於此，至今若存若亡，無一的實見處，辜負教育之意。每一念此，未嘗不愧汗沾衣也。

謹按：延平先生所示指訣，若未親身經歷，自是信不及，然以理論之，則亦無用多疑也。如太極未判，一圈空寂，無始無終，無形無影。乾坤六子，何處安放得？到感通時，不待安排，自然中節。易曰：「天下何思何慮。天下同歸而殊途，一致而百慮，天下何思何慮。」

【校勘記】

〔一〕研究纖悉　「悉」，四部叢刊初編本作「密」。

〔二〕此是向來差誤　「差」，四部叢刊初編本作「定本之」。
〔三〕是然不到得流入世俗功利權謀裏去矣　「是」，四部叢刊初編本作「自」。
〔四〕書問間終説不盡　「間」字，四部叢刊初編本無。
〔五〕熹以目昏　「熹」，原作「某」，據四部叢刊初編本改，下有「某」字修改處同此。
〔六〕瞑目閒坐　「閒」，四部叢刊初編本作「静」。
〔七〕熹近日亦覺向來説話有太支離處　「太」，四部叢刊初編本作「大」。
〔八〕此數日來病軀方似略可支吾　「此數日」，四部叢刊初編本作「比」。
〔九〕只有見未盡舍未盡者　「只」，四部叢刊初編本作「又」。
〔一〇〕亦願與諸同志勉焉　「願」，四部叢刊初編本作「欲」。
〔一一〕若信不及　「信不及」，原作「不信及」，據四部叢刊初編本改。
〔一二〕然於緩急先後之間　「先後」二字，四部叢刊初編本無。

孫廷翰跋

朱子晚年定論一書，姚江王文成公所輯，坊間舊有評本，爲震川某氏所訂，大都沿王學流弊，非朱子所以立說與王子所以表章之意。烏程費少房先生恐其謬本流傳，貽誤學者，乃取坊本，悉心校正，詳加評述，并以文成示弟立志說附於首，其闡揚先正、開示來學之盛心至深遠矣。間嘗論朱子之學，以居敬窮理爲歸，而傳說既多，躬行遂眇，其弊也，挾勝心以附己見，而朱子之學晦矣。姚江學派異乎朱子，在當時已滋攻訐，再傳而後，猖狂横決，流入二氏，其弊遂不可勝言。先後之間，如出一轍，此非道學之病，實亦不善學者之滋其咎耳。觀文成序言，初習老、釋，欣然有會，及官留都，乃檢求朱子之書，若深有得於晚歲，既悟之論，推許甚至，蓋欲使學者知一時之論說未可依據，即以此自發其覆，而并使不專守良知之說，以曲詆新安者無所置喙，亦即以正其趨向也。然則讀是編者，當知王子之用心無異於朱子，毋徒執一時之說以爲口實，而道學之明庶可冀矣。少房先生夙究心朱子書，其爲評述也，皆推見至隱而歸本於切近，非掇拾語録所可比者。先生所著曾子節要、爲己編，業已行世，是本爲友人周君萊仙所手録，懼遺文之失墜，屬爲校刊付梓，因附數言於後云。

光緒十有九年夏四月，諸暨孫廷翰敬跋。

周文桂跋

右朱子晚年定論評述，吾太夫子費少房先生所著也。自講學者分門别户，專事口説，或假姚江之名以攻訐新安者衆矣。先生獨潛心正學，闇然自修，不爲異端曲説所遷。觀其評述，皆深切著明，務爲實踐，并欲使天下學人知王子之學無異於朱子，其有功於世道人心爲何如也。文桂少受業於周一菴師，師爲先生之高第弟子，其所稱説，皆先生之緒言。是編昔曾手録，藏諸篋笥久矣。年届垂暮，忽忽無成，命提之訓，恍然在耳，懼遺編之失墜，我太夫子扶持正學之盛心或隱没不傳也。爰爲校正付梓，以公於世，期無負乎師資之所自爾。光緒癸巳孟夏，小門人周文桂敬跋。

附録

歸安費少房傳

君名熙，字養和，一字少房，又號撥雲，歸安人，諸生。賦性篤誠，淡於榮利，嗜學如飢渴，儒先義藴，涵泳優游，深造有得。嘗謂：「爲學不在多言，顧力行何如耳？」事親孝。母夫人有卓見，喜志養，不喜禄養，僅一應鄉舉，遂絶意進取，專修門内之行。教授生徒，以奉甘旨。比母殁，而君益蕭然世事，終日手一編而已。著有曾子補注、王文成朱子晚年定論評述、爲己編、劉忠介人譜參注、常清静經闡幽𤕤注、襍著、隨筆七種。曾子之書世不多讀，君爲之補注。朱子晚年定論，世亦不多讀，君爲之評述。竊謂聖門授受，莫切於曾子。曾子號宗聖，君宗宗聖之學，得所宗矣。後世儒者功業，莫偉於文成。文成，號陽明。君明陽明之學，可謂明矣。爲己編，則紫陽之精藴也。人譜參注，則蕺山之名言也。常清静經闡幽竢注，雖語涉老氏，亦朱北宗之真諦也。襍著、隨筆，皆原本經史，不蔓不支，門下士編葺藏之，將梓以行世。又嘗述君言曰：「立志是爲學第一要義，立志不定，總無成就。」又曰：「志要立得定，又要立得高，富貴利達人，其志何嘗不定，惟立志高，庶不背聖人求志達道之旨。」又曰：「人氣質不齊，各有病痛，苦不自知，然不知或有知時，知之而掩飾過去，不著力修治，雖賢師友難矣。」又曰：「看文字，窮理義，須切己體認。」又曰：「聖賢立言，各有指歸，須尋一入手處，次第勉爲，勿忘勿助。」此皆君切理饜心之言，爲後學功不小云。

（録自清代詩文集彙編第五九二册載許正綬撰重桂堂集卷十）

費撥雲宗師，名陽熙，道號撥雲子，諱熙，字養和，號少房，又號真牧，浙江烏程諸生，道場山人。纂有太極祭煉，并著有禹貢注、曾子節要、朱子晚年定論評述、爲己編、讀書隨筆、書劄雜著、國策行文開合法程、人譜類纂、證人要録等書，主持雲巢古梅花觀席，有年，建有撥雲精舍。

（録自龍門道統源流）

周思誠，初名超宗，字一庵，又字抑凡，性端愨，師事費熙，喜言陽明之學。（略）費熙，字養和，號少房，一號真牧，諸生，嘗從歸安教諭青田端木國瑚受學，事母能養志，教人以力行心得、窮理立志爲主，從游者甚衆，唯思誠最得其傳。浙江忠義録：楊榮緒費文學周布衣小傳。

（録自光緒烏程縣志卷十八人物七）

費熙，人物附傳。禹貢注一卷、曾子注一卷、朱子晚年定論評述一卷、爲己編四卷、國策行文開合法程、證人要録、十要字集解、人極圖參注、困學餘録、真牧雜記、隨筆七種。

（録自光緒烏程縣志卷三十二著述二）

圖書在版編目(CIP)數據

歷代"朱陸異同"典籍萃編 / 嚴佐之，戴揚本，劉永翔主編. —上海：上海古籍出版社，2018. 7
(朱子學文獻大系. 歷代朱子學著述叢刊)
ISBN 978－7－5325－8583－0

Ⅰ. ①歷… Ⅱ. ①嚴… ②戴… ③劉… Ⅲ. ①理學－研究－中國－南宋 Ⅳ. ①B244. 05

中國版本圖書館 CIP 數據核字(2017)第 205591 號

歷代"朱陸異同"典籍萃編
(全六册)
嚴佐之　戴揚本　劉永翔　主編
上海古籍出版社出版發行
(上海瑞金二路 272 號　郵政編碼 200020)
(1) 網址：www. guji. com. cn
(2) E-mail：guji1@guji. com. cn
(3) 易文網網址：www. ewen. co
常州市金壇古籍印刷廠有限公司印刷
開本 890×1240　1/32　印張 98. 25　插頁 30　字數 1,793,000
2018 年 7 月第 1 版　2018 年 7 月第 1 次印刷
印數 1—1,100
ISBN 978－7－5325－8583－0

B・1027　定價：540. 00 元
如有質量問題，請與承印公司聯繫